中学英语学习活动观教学设计与实施

李铁红　主编

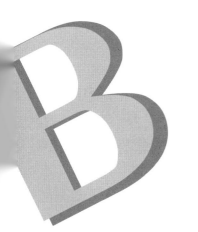

哈尔滨出版社
HARBIN PUBLISHING HOUSE

图书在版编目(CIP)数据

中学英语学习活动观教学设计与实施 / 李铁红主编.
哈尔滨：哈尔滨出版社，2025. 5. -- ISBN 978-7-5484-
8443-1

Ⅰ. G633.412

中国国家版本馆 CIP 数据核字第 202526S97D 号

书　　名：**中学英语学习活动观教学设计与实施**
ZHONGXUE YINGYU XUEXI HUODONGGUAN JIAOXUE SHEJI YU SHISHI

作　　者：李铁红　主编
责任编辑：赵志强
封面设计：王建明

出版发行：哈尔滨出版社（Harbin Publishing House）
社　　址：哈尔滨市香坊区泰山路 82-9 号　　邮编：150090
经　　销：全国新华书店
印　　刷：北京鑫益晖印刷有限公司
网　　址：www.hrbcbs.com
E - mail：hrbcbs@yeah.net
编辑版权热线：（0451）87900271　87900272

开　　本：710mm×1000mm　　1/16　印张：16.5　字数：236 千字
版　　次：2025 年 5 月第 1 版
印　　次：2025 年 5 月第 1 次印刷
书　　号：ISBN 978-7-5484-8443-1
定　　价：68.00 元

凡购本社图书发现印装错误，请与本社印制部联系调换。
服务热线：(0451)87900279

在当下中学英语教育领域，如何切实有效地提升学生的英语综合素养，始终是教育工作者、家长以及社会各界高度关注的热点话题。长期以来，传统教学模式在中学英语教学中占据主导地位，这种模式过于注重知识的机械灌输，学生大多处于被动接受知识的状态。在这种情况下，学生虽然能够积累一定的语言知识，但在实际运用语言时，通常捉襟见肘，难以真正掌握语言运用能力，无法灵活应对各种真实的语言场景。英语学习活动观的适时提出，犹如一场及时雨，为这一困境带来了全新的转机与希望。本书紧紧围绕这一创新理念，以全面且深入的视角，深度剖析其在中学英语教学中的全方位应用。英语学习活动观强调通过一系列丰富多彩、形式多样的教学活动，构建一个以学生为中心的学习环境，让学生能够在亲身体验、积极实践、主动参与的过程中学习英语。这种教学理念与当前教育领域大力倡导的培养学生自主学习能力、思维能力的目标高度契合。

随着教育改革的不断深入推进，对学生核心素养的培养已成为教育的核心目标之一。在英语学科中，核心素养涵盖了语言能力、文化意识、思维品质和学习能力这四个重要维度。英语学习活动观恰恰是实现这一目标的有效途径。通过设计多样化的课堂活动，例如情境化语法学习活动，学生能够置身于贴近生活的真实情境中，深入理解和运用语法知识，不仅提升语言运用的准确性，还能增强对语言的感知能力；又如小组合作互动活动，学生在团队协作中，不仅锻炼了语言表达能力，还能培养跨文化交际意识，学会从不同角度思考问题，锻炼思辨性思维和创造性思维能力，进而逐步提升自主学习能力，为其终身学习奠定坚实基础。

在实际教学过程中，推行英语学习活动观并非一帆风顺，而是面临着诸多挑战。教师在活动设计方面，需要充分考虑学生的个体差异、兴趣爱好以及教学目标，设计出既符合学生实际水平又具有吸引力的活动；在课堂组织方面，要确保活动有序开展，合理分配时间，让每个学生都能积极参与其中；在教学评价方面，不能仅仅局限于传统的考试成绩，还需要建立多元化的评价体系，全面、客观地评价学生在活动中的表现，包括参与度、团队协作能力、语言运用能力等。

本书正是基于这样的现实背景，旨在为广大教师提供切实可行地应对这些挑战的方法与策略，助力他们在教学实践中更好地践行英语学习活动观，为学生的英语学习之路点亮一盏盏明灯，引领学生在英语学习的海洋中稳步前行，不断提升英语综合素养。

本书参编作者：

主　编：

李铁红 乌鲁木齐市第二中学

副主编：

乌鲁木齐市第十九中学　邢丽（第一副主编）

乌鲁木齐市第113中学　葛志华（第二副主编）

编委：

乌鲁木齐市第136中学　史崇华（第一编委）

乌鲁木齐市第二中学　刘丽（编委）

乌鲁木齐市第127中学　王蕾（编委）

乌鲁木齐市第126中学　陈攀峰（编委）

新疆师范大学附属中学　关丽霞（编委）

乌鲁木齐市第十三中学　张梦宇（编委）

哈密市第十四中学　于倩（编委）

乌鲁木齐市第七十六中学　杨艳萍（编委）

乌鲁木齐市新农大附中　王蒙（编委）

乌鲁木齐市第109中学　郭楠楠（编委）

乌鲁木齐市第29中学　高薇（编委）

昌吉州第二中学　王一凡（编委）

乌鲁木齐第126中学　孙敏娜（编委）

乌鲁木齐市第二中学　孟婉丽（编委）

克拉玛依市第九中学　陈辰（编委）

目录

◉》 **第一章　英语学习活动观的内涵与价值**

第一节　英语学习活动观的历史与发展/1

第二节　英语学习活动观的内涵与特点/10

第三节　英语学习活动观的意义和价值/18

◉》 **第二章　英语学习活动观的理念、目标与要求**

第一节　英语学习活动观的理念/28

第二节　英语学习活动观的目标/37

第三节　英语学习活动观的要求/45

◉》 **第三章　英语学习活动观在中学课堂的设计与实施**

第一节　英语学习活动观在中学英语教学中的设计与实施/52

第二节　英语学习活动观在教学中的实施步骤/61

第三节　英语学习活动的评价策略/69

◉》 **第四章　初中英语词汇教学与活动观融合**

第一节　词汇记忆活动设计/77

第二节　词汇运用活动构建/85

第三节　词汇拓展活动实施/92

◉》 **第五章　语法教学中活动观的运用**

第一节　情境化语法活动设计/101

第二节　探究式语法学习活动/111

第三节　语法实践活动开展/120

◉》 第六章　基于活动观的初中英语课堂互动

第一节　师生互动活动策略/130

第二节　生生互动活动组织/141

第三节　小组合作互动模式/152

◉》 第七章　英语学习活动观与学生能力培养

第一节　思维能力培养活动/161

第二节　自主学习能力提升活动/171

第三节　文化意识培养活动/182

◉》 第八章　活动观引领下的初高中英语教学衔接

第一节　知识体系衔接活动设计/192

第二节　学习方法过渡活动/201

第三节　教学节奏适应活动/210

◉》 第九章　英语学习活动观的未来展望与挑战

第一节　英语学习活动观的发展趋势/221

第二节　英语学习活动观面临的挑战及应对策略/233

第三节　英语学习活动观在智能教育时代的应用前景/244

◉》 参考文献/254

第一章 英语学习活动观的内涵与价值

　　英语学习活动观是指导英语教育实践的重要理念，其内涵与价值值得我们深入探讨与研究。英语学习活动观强调以学习者为中心，注重语言学习的实践性和应用性，它认为英语学习不仅仅是词汇和语法的堆砌，更是一种通过参与、体验、合作与交流来构建意义、发展思维、提升文化意识的过程。这一观念倡导将英语学习融入真实或模拟的情境中，让学习者在完成任务、解决问题的过程中自然而然地运用语言，从而实现语言知识与语言技能的有机融合。英语学习活动观的内涵丰富多样，它涵盖了听说读写等语言技能的全面发展，也注重学习策略的培养和跨文化交际能力的提升，其价值在于，英语学习活动观不仅促进了学习者语言能力的全面发展，还激发了他们的学习兴趣和动力，增强了学习的持久性，它使英语学习变得更加生动有趣，让学习者在享受学习过程的同时，也为未来的学习和工作打下了坚实的基础，深入探讨和研究这一理念，对于推动英语教育改革、提高英语教学质量、培养具有国际视野和跨文化交际能力的人才具有重要意义。因此有必要对英语学习活动观进行更加深入和系统的研究，以更好地指导英语教育实践，促进英语学习者的全面发展。

第一节 英语学习活动观的历史与发展

　　英语学习活动观是英语教育理念的重要组成部分，其历史与发展轨迹映射出教育理念的演变与进步。在历史的长河中，英语学习活动观不断汲取新的教育理念和技术手段，逐渐丰富和完善。从最初的听说法、交际法，到后来的任务型教学、项目式学习，每一种教学方法都体现了对英语学习活动观的深入理解和创新实践。在信息化、全球化的今天，英语学习活动更加注重与实际生活的联系，强调在真实或模拟的情境中运用语言，培养学生的综合素养和国际视野，同时互联网、大数据等现代技术的运用，也为英语学习活动提供了更加广阔的空间和可能，深入探讨其历史渊源、发展脉络和未来趋势，对于推动英语教育改革、提高英语教学质量、培养具有国际竞争力的人才具有重要意义。

一、英语学习活动观的起源

（一）早期英语教学理念的演变

早期英语教学理念的演变，为英语学习活动观的产生奠定了坚实的基础。在 19 世纪末至 20 世纪初，英语教学主要受到语法翻译法的影响，这一方法强调对语法规则的掌握和通过翻译练习来提高语言能力。然而，随着时间的推移，人们逐渐意识到这种方法的局限性，它过于注重语言形式，忽视了语言的实际运用和交际能力的培养，导致学生在实际交际中难以灵活运用所学语言。

随着教育改革的推进，直接法应运而生。直接法主张通过直接感知语言材料来学习语言，强调口语和听力的训练，以及语言在实际情境中的运用。这一方法在一定程度上克服了语法翻译法的弊端，但它过于强调语言的机械模仿，忽视了语言学习的复杂性和多样性。20 世纪中期，听说法成为英语教学的主流。听说法强调通过大量的听说练习来培养学生的口语和听力能力，注重语言的结构和功能的结合。然而，听说法也存在着一些问题，如过分强调语言的机械性训练，忽视了语言的创造性和灵活性。随着认知心理学的发展，交际法逐渐兴起。交际法强调语言学习的目的是交际，注重语言在实际情境中的运用。它提倡以学生为中心的教学方法，鼓励学生积极参与课堂活动，通过实际交际来提高语言能力。交际法为英语学习活动观的产生提供了重要的理论基础。

（二）学习活动观在英语教学中的初步探索

在交际法的影响下，英语教学开始注重学生的主体性和实践性，教师开始尝试设计各种学习活动，以激发学生的学习兴趣和积极性，这些学习活动包括角色扮演、小组讨论、项目式学习等，旨在让学生在真实的或模拟的情境中运用语言，提高他们的语言运用能力。

在这一阶段，英语学习活动理念开始初步萌芽。人们慢慢意识到，语言学习不单是语言知识的积累，更是思维方式的锻炼和文化间的交流互动。该理念倡导通过丰富多样的学习活动，使学生在实际情境中运用语言，进而提升他们的语言运用能力、思维能力及跨文化沟通能力。不过，此时的英语学习活动理念仍处于初步摸索时期，对于如何设计高效的学习活动、如何评判学习活动成效等问题，人们还存在许多不解和困惑，因此推动英语学习活动理念的深入发展，需要更多理论探索和实践研究的支持。

（三）关键历史人物与事件的影响

在英语学习活动观的起源与发展过程中，一些关键历史人物与事件起到了重要的推动作用（详见表1）。

表1　关键历史人物与事件对英语学习活动观的影响

序号	历史人物或事件	对英语学习活动观的影响
1	卢梭—主张教育要顺应儿童的自然天性，注重儿童的实践活动和情感体验	为英语学习活动观提供了重要的理论基础，启示我们语言学习应该是一种自然的、实践的过程，而不是一种机械的、灌输的过程。
2	杜威—提出"教育即生活""学校即社会"的教育理念，强调教育应该与实际生活紧密相连	为英语学习活动观提供了重要的实践指导，启示我们语言学习应该与学生的生活实际相结合，让学生在真实的情境中运用语言，提高他们的语言运用能力。
3	英国政府—"语言实验室"运动	为英语学习活动观的实践提供了重要的技术支持，教师可以更加灵活地设计各种学习活动，以激发学生的学习兴趣和积极性。
4	国际英语教育协会（IATEFL）组织一系列关于交际法和任务型教学的研讨会和论文征集活动	推动了交际法和任务型教学在英语教学中的广泛应用，也为英语学习活动观的进一步发展提供了重要的理论支持和实践经验。

二、英语学习活动观的发展历程

（一）从传统教学方法到现代教学理念的转变

英语教学是一门历史悠久且不断发展的学科，其教学方法与理念经历了从传统到现代的深刻变革，这一变革不仅体现了教育理念的进步，也反映了社会对英语能力需求的多样化，英语学习活动观正是在这一变革过程中逐渐形成并发展的。

传统教学方法，如语法翻译法，强调对语法规则的记忆和对语言结构的分析。在这种教学方法下，学生通常通过大量的翻译练习来学习英语，语言被视为一套静态的规则系统。然而，随着教育理念的进步，人们逐渐认识到，语言不仅是交流的工具，更是文化的载体和思维的媒介。这种认识促使英语教学从注重语言形式的掌握转向注重语言功能的运用。现代教学理念强调学生的主体性和实践性，提倡以学生为中心的教学方法。在这一理念指导下，英语教学开始注重学生的语言运用能力、思维能力和跨文化交际能力。英语学习活动观，正是在这一背景下应运而生。它强调通过设计多样化的学习活动，让学生在真实的或模拟的情境中运用语言，从而培养他们的语言能力和跨文化交际能力。从传统教学方法到现代教学理念的转变，不仅体现在教学方法上，更体现在教育目标上。传统教学方法注重语言知识的掌握，而现代教学理念则注重语言能力的全面发展，这一转变促使英语教师开始探索更加符合学生实际需求的教学方法，英语学习活动观便是其中的一种。

（二）学习活动观在不同教学流派中的体现

英语学习活动观在不同教学流派中都有着不同的体现，这些教学流派虽然各有侧重，但都强调通过活动来促进学生的语言学习和能力发展。

交际语言教学流派是英语学习活动观的重要体现之一。交际语言教学强调语言学习的目的是交际，注重语言在实际情境中的运用。在这一流派中，教师设计各种交际活动，如角色扮演、小组讨论等，让学生在真实的或模拟的情境中运用语言进行交际。这些活动不仅有助于提高学生的语言运用能力，还有助于培养他们的跨文化交际能力。任务型教学流派也是英语学习活动观的重要体现。任务型教学强调学生在完成真实任务的过程中学习语言，注重语言的功能性和实践性。在这一流派中，教师设计各种任务，如调查、讨论等，让学生在完成任务的过程中运用语言，从而培养他们的语言能力和自主学习能力。这些任务不仅与学生的生活实际紧密相关，还有助于激发学生的学习兴趣和积极性。除了交际语言教学和任务型教学流派外，其他教学流派如内容依托教学、项目式学习等，也都在不同程度上体现了英语学习活动观。这些教学流派都强调通过设计多样化的学习活动，让学生在真实的或模拟的情境中运用语言，从而培养他们的语言能力和跨文化交际能力。值得注意的是，虽然不同教学流派在体现英语学习活动观时各有侧重，但它们都强调学生的主体性和实践性，提倡以学生为中心的教学方法。这种教学方法不仅有助于提高学生的语言运用能力，还有助于培养他们的自主学习能力和创新思维能力。

（三）近年来英语学习活动观的新发展

随着信息技术的飞速发展，多媒体教学和网络教学逐渐成为英语教学的重要组成部分。这些新技术为英语学习活动观提供了新的实现手段。教师可以利用多媒体和网络资源设计更加生动、有趣的学习活动，如在线互动、虚拟仿真等，让学生在真实的或模拟的情境中运用语言，从而提高他们的语言运用能力。近年来全球化趋势日益明显，跨文化交际能力成为英语能力的重要组成部分。在这一背景下，英语学习活动观开始注重培养学生的跨文化交际能力。教师可以通过设计跨文化交流活动，如国际学生交流、文化体验等，让学生在真实的或模拟的情境中了解不同文化的习俗和价值观，从而培养他们的跨文化意识和交际能力。随着教育理念的进步，人们逐渐认识到，语言学习不仅是知识的积累，更是思维的训练和能力的培养。在这一背景下，英语学习活动观开始注重培养学生的思维能力和创新能力。教师可以通过设计思辨性思维活动、创新实践活动等,让学生在真实的或模拟的情境中运用语言进行思考和创造,从而培养他们的思维能力和创新能力。

近年来,一些新的教育理念也开始对英语学习活动观产生影响。例如,全人教育理念强调学生的全面发展,包括智力、情感、道德等方面的发展。这一理念促使英语教师在设计学习活动时,不仅要考虑学生的语言运用能力,还要考虑他们的情感态度和价值观的培养。另外,随着教育改革的深入,一些新的教学方法也开始在英语教学中得到应用。例如,翻转课堂、混合式学习等,这些方法都强调学生的主体性和实践性,提倡以学生为中心的教学方法,这些新方法的应用不仅有助于提高学生的语言运用能力,还有助于培养他们的自主学习能力和创新思维能力。

三、英语学习活动观的未来趋势

(一)技术融合下的学习活动创新

技术融合是信息技术与传统教育的深度融合,已成为当今教育发展的主流趋势,这一趋势对英语学习活动观产生了深远的影响,推动了学习活动的创新与发展。

1. 为英语学习活动观提供了新的实现手段

传统的英语学习活动通常局限于教室和纸笔,难以提供真实、生动的语言学习环境。而信息技术的引入,如多媒体、互联网、大数据等,使得英语学习活动得以突破时间和空间的限制,创造出更加丰富、多样的学习环境。例如,通过虚拟现实(VR)和增强现实(AR)技术,学生可以身临其境地体验英语国家的文化和生活,从而加深对语言的理解和记忆。此外,智能教学系统的应用,能够根据学生的学习风格和能力,提供个性化的学习资源和反馈,使学习活动更加高效和精准。

2. 促进了英语学习活动形式的多样化

传统的英语学习活动通常以听、说、读、写为主,形式相对单一。而技术融合使得英语学习活动得以拓展到更广泛的领域,如在线协作、游戏化学习等。在线协作平台允许学生跨越时空限制,与世界各地的伙伴进行英语交流，提高语言运用能力。游戏化学习则通过设计富有趣味性和挑战性的学习任务，激发学生的学习兴趣和积极性，使学习活动更加生动、有趣。

3. 推动了英语学习活动评估方式的革新

传统的英语学习活动评估通常以纸笔测试为主，难以全面、准确地反映学生的学习成果。而技术融合使得英语学习活动评估得以采用更加科学、全面的方法。例如，通过数据分析技术，教师可以实时监测学生的学习进度和成效，及时调整教学策略。同时，智能评估工具的应用，能够为学生提供即时的反馈和建议，帮助他们更好地掌握语言知识和技能。

4. 提高了英语学习的效率和效果，培养了信息素养和创新能力

在信息技术日益普及的今天，信息素养已成为学生必备的基本素养之一。通过参与技术融合下的英语学习活动，学生能够掌握信息检索、分析和评价的能力，为未来的学习和工作打下坚实的基础。同时技术融合下的学习活动还鼓励学生进行创新和创造，培养他们的思辨性思维和解决问题的能力。

（二）个性化学习需求对活动观的影响

随着教育理念的不断进步和学生对学习需求的日益多样化，个性化学习已成为当今教育发展的重要趋势，这一趋势对英语学习活动观产生了深远的影响，促使教师更加注重学生的个体差异和学习需求，设计更加符合学生实际情况的学习活动。个性化学习需求对英语学习活动观的影响体现在多个方面。

1. 促使教师更加注重学生的个体差异

每个学生都有自己独特的学习风格、兴趣和能力，传统的"一刀切"教学模式已难以满足他们的学习需求。因此，教师需要深入了解每个学生的学习特点和需求，设计更加符合他们实际情况的学习活动。例如，对于喜欢视觉学习的学生，教师可以利用多媒体教学资源提供丰富的图像和视频资料；对于喜欢动手实践的学生，教

师可以设计实验或项目式学习活动，让他们在实践中掌握语言知识和技能。

2. 促使教师注重学习活动的多样性和灵活性

传统的英语学习活动通常形式单一、内容固定，难以满足学生多样化的学习需求。因此，教师需要设计更加多样、灵活的学习活动，以适应不同学生的学习风格和能力。例如，教师可以设计分层学习任务，让不同水平的学生都能找到适合自己的学习挑战；同时，教师还可以鼓励学生自主选择学习内容和方式，以满足他们的个性化学习需求。

3. 促使教师注重学生的自主学习和合作学习能力的培养

在未来的社会中，自主学习能力和合作能力将成为学生必备的基本素养之一。通过参与个性化学习活动，学生能够掌握自主学习和合作学习的方法和技巧，提高自己的学习能力和综合素质。例如，教师可以设计自主学习任务，让学生在没有教师指导的情况下独立完成学习任务；同时，教师还可以鼓励学生进行小组合作学习，培养他们的团队协作能力和沟通能力。

4. 促使教师不断革新评估方式

传统的英语学习活动评估通常以纸笔测试为主，难以全面、准确地反映学生的学习成果和个性差异。因此，教师需要采用更加科学、全面的评估方法，以更好地满足学生的个性化学习需求。例如，教师可以采用形成性评价和总结性评价相结合的方式，全面评估学生的学习过程和结果，同时教师还可以鼓励学生进行自我评估和同伴评估，培养他们的自我评价能力和思辨性思维能力。

（三）全球化背景下的英语学习活动展望

在全球化日益加深的今天，英语已成为连接世界的重要桥梁和纽带。这一趋势对英语学习活动观产生了深远的影响，促使教师更加注重培养学生的跨文化交际能力和全球视野。全球化背景下的英语学习活动展望体现在多个方面。

1. 促使教师更加注重培养学生的跨文化交际能力

在全球化的今天，学生不仅需要掌握英语语言知识，还需要了解不同国家的文化、习俗和价值观，以便更好地与世界各地的人进行交流和合作。因此，教师需要设计更加贴近实际生活的跨文化交际活动，让学生在真实的或模拟的情境中运用语言进行交际。例如，教师可以设计国际学生交流活动，让学生与世界各地的伙伴进行英语交流，提高语言运用能力；同时，教师还可以鼓励学生参与国际文化节日活动，了解不同国家的文化习俗和价值观。

2. 培养学生全球视野和国际意识

在全球化的今天，学生需要具备开阔的视野和敏锐的国际意识，以便更好地适应未来社会的发展和变化。因此，教师需要设计更加广泛、深入的英语学习活动，让学生了解世界各地的历史、地理、经济、政治等方面的知识。例如，教师可以设计全球议题讨论活动，让学生就全球性的热点问题进行讨论和思考；同时，教师还可以鼓励学生参与国际志愿者活动或海外实习项目，拓宽自己的国际视野和经验。

3. 对多元文化的尊重和包容

在全球化的今天，各种文化相互交融、相互影响，形成了一个多元化的世界。因此，教师需要设计更加多元、包容的英语学习活动，让学生了解和尊重不同文化的差异和多样性。例如，教师可以设计多元文化体验活动，让学生了解和体验不同文化的艺术、音乐、舞蹈等方面的魅力；同时，教师还可以鼓励学生进行跨文化交流项目，促进不同文化之间的理解和合作。

4. 技术融合和个性化学习的结合

在全球化的今天，技术融合和个性化学习已成为当今教育发展的主流趋势。因此，教师需要将技术融合和个性化学习相结合，设计出更加高效、精准、个性化的英语学习活动。例如，教师可以利用智能教学系统为学生提供个性化的学习资源和反馈，同时教师还可以鼓励学生利用在线协作平台与世界各地的伙伴进行英语交流，提高语言运用能力。

第二节 英语学习活动观的内涵与特点

英语学习活动观不仅关乎语言知识的传授，更强调语言技能的运用、文化意识的培养以及学习策略的掌握，它是一种全面、综合的教学理念。英语学习活动观的内涵丰富多样，它涵盖了听、说、读、写等语言技能的综合训练，注重学生在真实或模拟情境中运用语言进行交际的能力。同时，它强调语言与文化、思维的密切联系，鼓励学生在学习语言的同时，深入了解英语国家的文化背景、社会习俗和思维方式，以培养跨文化交际能力。英语学习活动观的特点在于其灵活性、实践性和个性化。灵活性体现在活动设计的多样性上，教师可以根据学生的学习需求和兴趣，设计丰富多样的学习活动，如角色扮演、小组讨论、项目式学习等，以激发学生的学习兴趣和积极性。实践性则强调语言学习的实用性，鼓励学生在实际生活中运用所学语言进行交流，提高语言运用能力。个性化则注重因材施教，针对不同学生的学习风格和能力，提供个性化的学习资源和反馈，帮助每个学生都能在自己的基础上取得进步。深入探讨英语学习活动观的内涵与特点，对于提高英语教学质量、促进学生全面发展具有重要意义。

一、英语学习活动观的内涵解析

（一）学习活动的定义与范畴

学习活动是以主题为引领，以语篇为依托，通过学习理解、应用实践和迁移创新等活动，引导学生整合性地学习语言知识和文化知识，进而运用所学知识、技能和策略，围绕主题表达个人观点和态度，解决真实问题，达到在教学中培养学生核心素养的目的。

学习活动的范畴广泛而多元，它涵盖了学习者在获取知识、提升技能和培养素养过程中所涉及的各种行为和实践。在这一范畴内，学习活动不仅局限于传统的课堂教学和书本学习，还拓展到了课外实践、社会调研、在线学习等多个领域。课堂学习活动是学习者获取知识的主要途径，包括听讲、讨论、实验、作业等多种形式。这些活动有助于学习者系统地掌握学科知识和基本技能，为后续的学习和发展打下坚实基础。课外实践活动则是课堂学习的有益补充，如参加学术讲座、参与科研项目、进行社会实践等。这些活动能够让学习者将所学知识应用于实际，锻炼他们的实践能力和创新能力，同时也有助于拓宽视野，增强综合素质。随着信息技术的发展，在线学习活动日益成为学习者的重要选择。通过网络课程、在线研讨、虚拟实验等方式，学习者可以随时随地获取学习资源，进行自主学习和协作学习。这种灵活多样的学习方式不仅提高了学习效率，也培养了学习者的自主学习能力和信息素养。

（二）英语学习活动的特殊性

英语学习活动不仅关注语言知识的传授，更强调语言技能的运用和语言实践能力的培养。在英语学习中，听、说、读、写是四项基本的语言技能，也是英语学习活动的重要组成部分。听和读是语言输入的过程，通过听取和阅读英语材料，学习者可以获取语言信息和文化知识，拓宽视野，增强语感。说和写则是语言输出的过程，通过口语表达和书面写作，学习者可以运用所学语言知识进行交流，表达自己的思想和观点，提升语言运用能力。

英语学习活动的特殊性还体现在其跨文化性上。英语是一种国际通用语言，其背后蕴含着丰富的文化内涵和价值观。在英语学习活动中，学习者不仅需要掌握语言本身，还需要了解英语国家的文化背景、社会习俗和思维方式，以培养跨文化交际能力。这种跨文化性的学习要求英语学习者具备开放的心态和包容的态度，尊重和理解不同文化之间的差异和多样性。

（三）活动观在英语教学中的核心地位

活动观在英语教学中的核心地位，是由其在教学过程中的重要作用所决定的。活动观强调以学习者为中心，通过设计丰富多样的学习活动，激发学习者的学习兴趣和积极性，促进学习者的主动参与和自主学习。在英语教学中，活动观的应用有助于改变传统的以教师为中心的教学模式，使学习者成为教学的主体和中心。

在英语教学的听力环节中，活动观的应用可以体现在设计多样化的听力任务上。传统的听力教学通常侧重于语言的准确性和流畅性，而忽视了听力任务的趣味性和实用性。活动观则强调根据学习者的兴趣和需求，设计具有挑战性和趣味性的听力任务，如听取英文歌曲、观看英文电影片段、进行角色扮演等。这些任务不仅能够激发学习者的学习兴趣，还能够提高学习者的听力理解能力和语言运用能力。在英语口语教学中，活动观的应用同样具有重要意义。传统的口语教学通常采用机械重复和模仿的方式，缺乏真实的语言交际情境。活动观则强调创设真实的或模拟的语言交际情境，让学习者在情境中运用所学语言进行交流。例如，教师可以设计小组讨论、角色扮演、演讲等活动，让学习者在互动中锻炼口语表达能力，增强自信心和语感。

二、英语学习活动观的主要特点

（一）实践性：强调语言运用的实际操作

实践性强调语言运用的实际操作，要求学习者在真实的或模拟的情境中运用所学语言进行交流和实践。在传统的英语教学中，通常侧重于语言知识的灌输和语法规则的讲解，而忽视了语言运用的实际操作。这种教学方式容易导致学习者掌握的是"死"的语言知识，而缺乏实际运用语言的能力。英语学习活动观则打破了这一传统模式，提倡通过设计各种实践活动，让学习者在实践中掌握和运用语言。

在实践活动中，学习者可以亲身体验语言的运用过程，感受语言的魅力和实用性。例如，教师可以组织英语角、英语演讲比赛、英语戏剧表演等活动，让学习者在真实的语言环境中运用所学语言进行交流。这些活动不仅能够提高学习者的口语表达能力和听力理解能力，还能够增强他们的自信心和语感。同时，实践活动还能够激发学习者的学习兴趣和积极性，使他们更加主动地投入到英语学习中去。实践性的活动要求学习者在真实的或模拟的情境中运用语言，通过实际操作掌握语言技能。这种活动形式有助于学习者将所学的语言知识转化为实际的语言运用能力，提高他们的口语表达能力和听力理解能力。同时，实践性活动还能够增强学习者的自信心和语感，使他们更加自信地运用所学语言进行交流。

（二）互动性：促进师生、生生之间的交流与合作

互动性促进师生、生生之间的交流与合作，强调学习者在互动中相互学习、相互帮助。在传统的英语教学中，通常以教师为中心，教师讲解、学生听讲，缺乏师生之间的互动和交流。这种教学方式容易导致学习者处于被动接受的状态，缺乏主动思考和表达的机会。英语学习活动观则倡导建立一种平等、互动的师生关系，鼓励学习者积极参与课堂讨论和交流。

在互动活动中，学习者可以相互交流自己的思想和观点，分享自己的学习经验和体会。这种互动不仅能够促进学习者之间的思想碰撞和灵感激发，还能够培养他们的团队协作精神和沟通能力。例如，教师可以组织小组讨论、合作学习等活动，让学习者在互动中共同完成学习任务。这些活动不仅能够提高学习者的学习效率和成绩，还能够增强他们的合作意识和集体荣誉感。互动性的活动促进师生、生生之间的交流与合作，强调学习者在互动中相互学习、相互帮助。这种活动形式有助于建立一种平等、互动的师生关系，营造一种积极、和谐的学习氛围。在互动活动中，学习者可以相互交流思想和观点，分享学习经验和体会，从而拓宽他们的视野和增强他们的团队协作能力。

（三）情境性：创设贴近生活的语言学习环境

情境性强调创设贴近生活的语言学习环境，让学习者在真实的或模拟的情境中学习和运用语言。在传统的英语教学中，通常脱离实际生活，注重语言知识的抽象讲解和语法规则的机械练习。这种教学方式容易导致学习者对英语学习产生厌倦感和抵触情绪。英语学习活动观则注重将英语学习与实际生活相结合，创设各种贴近生活的语言学习环境。

在情境活动中，学习者可以身临其境地感受语言的运用场景和氛围，增强对语言的理解和记忆。例如，教师可以创设购物、旅游、就餐等生活场景，让学习者在模拟的情境中运用所学语言进行交流和实践。这些活动不仅能够提高学习者的语言运用能力和交际能力，还能够拓宽他们的视野和增强他们的生活经验。同时，情境活动还能够激发学习者的学习兴趣和好奇心，使他们更加热爱英语学习和探索英语文化。情境性的活动创设贴近生活的语言学习环境，让学习者在真实的或模拟的情境中学习和运用语言。这种活动形式有助于学习者将英语学习与实际生活相结合，增强他们对语言的理解和记忆。同时，情境性活动还能够激发学习者的学习兴趣和好奇心，使他们更加热爱英语学习和探索英语文化。

（四）多样性：提供丰富多样的学习活动形式

多样性提供丰富多样的学习活动形式，满足不同学习者的学习需求和兴趣。在传统的英语教学中，通常采用单一的教学方式和活动形式，缺乏多样性和创新性。这种教学方式容易导致学习者对英语学习产生单调感和乏味感。英语学习活动观则注重设计多样化的学习活动形式，如角色扮演、故事讲述、游戏竞赛等。

在多样化的活动中，学习者可以根据自己的兴趣和爱好选择适合自己的活动形式进行学习和实践。这种多样化的活动形式不仅能够激发学习者的学习兴趣和积极性，还能够培养他们的创新思维和实践能力。例如，对于喜欢表演的学习者，教师可以组织角色扮演活动，让他们在表演中运用所学语言进行交流和表达；对于喜欢竞争的学习者，教师可以组织英语游戏竞赛活动，让他们在竞赛中锻炼自己的语言运用能力和反应能力。多样性的活动提供丰富多样的学习活动形式，满足不同学习者的学习需求和兴趣。这种活动形式有助于激发学习者的学习兴趣和积极性，培养他们的创新思维和实践能力。同时，多样性的活动还能够使英语学习变得更加生动有趣，吸引更多的学习者投入到英语学习中去。

三、英语学习活动观与教学目标的关系

（一）活动设计与教学目标的契合性

活动设计与教学目标的契合性是英语学习活动观与教学目标关系的重要体现。在教学设计中，英语学习活动应当紧密围绕教学目标进行规划和组织。教学目标是教学活动的出发点和归宿，它明确了教学所要达到的具体结果和标准。因此，在设计英语学习活动时，教师必须清晰地认识到活动的目的和意图，确保活动与教学目标的高度契合。

具体来说，活动设计应当充分考虑教学目标所要求的语言知识、技能、策略以及情感态度等方面的内容。例如，如果教学目标是提高学生的口语表达能力，那么设计的活动就应当侧重于口语练习，如角色扮演、对话模拟等。这些活动能够为学生提供充分的口语实践机会，帮助他们在实践中掌握和运用语言，从而达到提高口语表达能力的目标。同时，活动设计还应当考虑学生的实际情况和需求。不同年龄段、不同水平的学生对于英语学习的需求和兴趣存在差异，因此活动设计应当具有针对性和层次性。对于初学者，可以设计一些基础性的语言知识学习活动，如词汇记忆、语法练习等；对于有一定基础的学生，则可以设计一些更具挑战性和创新性的活动，如英语演讲、辩论赛等。这样的活动设计能够更好地满足

学生的需求，激发他们的学习兴趣和积极性。

（二）活动实施对教学目标的促进作用

在教学实施过程中，英语学习活动不仅是传授知识的手段，更是促进学生全面发展、实现教学目标的重要途径。通过参与各种英语学习活动，学生能够在实践中锻炼语言技能、培养学习策略、提高跨文化交际能力，从而实现教学目标的全面提升。

例如，在英语阅读教学中，教师可以通过组织小组讨论、角色扮演等活动，引导学生深入理解文本内容、分析人物性格、探讨主题思想。这些活动不仅能够提高学生的阅读理解能力，还能够培养他们的思辨性思维和合作能力。同时，通过参与这些活动，学生还能够加深对英语文化的了解和认识，提高跨文化交际能力。此外，活动实施还能够激发学生的学习兴趣和动力。传统的英语教学通常注重语言知识的灌输和语法规则的讲解，容易使学生感到枯燥乏味。而英语学习活动则通过多样化的活动形式和丰富的内容，激发学生的学习兴趣和好奇心，使他们更加主动地投入到英语学习中去。这种积极主动的学习态度对于教学目标的实现具有重要的促进作用。

（三）通过活动评价教学目标达成情况

在教学评价中，英语学习活动是教学过程的重要组成部分，其效果直接反映了教学目标的达成情况。因此，通过对英语学习活动的评价，可以有效地衡量教学目标的实现程度，为教学改进提供有力的依据。

活动评价应当围绕教学目标进行设计和实施，评价内容应当包括学生的语言知识掌握情况、语言技能运用能力、学习策略使用情况以及情感态度等方面的表现。评价方式可以采用多种形式，如口头报告、书面作业、小测验、项目展示等。这些评价方式能够全面地反映学生在英语学习活动中的表现和成就，为教学目标的达成情况提供准确的反馈。同时，活动评价还应当注重过程性评价和形成性评价。过程性评价关注学生在学习过程中的表现和进步，能够及时发现学生的学习问题和困难，为教师提供有针对性的教学指导和支持。形成性评价则强调评价的诊断和发展功能，通过评价信息的反馈和利用，促进学生的学习和发展。这种评价方式能够更加注重学生的个体差异和需求，为教学目标的个性化实现提供有力的保障。

在英语学习活动观与教学目标的关系中，教师扮演着重要的角色。教师是活动设计的策划者和实施者，也是活动评价的执行者和反馈者。因此，教师必须具备先进的教学理念和教学方法，能够根据学生的实际情况和需求，设计符合教学目标的英语学习活动。同时，教师还需要具备敏锐的评价意识和专业的评价技能，能够准确地评价学生在英语学习活动中的表现和成就，为教学目标的达成提供有力的支持。此外，学校和教育部门也应当为英语学习活动观与教学目标的实现提供必要的支持和保障。学校可以加强英语教学设施的建设和投入，为英语学习活动的开展提供良好的物质条件。教育部门可以制定相关的教学政策和规定，引导英语教师积极开展英语学习活动，促进教学目标的全面实现。

第三节 英语学习活动观的意义和价值

英语学习活动观这一观念强调通过多样化的学习活动，激发学生的学习兴趣，培养他们的语言运用能力、思维品质和跨文化交际能力，从而实现英语教育的全面目标。英语学习活动观的意义在于，它打破了传统英语教学模式的束缚，将英语学习从单一的课堂讲授和机械练习中解放出来，赋予了学生更多的学习自主权和选择权。通过参与各种富有创意和实践性的学习活动，学生能够在轻松愉快的氛围中掌握语言知识，提高语言技能，同时也能够拓宽视野，增强对异国文化的理解和尊重。英语学习活动观的价值则体现在它对学生全面发展的促进作用上。这些活动不仅关注学生的语言能力培养，还注重他们的思维能力、创新能力、合作能力以及情感态度的培养。通过参与活动，学生能够学会如何自主学习、如何与他人合作、如何解决问题，这些能力对于他们未来的学习和生活都将产生深远的影响，深入探讨英语学习活动观的意义和价值，对于推动英语教育的改革和发展具有重要意义。

一、对英语教学质量的提升作用

（一）增强学生的学习兴趣与动机

英语学习活动观强调通过多样化的学习活动来激发学生的学习兴趣、提高语言运用能力，并促进英语教学的全面发展，英语学习活动观通过增强学生的学习兴趣与动机，为英语教学质量的提升奠定了坚实的基础。传统的英语教学模式通常以教师为中心，注重语言知识的灌输和语法规则的讲解，而学生则处于被动接受的状态。这种教学模式容易使学生感到枯燥乏味，缺乏学习的积极性和主动性。然而，英语学习活动观倡导以学生为中心，通过设计富有创意和实践性的学习活动，如角色扮演、小组讨论、项目式学习等，来激发学生的学习兴趣和好奇心。

在这些活动中，学生不再是被动接受者，而是积极参与者。他们需要根据活动任务主动寻找信息、分析问题、解决问题，并在实践中运用所学知识。这种学习方式不仅使学生能够深入理解和掌握语言知识，还能够培养他们的自主学习能力和思辨性思维。同时，活动中的成功体验和成就感会进一步激发学生的学习动机，使他们更加热爱英语学习，形成良性循环。

（二）提高学生的语言运用能力

英语学习活动观通过提高学生的语言运用能力，为英语教学质量的提升提供了有力的支撑。语言运用能力是英语学习的核心目标之一，包括听、说、读、写四个方面的技能。传统的英语教学通常注重语言知识的传授和语法规则的练习，而忽视了语言运用的实际情境和语境。然而，英语学习活动观强调在语言实践中学习和运用语言，注重培养学生的实际语言运用能力。

例如，在听力活动中，教师可以设计真实的听力材料，如新闻广播、电影对话、学术讲座等，让学生在真实的语境中锻炼听力技能。在口语活动中，教师可以组织角色扮演、演讲比赛、辩论赛等，为学生提供口语表达的机会和平台。在阅读活动中，教师可以引导学生阅读英文原著、新闻报道、学术论文等，培养他们的阅读理解和思辨性思维。在写作活动中，教师可以布置写作任务，如写日记、写信、写论文等，锻炼学生的写作能力和逻辑思维能力。通过这些多样化的学习活动，学生能够在实践中不断运用和巩固所学知识，提高语言运用的准确性和流利性。同时，活动中的互动和合作也能够促进学生的语言交流能力和社交技能的发展。

（三）促进英语教学的全面发展

英语教学不仅仅是语言知识的传授和技能的培养，还包括文化意识、学习策略、情感态度等多个方面的教育。英语学习活动观注重学生的全面发展，通过设计综合性的学习活动，将语言学习与文化、思维、情感等多个方面相结合，实现英语教学的多维度目标。

在文化意识方面，英语学习活动可以引入异国文化元素，如节日庆典、风俗习惯、历史地理等，让学生在学习语言的同时了解异国文化，增强跨文化交际能力。在学习策略方面，英语学习活动可以引导学生掌握有效的学习方法，如记忆技巧、阅读策略、写作步骤等，提高他们的自主学习能力和学习效率。在情感态度方面，英语学习活动可以关注学生的情感需求和情感体验，通过活动中的成功体验和成就感培养他们的自信心和积极性。此外，英语学习活动观还强调教师的角色转变和教学方式的创新。教师需要从知识的传授者转变为活动的设计者和引导者，关注学生的个体差异和需求，为他们提供个性化的学习支持和指导。同时，教师还需要不断创新教学方式和方法，运用现代教育技术手段，如多媒体教学、网络教学等，丰富教学手段和资源，提高教学效果和效率。

英语学习活动观还注重教学评价的多元化和过程性。传统的英语教学评价通常以考试成绩为主要标准，忽视了对学生学习过程和学习成果的全面评价。然而，英语学习活动观强调评价的多元化和过程性，注重评价学生的语言运用能力、思维品质、跨文化交际能力等多个方面。通过多元化的评价方式，如口头报告、书面作业、项目展示、同伴评价等，可以更加全面地了解学生的学习情况和进步轨迹。同时，过程性评价也能够及时发现学生的学习问题和困难，为教师提供有针对性的教学指导和支持。英语学习活动观还能够促进家校合作和社区参与。家庭是学生学习的重要环境之一，家长的支持和配合对于学生的学习效果和成长具有重要影响。通过英语学习活动，如家庭作业、亲子阅读、社区志愿服务等，可以加强家校之间的沟通和合作，共同促进学生的英语学习和发展。同时，社区参与也能够为学生提供更多的英语学习机会和资源，拓宽他们的视野和经历。

二、对学生个人发展的积极影响

（一）培养学生的自主学习能力

自主学习能力是学生未来学习和生活中不可或缺的一项技能，它使学生能够在没有外部监督的情况下，主动寻求知识，解决问题。在传统的英语课堂教学中，教师通常扮演着知识传授者的角色，学生则处于被动接受的状态。这种教学模式虽然能够在一定程度上传授知识，但忽视了学生自主学习能力的培养。

英语学习活动观则倡导以学生为中心，通过设计具有挑战性和趣味性的学习活动，引导学生主动参与，积极探索。在这些活动中，学生需要根据任务要求，自主查找资料，分析问题，提出解决方案，并在实践中不断尝试和调整。这一过程不仅锻炼了学生的信息获取和处理能力，还培养了他们的思辨性思维和问题解决能力。同时，活动中的成功体验也增强了学生的自信心和学习动力，使他们更加愿意主动投入到英语学习中去。例如，英语教师可以设计一项以"环保"为主题的项目式学习活动。学生需要自主查找关于环保的资料，了解当前环保的形势和问题，并提出自己的解决方案。在这个过程中，学生不仅需要运用所学的英语知识去阅读和理解资料，还需要用英语进行思考和表达。这样的活动不仅锻炼了学生的英语语言能力，还培养了他们的自主学习能力和环保意识。

（二）提升学生的综合素养与创新能力

英语学习活动观在提升学生综合素养与创新能力方面同样具有显著效果。综合素养是指学生在知识、技能、态度、价值观等多个方面的综合表现。创新能力则是学生在面对新问题时，能够提出新颖、有价值的解决方案的能力。传统的英语教学通常注重语言知识的传授和技能的训练，而忽视了学生综合素养和创新能力的培养。

英语学习活动观则强调通过多样化的学习活动，促进学生的全面发展。例如，教师可以组织学生进行英语角活动，鼓励学生用英语进行自由交流。在这样的活动中，学生不仅需要运用所学的语言知识，还需要具备良好的沟通能力和社交技巧。同时，英语角也为学生提供了一个展示自己才华和创意的平台，他们可以分享自己的见解和想法，提出新颖的观点和建议。此外，教师还可以设计一些具有创新性的英语学习活动，如英语短剧表演、英语诗歌创作等。这些活动要求学生不仅要掌握基本的语言知识，还需要具备一定的创造力和想象力。通过参与这些活动，学生可以在实践中锻炼自己的创新能力，培养自己的审美情趣和艺术修养。更为重要的是，英语学习活动观注重培养学生的跨文化交际能力。在全球化日益加深的今天，跨文化交际能力已经成为学生必备的一项素养。通过英语学习活动，学生可以了解不同国家的文化、历史、风俗等，增强对异国文化的理解和尊重。同时，他们也可以用自己的英语表达来展示本国的文化特色，促进文化的交流与融合。这种跨文化的体验不仅拓宽了学生的视野，还培养了他们的国际意识和全球观念。

（三）为学生的终身学习奠定基础

终身学习是指个体在一生中持续不断地学习、更新知识和技能的过程。在当今快速变化的社会中，终身学习已经成为每个人适应社会发展、实现个人价值的必要条件。英语学习活动观通过培养学生的自主学习能力、综合素养和创新能力，为学生具备了终身学习的基本素养和能力。

在英语学习活动中，学生学会了如何自主学习、如何解决问题、如何与他人合作等基本技能。这些技能不仅在英语学习中至关重要，也在其他学科的学习和未来的工作中发挥着重要作用。例如，在自主学习过程中，学生学会了如何制定学习计划、如何管理时间、如何评估自己的学习成果等。这些能力将伴随他们一生，成为他们终身学习的有力支持。同时，英语学习活动观还注重培养学生的创新思维和思辨性思维。在快速变化的社会中，创新思维和思辨性思维是解决问题、应对挑战的重要工具。通过英语学习活动，学生学会了如何从不同角度思考问题、如何提出新颖的观点和解决方案、如何评估信息的可靠性和有效性等。这些能力将使他们在未来的学习和工作中更加游刃有余。

英语学习活动观还通过培养学生的跨文化交际能力，为他们的终身学习提供了更广阔的空间和机会。在全球化日益加深的今天，跨文化交际能力已经成为衡量一个人综合素质的重要标准之一。通过英语学习活动，学生了解了不同国家的文化、历史、风俗等，增强了对异国文化的理解和尊重。这将使他们在未来的国际交流中更加自信、从容地应对各种挑战和机遇。英语学习活动观还注重培养学生的情感态度和价值观。在英语学习过程中，学生不仅学会了语言知识，还培养了积极的学习态度、坚韧不拔的毅力、团队合作的精神等。这些情感态度和价值观将成为他们终身学习的动力源泉和精神支柱。同时，英语学习活动还注重培养学生的社会责任感和公民意识，使他们成为有担当、有责任感的社会成员。

三、对英语教学改革的推动作用

（一）引领英语教学理念的更新

英语学习活动观引领英语教学理念的更新，为英语教育领域带来了深刻的变革。传统的教学理念通常以教师为中心，注重语言知识的灌输和语法规则的讲解，而学生则处于被动接受的状态。这种教学模式忽视了学生的主体性和个体差异，难以激发学生的学习兴趣和积极性。

英语学习活动观的提出，打破了这一传统模式，强调以学生为中心，通过设计多样化的学习活动，引导学生主动参与、积极探索。这一理念认为，语言学习不仅仅是知识的积累，更是技能的实践和能力的培养。因此，英语教学应该注重学生的实践体验，让他们在实际运用中掌握语言，提高语言运用能力。在英语学习活动观的引领下，英语教师们开始转变教学观念，从知识的传授者转变为学习活动的设计者和引导者。他们注重创设真实的语言情境，让学生在情境中学习、在实践中掌握。同时，教师们也更加关注学生的个体差异，因材施教，让每个学生都能在自己的水平上得到提升。这种教学理念的更新，不仅提高了英语教学的质量和效果，还激发了学生的学习兴趣和积极性。学生们在多样化的学习活动中，不仅掌握了语言知识，还培养了自主学习能力、合作精神和创新思维。因此，英语学习活动观引领的英语教学理念更新，为英语教育注入了新的活力，为学生的全面发展提供了更广阔的空间。

（二）推动英语教学方法与手段的创新

英语学习活动观推动英语教学方法与手段的创新，为英语教学注入了新的活力。在传统的教学模式中，教师通常采用单一的讲授方式，学生被动接受知识，缺乏互动性和实践性。然而，英语学习活动观的提出，倡导通过多样化的学习活动来激发学生的学习兴趣和积极性。

在这一理念的指引下，英语教师们开始积极探索和创新教学方法与手段。他们不再局限于课本和教室，而是利用多种资源，如网络、多媒体、实物等，设计出生动有趣的学习活动。这些活动既包括角色扮演、情景模拟等语言实践活动，也包括项目式学习、探究式学习等综合性学习活动，旨在让学生在实践中掌握语言知识，提高语言运用能力。同时，英语学习活动观还推动了教学手段的现代化。教师们充分利用信息技术，如在线教学平台、智能教学软件等，为学生提供更加便捷、高效的学习方式。这些现代化教学手段的应用，不仅丰富了英语教学的内容和形式，还提高了教学的互动性和趣味性，使学生更加积极主动地参与到英语学习中来。因此，英语学习活动观推动了英语教学方法与手段的创新，为英语教学带来了新的机遇和挑战。这种创新不仅提高了英语教学的质量和效果，还培养了学生的自主学习能力和创新思维，为他们的全面发展奠定了坚实的基础。

（三）促进英语教学评价体系的完善

英语学习活动观促进英语教学评价体系的完善，为英语教学带来了新的活力与方向。在传统的教学评价体系中，通常过于注重考试成绩，忽视了对学生学习过程、能力发展和个体差异的全面评价。然而，英语学习活动观的引入，使得评价体系开始注重学生的实践能力和综合素质。

通过设计多样化的英语学习活动，如角色扮演、项目式学习、小组合作等，教师能够更直观地观察学生在实际语言运用中的表现。这些活动不仅考查了学生的语言知识和技能，还评价了他们的思维能力、合作精神和创新能力。这种评价方式更加全面、客观，能够真实反映学生的英语水平和综合能力。同时，英语学习活动观强调评价的过程性和反馈机制。教师在活动过程中及时给予学生指导和反馈，帮助他们发现问题、改进方法，从而不断提高学习效果。这种过程性评价不仅关注学生的学习结果，更重视他们的学习过程和学习态度，有助于激发学生的学习兴趣和积极性。因此，英语学习活动观的实施，促进了英语教学评价体系的完善。它使得评价更加多元化、个性化，更加注重学生的全面发展。这种评价体系的完善，不仅提高了英语教学的质量和效果，还为学生的未来学习和职业发展奠定了坚实的基础。

（四）英语学习活动观在国际交流中的应用价值

在国际交流中，英语不仅是沟通的工具，更是文化交流的桥梁。英语学习活动观强调通过多样化的学习活动，培养学生的跨文化交际能力，使他们能够在国际交流中更加自信、从容地应对各种挑战。通过英语学习活动，学生可以了解不同国家的文化、历史、风俗等，增强对异国文化的理解和尊重，也可以用自己的英语表达来展示本国的文化特色，促进文化的交流与融合。这种跨文化的体验不仅拓宽了学生的视野，还培养了他们的国际意识和全球观念。在国际交流中，这种跨文化的能力和观念使学生能够更加自信地与世界各地的人进行交流与合作，为他们的未来发展提供了更广阔的空间和机会。具体来说，英语学习活动观在国际交流中的应用价值体现在多个方面。

1. 锻炼英语口语和听力能力，提高语言运用能力

通过参与国际英语交流活动，学生可以锻炼自己的英语口语和听力能力，提高自己的语言运用能力。这些活动通常包括国际英语演讲比赛、英语辩论赛、英语角等，为学生提供了与来自不同国家的人进行交流的机会。在这样的环境中，学生不仅需要运用所学的语言知识，还需要具备良好的沟通能力和社交技巧，从而在国际交流中更加自如地表达自己。

2. 有助于培养学生的跨文化交际能力

跨文化交际是指不同文化背景的人们之间的信息交流和理解。在国际交流中，由于文化差异的存在，人们通常会产生误解和冲突。因此，具备良好的跨文化交际能力对于国际交流至关重要。通过英语学习活动，学生可以了解不同国家的文化习俗、价值观念和行为规范等，增强对异国文化的理解和尊重。同时，他们也可以学会如何适应不同文化背景下的交流方式，提高自己的跨文化适应能力。

3. 促进学生的国际视野和全球观念的形成

通过参与国际英语交流活动，学生可以了解世界各地的政治、经济、文化等方面的情况，拓宽自己的视野。同时，他们也可以认识到全球性问题的重要性，如气候变化、环境保护等，从而培养自己的全球观念和责任感。这种国际视野和全球观念的形成，将有助于学生更好地适应全球化的发展趋势，为未来的国际合作与发展做出贡献。

4. 为学生的未来职业发展提供有力支持

随着全球化的深入发展，越来越多的企业和组织开始注重员工的国际视野和跨文化交际能力。具备这些能力的员工将更容易适应国际化的工作环境，与来自不同国家的人进行有效合作。因此，通过参与国际英语交流活动，学生可以提前锻炼自己的国际交流能力和跨文化交际能力，为未来的职业发展打下坚实的基础。

第二章 英语学习活动观的理念、目标与要求

在当今全球化的时代背景下，英语是国际通用语言的地位日益凸显，英语教学也因此承载着更加重要的使命。然而，传统的英语教学模式通常侧重于语言知识的传授，忽视了学生语言运用能力的培养和个体差异的关注。为了适应时代发展的需要，英语学习活动观应运而生，为英语教学改革提供了新的思路和方向。

英语学习活动观是一种以学生为中心的教学理念，它强调通过设计多样化的学习活动，引导学生在实践中掌握语言，提高语言运用能力。这一理念的核心在于激发学生的学习兴趣和积极性，让他们在主动参与、积极探索的过程中，不仅掌握语言知识，还培养自主学习能力、合作精神和创新思维。

英语学习活动观的目标在于培养学生的综合语言运用能力，使他们能够在真实的语境中有效地运用英语进行交流。这要求英语教学必须注重学生的实践体验，创设真实的语言情境，让学生在情境中学习、在实践中掌握。同时，英语教学还要关注学生的个体差异，因材施教，让每个学生都能在自己的水平上得到提升。

为了实现这一目标，英语学习活动观对英语教学提出了明确的要求。教师要转变教学观念，从知识的传授者转变为学习活动的设计者和引导者；要注重教学方法和手段的创新，利用多种资源和技术，设计出生动有趣的学习活动；要建立完善的评价体系，注重评价的过程性和多元化，全面反映学生的英语水平和综合能力。

总之，英语学习活动观的理念、目标与要求为英语教学改革指明了方向，为培养学生的综合语言运用能力提供了有力的支持。我们将秉持这一理念，不断探索和实践，为英语教育的未来发展贡献力量。

第一节　英语学习活动观的理念

英语学习活动观的核心在于以学生为中心，强调通过多样化的学习活动来促进学生的全面发展。这一理念认为，语言学习不仅仅是词汇和语法的积累，更是学生在实际情境中运用语言、解决问题、交流合作的能力培养过程。因此，英语教学应该跳出传统的填鸭式教学模式，转向更加灵活、互动和实践性的教学方式。在英语学习活动观的指引下，我们倡导设计贴近学生生活、富有趣味性和挑战性的学习活动。这些活动可以包括角色扮演、情景对话、项目式学习、探究式学习等多种形式，旨在激发学生的学习兴趣，让他们在参与中体验语言的魅力，在实践中提升语言运用能力。同时英语学习活动观也强调教师的角色转变，教师不再是单纯的知识传授者，而是学习活动的设计者、引导者和评价者，需要关注学生的个体差异，因材施教，为每个学生提供适合他们的学习路径和支持。英语学习活动观的理念为英语教学带来了新的视角和思路，它鼓励打破传统束缚，勇于创新和实践，以更加开放、包容和灵活的教学方式，培养学生的综合语言运用能力，为他们的未来发展奠定坚实的基础。

一、以学生为中心的教育理念

（一）强调学生的主体地位与作用

英语学习活动观强调学生的主体地位与作用，这是现代英语教育理念的重要体现。在传统的英语教学模式中，教师通常是课堂的主导者，学生则处于被动接受知识的地位。然而随着教育理念的不断更新和教学方法的不断改进，人们逐渐认识到，学生在英语学习过程中应该处于主体地位，发挥他们的主动性和创造性。

英语学习活动观认为，学生是语言学习的主体，他们通过自己的实践和体验来掌握和运用语言。因此，在英语教学中，教师应该充分尊重学生的个体差异和需求，激发他们的学习兴趣和动力，引导他们积极参与到各种英语学习活动中去。学生不再是被动接受知识的容器，而是主动探索和学习语言的主体，他们应该有机会在课堂上发表自己的观点，进行语言实践，从而真正掌握语言技能。为了实现学生的主体地位，教师需要转变角色，从知识的传授者转变为学习的引导者和促进者。教师应该设计具有趣味性和挑战性的英语学习活动，鼓励学生在实践中学习和运用语言。同时，教师还应该关注学生的情感和心理需求，为他们创造一个轻松、愉快的学习环境，让他们在英语学习中感受到成就感和自信心。英语学习活动观强调学生的主体地位与作用，这是提高英语教学效果的关键所在。只有当学生真正成为英语学习的主体，才能充分发挥他们的潜能和创造力，掌握和运用好英语这门语言。因此在英语教学中，应该始终坚持以学生为中心的教学理念，注重培养学生的自主学习能力和创新思维，为他们的全面发展奠定坚实的基础。

（二）关注学生的个体差异与需求

在英语学习的过程中，每个学生都是独一无二的个体，他们拥有不同的学习背景、兴趣爱好、认知风格以及学习能力。因此，英语教学不能采用"一刀切"的方式，而必须充分考虑并尊重这些个体差异。

英语学习活动观倡导根据学生的不同需求和特点，设计多样化的学习任务和活动。对于擅长听觉学习的学生，可以提供更多的听力材料和口语练习机会；对于视觉学习者，则可以利用图表、图片等视觉辅助工具来帮助他们理解和记忆。同时，针对不同学生的学习节奏和进度，教师可以灵活调整教学难度和速度，确保每个学生都能在适合自己的节奏下进行学习。此外，英语学习活动观还强调关注学生的情感需求。在学习过程中，学生可能会遇到挫折和困难，这时教师需要给予及时的鼓励和支持，帮助他们建立自信，克服学习障碍。同时，教师还应该积极营造一个开放、包容的学习氛围，让学生敢于表达自己的观点和想法，不怕犯错，勇于尝试。英语学习活动观关注学生的个体差异与需求，旨在通过个性化的教学方式，满足每个学生的独特学习需求，激发他们的学习兴趣和潜力。这种教学理念不仅有助于提高学生的英语学习效果，还能培养他们的自主学习能力和创新思维，为他们的终身学习和发展奠定坚实的基础。因此，在英语教学中，我们应该始终坚持关注学生的个体差异与需求，努力实现因材施教的教学目标。

（三）倡导个性化与差异化教学

为了实现个性化与差异化教学，英语学习活动观倡导教师采用灵活多样的教学方法和手段。英语学习活动观强调通过设计具有趣味性、挑战性和实用性的学习活动，激发学生的学习兴趣和积极性。这些学习活动可以结合学生的生活实际和兴趣爱好，如设计购物、旅游、文化交流等主题的活动，让学生在实践中掌握和运用语言。同时，教师还可以利用现代信息技术手段，如在线教学平台、智能教学软件等，为学生提供更加便捷、高效的学习方式，这些教学方法和手段的运用，不仅可以丰富英语教学的内容和形式，还可以提高教学的互动性和趣味性，使学生更加积极主动地参与到英语学习中来。

在英语学习活动观的指导下，教师的教学角色也发生了转变。教师不再是单纯的知识传授者，而是学习活动的设计者、引导者和评价者。是设计者，教师需要根据学生的实际需求和兴趣，设计出具有针对性和实用性的学习活动；是引导者，教师需要在学习过程中给予学生必要的指导和支持，帮助他们解决问题和克服困难；是评价者，教师需要建立科学的评价体系，对学生的学习成果进行全面、客观的评价。这种角色的转变要求教师具备更高的专业素养和教学能力，他们需要不断学习新的教育理念和教学方法，提高自己的教学水平和质量。英语学习活动观还强调学习过程的互动性和合作性。在传统的英语教学中，学生通常处于被动接受的状态，缺乏与教师和同学的互动和交流。而英语学习活动观则认为，语言学习是一个互动和合作的过程，学生应该通过与他人交流和合作来提高自己的语言运用能力。因此，在英语教学中，教师应该创设更多的互动和合作机会，如组织小组讨论、角色扮演、合作写作等活动，让学生在互动和合作中相互学习、相互启发。这种互动和合作的学习方式不仅可以提高学生的语言运用能力，还可以培养他们的团队协作精神和社交能力。

此外，英语学习活动观还注重培养学生的自主学习能力和创新思维。在传统的英语教学中，学生通常依赖于教师的讲解和指导，缺乏自主学习的能力和创新思维的培养。而英语学习活动观则认为，学生应该具备自主学习的能力和创新思维，能够主动探索和学习新的知识和技能。因此，在英语教学中，教师应该设计具有开放性和探究性的学习活动，如项目式学习、探究式学习等，引导学生主动探索和学习新的知识和技能。同时，教师还应该鼓励学生提出自己的见解和想法，培养他们的创新思维和思辨性思维能力。为了实现英语学习活动观的教育理念，教师需要不断更新自己的教学观念和教学方法。他们需要从传统的以教师为中心的教学模式中走出来，转向以学生为中心的教学模式。这需要教师具备更高的专业素养和教学能力，能够根据学生的实际需求和兴趣设计出具有针对性和实用性的学习活动。同时，教师还需要不断学习和掌握新的教育技术和教学手段，提高自己的教学水平和质量。

二、实践导向的教学理念

（一）强调语言学习的实践性

英语学习活动观强调以实践为导向，注重语言学习的实践性和语言知识的运用与转化，倡导"做中学"的教学方式。这一教学理念不仅体现了对英语教育本质的深刻理解，也为英语教学实践提供了新的路径和方向。

英语学习活动观强调语言学习的实践性，这是对传统英语教学模式的深刻反思与超越。在传统教学中，我们通常过于注重语言知识的灌输和语法规则的讲解，而忽视了学生语言实践能力的培养。这种教学模式导致学生在实际语言运用中常常感到力不从心，无法将所学的语言知识有效地转化为语言技能。而英语学习活动观则认为，语言学习是一个实践的过程，学生只有通过不断的实践才能真正掌握和运用语言。因此，在英语教学中，教师应该设计各种实践活动，如口语交流、写作练习、听力训练等，让学生在实践中学习和运用语言，提高他们的语言实践能力。实践性的语言学习要求学生在真实的或模拟的语境中进行语言活动。这种语境可以是日常生活中的购物、点餐、问路等场景，也可以是学术领域的讨论、演讲、报告等场合。通过在这些语境中进行语言实践，学生可以更好地理解和运用语言知识，培养他们的语言交际能力和解决实际问题的能力。同时，实践性的语言学习还强调学生的主体性和能动性。学生应该积极参与到各种语言实践活动中，主动探索和学习语言的使用规则和技巧，而不是被动地接受教师的讲解和灌输。

（二）注重语言知识的运用与转化

注重语言知识的运用与转化是英语学习活动观实践导向教学理念的另一个重要方面。在传统的英语教学中，通常过于注重语言知识的积累，而忽视了如何将这些知识转化为实际的语言技能。这导致学生在语言学习中出现了"学以致用"的脱节现象。而英语学习活动观则认为，语言知识的积累只是语言学习的第一步，更重要的是如何将这些知识运用到实际的语言交流中。因此，在英语教学中，教师应该注重语言知识的运用与转化，设计各种实践活动，让学生在实践中运用所学的语言知识，提高他们的语言运用能力。

为了实现语言知识的运用与转化，教师需要改变传统的教学方式和方法。教师应该从注重知识传授转向注重能力培养，从注重语法讲解转向注重语言实践。在课堂上，教师可以设计各种口语交流活动，如角色扮演、小组讨论、辩论等，让学生在实践中运用所学的语言知识进行交流。同时，教师还可以布置各种写作任务，如日记、作文、邮件等，让学生在写作中运用所学的语言知识进行表达。此外，教师还可以利用多媒体技术和网络资源，为学生提供更多的语言实践机会和平台。

（三）倡导"做中学"的教学方式

"做中学"强调学生在实践中学习语言，通过实践来掌握和运用语言。这种教学方式不仅符合语言学习的规律，也能激发学生的学习兴趣和积极性。在"做中学"的教学过程中，学生不再是被动接受知识的容器，而是主动探索和学习语言的主体。他们通过参与各种实践活动，如制作英语海报、编排英语短剧、进行英语演讲等，来运用所学的语言知识，提高他们的语言运用能力。

"做中学"的教学方式要求教师具备更高的教学素养和能力。教师需要具备丰富的语言知识和教学经验，能够设计出具有针对性和实用性的实践活动。同时，教师还需要具备灵活的教学方法和手段，能够根据学生的实际情况和需求进行调整和优化。在"做中学"的教学过程中，教师还需要注重学生的个体差异和需求，因材施教，为每个学生提供适合他们的学习路径和支持。在"做中学"的教学理念下，学生的学习方式也发生了深刻的变化。他们不再是被动地接受教师的讲解和灌输，而是主动地参与到各种实践活动中去。他们通过实践来探索和学习语言的使用规则和技巧，通过实践来提高他们的语言运用能力。这种学习方式不仅符合学生的认知规律和学习特点，也能培养他们的自主学习能力和创新思维。

三、全面发展的教育理念

（一）促进学生德智体美劳全面发展

英语学习活动观秉持着一种全面发展的教育理念，致力于促进学生在德、智、体、美、劳各方面的均衡发展。在英语学习的过程中，这一观念不仅强调语言技能的掌握，更注重通过多样化的学习活动，激发学生的潜能，培养他们的综合素质。

在德育方面，英语学习活动通过引入跨文化交流、国际视野拓展等内容，引导学生尊重多元文化，培养国际意识和社会责任感。学生在了解不同国家的历史、文化和社会制度的过程中，学会了包容和理解，形成了积极向上的道德观念。在智育方面，英语学习活动注重培养学生的思维能力和创新能力。通过阅读、写作、口语表达等实践活动，学生锻炼了逻辑思维、思辨性思维和创造性思维，提高了分析问题和解决问题的能力。在体育方面，英语学习活动鼓励学生参与与体育相关的英语讨论、报道撰写等活动，激发了他们对体育的兴趣，促进了身心健康的发展。在美育方面，英语学习活动通过欣赏英语文学、音乐、电影等艺术作品，培养了学生的审美情趣和艺术鉴赏能力，使他们在语言学习中也能感受到美的熏陶。在劳育方面，英语学习活动组织学生参与志愿服务、社会实践等，让他们在实践中锻炼劳动技能，增强责任感和奉献精神。英语学习活动观通过丰富多样的学习活动，促进了学生的德智体美劳全面发展，这种教学理念不仅提高了学生的英语语言能力，更为他们的全面发展奠定了坚实的基础，为培养具有国际视野和综合素质的新时代人才做出了积极贡献。

（二）注重培养学生的综合素养

英语学习活动观强调，在英语教学过程中，应特别注重培养学生的综合素养。综合素养是学生全面发展的重要组成部分，它涵盖了知识、技能、态度、价值观等多个维度，是学生适应未来社会、实现个人价值的关键。

在英语学习活动中，教师不再仅仅传授语言知识，而是通过各种丰富多样的教学活动，引导学生积极参与，培养他们的听说读写等基本技能。同时，更注重培养学生的思维能力、跨文化交际能力、信息处理能力以及自主学习能力等综合素养。例如，通过英语阅读理解活动，不仅可以提高学生的语言水平，还能培养他们的逻辑思维和思辨性思维能力；通过英语口语交流活动，可以锻炼学生的口语表达能力和跨文化交际能力，使他们能够更好地适应多元化的社会环境。此外，英语学习活动还注重培养学生的创新精神和实践能力。通过组织英语角、英语演讲比赛、英语戏剧表演等活动，激发学生的创造力和想象力，让他们在实践中运用英语，体验语言的魅力，增强学习的兴趣和动力。同时，这些活动也锻炼了学生的团队协作能力和社会实践能力，为他们的全面发展奠定了坚实的基础。英语学习活动观注重培养学生的综合素养，旨在通过多样化的教学活动，全面提升学生的语言能力和综合素质。这种教学理念不仅有助于提高学生的英语学习效果，还能为他们的未来发展奠定坚实的基础。因此，在英语教学中，教师应积极践行英语学习活动观，注重培养学生的综合素养，为他们的全面发展创造有利条件。

（三）强调英语学习与其他学科的融合

在现实生活中，语言是与各个领域紧密相连的，是获取和传播知识的重要工具，英语学习活动观主张将英语学习与其他学科相结合，通过跨学科的学习活动，提高学生的综合素养和创新能力。例如，在英语与历史的融合中，学生可以通过阅读英语历史文献、观看英语历史纪录片等方式，了解世界历史的发展进程和重要事件，同时提高英语阅读和理解能力。在英语与科学的融合中，学生可以通过英语科普文章、英语科学实验等活动，学习科学知识和科学方法，同时锻炼英语表达能力和思维能力。在英语与艺术的融合中，学生可以通过欣赏英语文学作品、英语音乐、英语电影等艺术作品，培养审美情趣和艺术鉴赏能力，同时提高英语语感和语言运用能力。

英语学习活动观中的跨学科融合不仅有助于提高学生的英语语言能力，还能促进他们对其他学科知识的深入理解和掌握。通过英语这一语言工具，学生可以接触到更广泛的知识领域和文化背景，从而拓宽他们的视野和思维方式。例如，在英语学习活动中融入地理知识，学生可以通过阅读英语地理文章、制作英语地理海报等方式，了解世界各地的地理特征和地域文化，同时提高他们的英语阅读和写作能力。这种跨学科的学习方式可以激发学生的学习兴趣和好奇心，促使他们主动探索和学习新知识。此外，英语学习活动观中的跨学科融合还有助于培养学生的综合素养和创新能力。在跨学科的学习活动中，学生需要综合运用多个学科的知识和技能来解决问题和完成任务。这种综合性的学习方式可以锻炼学生的思维能力和创新能力，培养他们跨学科的合作精神和团队意识。例如，在组织英语科技创新项目时，学生需要结合英语语言和科学知识来撰写项目报告、进行英语演讲和展示等。这样的学习活动不仅可以提高学生的英语语言能力，还能培养他们的科学素养和创新能力。

第二节　英语学习活动观的目标

英语学习活动观是一种先进的教学理念，旨在通过创新的教学方式和丰富的学习活动，全面提升学生的英语综合运用能力和综合素质。这一目标不仅体现了对英语语言教学本质的深刻理解，也顺应了时代发展对人才培养的新要求。英语学习活动观的目标远不止于语言知识的传授。它强调在英语学习过程中，应注重学生思维能力、跨文化交际能力、信息处理能力等多方面能力的培养。通过组织多样化的学习活动，如角色扮演、小组讨论、项目式学习等，激发学生的学习兴趣，鼓励他们积极参与，主动探索，从而在实践中不断提高自己的英语水平和综合素养。同时，英语学习活动观还注重培养学生的国际视野和跨文化意识。在全球化日益加深的今天，具备国际视野和跨文化交际能力的人才更具竞争力。因此，英语学习活动不仅局限于语言本身，更融入了世界文化、国际事务等多方面的内容，旨在让学生在学习英语的同时，了解世界，拓宽视野，增强跨文化交流的能力。英语学习活动观的目标是以学生为中心，通过创新的教学方式和丰富的学习活动，全面提升学生的英语综合运用能力和综合素质，培养他们的国际视野和跨文化意识，这一目标的实现，将为学生未来的发展奠定坚实的基础，也为培养具有国际竞争力的高素质人才做出积极贡献。

一、语言知识与技能的掌握

（一）奠定坚实的语言知识基础

英语学习活动观强调通过实践活动奠定坚实的语言知识基础，这是提升英语学习者综合能力的重要途径。在英语学习过程中，知识基础的构建不仅关乎词汇、语法等语言知识的积累，更涉及语言运用能力和文化素养的培养。

为了确保学习者能够奠定坚实的语言知识基础，英语学习活动应注重系统性和层次性。活动设计应围绕核心语言知识点展开，通过多样化的练习和实践活动，帮助学习者逐步掌握并运用所学知识。例如，通过词汇游戏、语法练习、对话模拟等活动，学习者可以在实践中加深对语言知识的理解，提高语言运用的准确性。同时英语学习活动还应强调语境的真实性和语言的实用性。将语言知识融入真实的生活场景和交际任务中，使学习者在完成任务的过程中自然地运用语言，从而增强语言的实际运用能力。这种以任务为驱动的学习方式，能够激发学习者的学习兴趣，提高他们的学习积极性和主动性。英语学习活动还应注重文化知识的融入。语言是文化的载体，通过学习英语国家的文化、习俗和价值观，学习者可以更好地理解语言背后的文化内涵，提高跨文化交际能力。因此，在活动中融入文化元素，如介绍英语国家的节日、习俗、历史等，有助于学习者构建更全面的语言知识体系，更能提高他们的语言运用能力和文化素养，为未来的英语学习和发展奠定坚实的基础。

（二）提升语言听说读写技能

英语学习活动观强调通过实践性的活动来全面提升学习者的语言听说读写技能，这是英语学习过程中的核心目标之一。在语言学习中，听说读写四项技能相互关联，相辅相成，共同构成了语言运用的综合能力。为了提升听力技能，英语学习活动应设计丰富的听力练习，如听取日常对话、新闻广播、学术讲座等多种类型的音频材料。通过反复听取并理解这些内容，学习者可以逐渐提高对英语语音、语调和语速的适应能力，从而更准确地捕捉信息。

在口语方面，英语学习活动应鼓励学习者积极参与口语交流，如角色扮演、小组讨论、口语演讲等。这些活动不仅能让学习者有机会开口说英语，还能在交流中锻炼他们的口语表达能力和思维敏捷性。对于阅读技能，英语学习活动应提供多样化的阅读材料，如英文小说、新闻文章、学术论文等。通过阅读这些不同体裁和难度的文章，学习者可以扩大词汇量，提高阅读速度和理解能力。在写作方面，英语学习活动应引导学习者进行写作练习，如写日记、作文、邮件等。通过写作，学习者可以巩固语法知识，提高写作技巧和逻辑思维能力。英语学习活动观通过设计实践性的活动，全面提升学习者的语言听说读写技能。这些活动不仅注重语言知识的输入和输出，还强调语言在实际情境中的运用。通过这样的学习方式，学习者可以在实践中不断锻炼和提升自己的语言运用能力，为未来的英语学习和发展打下坚实的基础。

（三）培养语言运用的综合能力

英语学习活动观通过一系列精心设计的活动，培养学习者语言运用的综合能力。这种综合能力不仅仅局限于单一的听、说、读、写技能，而是将这些技能有机融合，使学习者能够在实际情境中灵活、准确地运用英语进行交流。

为了实现这一目标，英语学习活动应注重情境模拟和真实交际。通过创设贴近生活的语言情境，如购物、旅游、商务洽谈等，让学习者在模拟的环境中运用英语进行实际操作。这样的活动不仅能够激发学习者的兴趣，还能使他们在实践中逐步掌握语言运用的技巧。英语学习活动应鼓励学习者进行跨文化交流。语言是文化的载体，了解英语国家的文化背景和习俗对于提高语言运用能力至关重要。通过组织国际交流、文化讲座等活动，让学习者接触并理解不同文化，从而在英语交流中更加得体、恰当。英语学习活动还应注重思维能力的培养。语言运用不仅仅是表达思想，更是思考问题的过程。通过辩论、演讲、写作等活动，引导学习者用英语进行逻辑思维和创造性思考，提升他们的语言组织和表达能力。

英语学习活动观通过情境模拟、真实交际、跨文化交流和思维培养等多种方式，旨在培养学习者语言运用的综合能力。这种能力使学习者能够在各种情境中自信地运用英语进行交流，不仅满足了日常沟通的需要，也为未来的学术研究和职业发展奠定了坚实的基础。因此，英语学习活动的设计应始终围绕这一核心目标展开，不断提升学习者的语言运用能力。

二、学习策略与方法的掌握

（一）引导学生掌握有效的学习策略

学习策略是学习者在学习过程中为了有效地获取、存储、提取和使用信息而采取的各种计划、行为、步骤和技巧。在英语学习中，学生需要掌握一系列的学习策略，以应对不同的学习任务和挑战。这些策略包括但不限于认知策略、元认知策略、交际策略和资源管理策略。

认知策略是指学生在学习过程中对信息进行加工和处理的方法。在英语学习中，认知策略体现为记忆单词的技巧、理解句子的方法、阅读文章的策略等。教师可以通过设计多样化的学习活动，如词汇记忆游戏、阅读理解练习、写作构思框架等，引导学生探索和运用不同的认知策略，帮助他们更有效地掌握英语知识。元认知策略则是指学生对自己认知过程的理解和控制。在英语学习中，元认知策略体现为学生对自己学习计划的制定、学习进度的监控、学习效果的评估等。教师可以通过设置学习目标、制定学习计划、进行自我反馈等活动，引导学生学会对自己的学习过程进行反思和调整，从而培养他们的元认知能力。交际策略是学生在语言交流中采用的方法和技巧。在英语学习活动中，教师可以通过组织小组讨论、角色扮演、对话模拟等交际性活动，让学生在实践中运用交际策略，提高他们的口语交际能力。同时，教师还可以引导学生学会倾听、提问、回应等交际技巧，使他们在交流中更加自信、得体。资源管理策略是指学生合理利用学习资源和方法来提高学习效率的策略。在英语学习中，资源管理策略体现为时间管理、学习环境的选择、学习工具的利用等。教师可以通过指导学生制定时间表、选择适合的学习空间、利用网络资源等活动，帮助学生掌握资源管理策略，提高他们的自主学习能力。

（二）培养学生的自主学习能力与习惯

自主学习能力是指学生独立获取新知识、解决新问题的能力，以及在学习过程中表现出的主动性和创造性。在英语学习中，自主学习能力体现为学生能够自主选择学习内容、制定学习计划、监控学习过程、评估学习效果等。

为了培养学生的自主学习能力，教师需要转变教学角色，从知识的传授者转变为学习的引导者和促进者。教师可以通过设计开放性的学习任务、提供丰富的学习资源、鼓励学生的探究性学习等活动，激发学生的好奇心和求知欲，培养他们的自主学习意识和能力。同时，教师还需要注重培养学生的良好学习习惯。学习习惯是指学生在学习过程中形成的相对稳定的学习行为模式。良好的学习习惯有助于提高学习效率和学习质量。在英语学习中，教师可以引导学生养成定时复习、主动预习、积极思考、认真作业等良好学习习惯，为他们的终身学习奠定坚实的基础。

（三）提高学生的元认知能力与自我监控能力

元认知能力是指学生对自己认知过程的理解和控制能力，包括对自己的学习状态、学习能力、学习策略的认知和控制。自我监控能力则是指学生在学习过程中对自己的学习行为、学习进度、学习效果进行监控和调整的能力。

为了提高学生的元认知能力和自我监控能力，教师需要在教学过程中注重培养学生的反思意识和自我评估能力。教师可以通过组织学习日志撰写、学习成果展示、学习经验分享等活动，引导学生对自己的学习过程进行反思和总结，帮助他们认识到自己的优点和不足，明确改进方向。同时，教师还可以通过设置学习目标、制定学习计划、进行自我反馈等机制，引导学生学会对自己的学习过程进行监控和调整。例如，教师可以要求学生制定每周的学习计划，并在周末进行回顾和总结，评估自己的学习进度和效果，根据评估结果调整下一周的学习计划。这样的活动有助于培养学生的自我监控能力，使他们在学习过程中更加主动、自觉。在英语学习活动中，教师还可以通过提供及时反馈和个性化指导，帮助学生提高元认知能力和自我监控能力。及时反馈可以让学生及时了解自己的学习情况和进步，增强他们的学习动力和信心。个性化指导则可以根据学生的不同学习需求和特点，提供针对性地学习建议和指导，帮助他们更好地掌握学习策略和方法。

三、情感态度与价值观的培养

（一）激发学生的学习兴趣与动机

在英语教育实践中，情感态度与价值观的培养日益受到重视。英语学习活动观是一种全面而深入的教学理念，不仅关注语言知识的传授和语言技能的提升，更将学生的情感态度与价值观培养置于核心位置。这一理念认为，通过精心设计的英语学习活动，可以有效激发学生的学习兴趣与动机，培养他们的积极情感与态度，并引导他们树立正确的价值观与世界观。

激发学生的学习兴趣与动机是英语学习活动观中情感态度培养的首要任务。兴趣是学习的最好老师，它能够驱使学生主动探索未知，积极投入学习活动。在英语学习过程中，如果学生缺乏兴趣，就很难保持持久的学习动力。因此，教师必须设法激发学生的学习兴趣，使他们在轻松愉快的氛围中掌握语言知识，提升语言技能。为了实现这一目标，教师可以设计多样化的学习活动。例如，通过引入与学生生活密切相关的主题，如旅游、文化、科技等，使学生在学习英语的同时，了解世界，拓宽视野。教师还可以利用多媒体教学手段，如图片、音频、视频等，创设生动的学习情境，吸引学生的注意力，激发他们的好奇心和求知欲。此外，组织英语角、英语演讲比赛、英语戏剧表演等活动，也能让学生在实践中运用英语，体验成功的喜悦，从而增强学习英语的兴趣和动机。

（二）培养学生的积极情感与态度

情感态度是影响学生学习效果的重要因素。积极的情感态度能够促使学生更加乐观、自信地面对学习挑战，而消极的情感态度则可能导致学生学习动力不足，甚至产生厌学情绪。因此，教师必须关注学生的情感需求，努力培养他们的积极情感与态度。

在英语学习中，教师可以通过鼓励和支持，增强学生的自信心。当学生取得进步或表现出色时，教师应及时给予表扬和肯定，让学生感受到自己的努力和成就得到认可。同时，教师还应关注学生的个体差异，尊重他们的学习方式和节奏，避免一刀切的教学方法，让每个学生都能在自己的能力范围内得到发展。此外，教师还可以通过创设和谐的学习氛围，培养学生的合作精神与团队意识。在英语学习活动中，教师可以组织小组合作、伙伴互助等学习形式，让学生在相互帮助、共同进步的过程中，学会倾听、尊重和理解他人，培养良好的人际关系和社交技能。

（三）引导学生树立正确的价值观与世界观

价值观与世界观是个体对世界和人生的根本看法和态度，它们影响着个体的行为选择和人生道路。在英语学习过程中，教师不仅要传授知识，更要引导学生思考人生的意义和价值，帮助他们树立正确的价值观与世界观。

教师可以通过英语教材中的课文内容，引导学生探讨道德、伦理、文化等议题，培养他们的道德观念和文化意识。例如，通过学习关于友谊、诚信、责任等主题的课文，让学生思考这些品质在人生中的重要性，并鼓励他们在日常生活中践行这些品质。同时，教师还可以通过介绍不同国家的文化、历史和社会制度，拓宽学生的国际视野，使他们尊重和理解不同文化之间的差异和多样性。在英语学习活动中，教师还可以通过组织辩论、讨论等活动，引导学生学会理性思考和表达观点。这些活动不仅能够锻炼学生的语言表达能力和逻辑思维能力，还能让他们在交流中学会尊重他人的意见，形成开放、包容的思想态度。此外，通过参与志愿服务、社区活动等社会实践，学生也能在实践中体验社会责任和奉献精神，进一步树立正确的价值观与世界观。

为了实现情感态度与价值观培养的目标，教师还需要注重自身的情感素养和价值观引导能力。教师是学生的榜样和引路人，他们的情感态度和价值观对学生产生着潜移默化的影响。因此，教师必须不断提升自己的情感素养，保持积极乐观的心态，以身作则，传递正能量。同时，教师还应具备敏锐的价值观引导能力，能够及时发现和纠正学生价值观上的偏差，引导他们走向正确的人生道路。此外，家庭和社会也是情感态度与价值观培养的重要力量。教师应积极与家长沟通合作，共同关注学生的情感需求和价值观引导。同时，教师还可以利用社会资源，如邀请各行各业的嘉宾来校讲座、组织学生参观博物馆和历史遗址等，拓宽学生的视野，增强他们的社会责任感和使命感。

第三节　英语学习活动观的要求

英语学习活动观强调以学习者为中心，通过丰富多样的学习活动，促进学生在语言知识、语言技能、情感态度、学习策略以及文化意识等多方面的全面发展。英语学习活动观要求在教学过程中，不再局限于传统的讲授和练习模式，而是要注重激发学生的学习兴趣，引导他们主动参与、积极探索。这意味着教师需要设计具有趣味性、实用性和挑战性的学习活动，让学生在实践中学习英语，用英语解决实际问题，从而培养他们的语言运用能力和创新思维。英语学习活动观也强调情感态度和价值观的培养。在学习过程中，教师应关注学生的情感需求，营造积极、和谐的学习氛围，使学生能够在轻松愉快的环境中学习英语。通过引导学生参与团队合作、文化交流等活动，培养他们的合作精神、跨文化意识和国际视野，帮助他们树立正确的价值观和世界观。

一、活动设计的科学性与合理性

（一）根据教学目标与学生需求设计活动

在英语学习活动的设计过程中，教学目标是活动的灵魂和导向。教师必须明确每节课的教学目标，包括语言知识、语言技能、学习策略、情感态度和文化意识等方面。这些目标应该具体、可衡量，并且与学生的实际需求相契合。在设计活动时，教师应围绕教学目标展开，确保活动能够直接或间接地促进目标的实现。例如，如果教学目标是提高学生的口语表达能力，那么活动设计就应该侧重于口语练习，如角色扮演、小组讨论、口语演讲等。通过这些活动，学生能够有更多的机会开口说英语，从而在实践中提升自己的口语水平。

同时，学生需求也是活动设计不可忽视的重要因素。每个学生都有自己的学习风格、兴趣爱好和认知水平。教师在设计活动时，应充分考虑学生的个体差异，确保活动能够满足不同学生的需求。对于基础较弱的学生，教师可以设计一些基础性的练习活动，帮助他们巩固语言知识；对于基础较好的学生，则可以设计一些拓展性的活动，挑战他们的思维，提升他们的语言运用能力。此外，教师还可以通过问卷调查、个别访谈等方式，了解学生的学习兴趣和需求，为活动设计提供更有针对性的依据。

（二）确保活动的难度、梯度与趣味性

在确保活动与目标和学生需求相契合的基础上，活动的难度、梯度与趣味性也是至关重要的。活动的难度应该适中，既不过于简单，也不过于困难。过于简单的活动可能无法激发学生的学习兴趣，也无法有效提升他们的语言技能；而过于困难的活动则可能让学生感到沮丧，失去学习的信心。因此，教师在设计活动时，应根据学生的实际水平，合理安排活动的难度，确保学生能够在活动中获得成就感和满足感。

同时，活动还应该具有一定的梯度。梯度性的活动设计能够引导学生逐步深入学习，从浅入深、从易到难地掌握知识。例如，在阅读教学中，教师可以先设计一些理解性的活动，帮助学生理解文章的大意；然后设计一些细节性的活动，引导学生深入挖掘文章的内涵；最后设计一些拓展性的活动，如写作、讨论等，让学生在运用语言的过程中提升自己的思维能力和表达能力。趣味性是活动设计的另一个重要方面。趣味性的活动能够激发学生的学习兴趣，使他们在轻松愉快的氛围中学习英语。教师可以通过设计游戏化、情境化的活动，如角色扮演、猜谜、英语接龙等，让学生在玩中学、学中玩，提高学习的积极性和主动性。此外，教师还可以利用多媒体等现代教学手段，为活动增添更多的趣味性和互动性，使学生的学习体验更加丰富和生动。

（三）注重活动的系统性与连贯性

系统性指的是活动设计应该具有整体性和结构性，各个活动之间应该相互关联、相互支撑，形成一个完整的教学体系。在设计活动时，教师应考虑活动的先后顺序、逻辑关系以及它们在整个教学过程中的作用和意义。例如，在词汇教学中，教师可以先设计一些词汇呈现活动，让学生初步了解词汇的含义和用法；然后设计一些词汇练习活动，帮助学生巩固词汇知识；最后设计一些词汇运用活动，如造句、填空等，让学生在实践中运用词汇，提升自己的语言运用能力。

连贯性则指的是活动之间应该过渡自然、衔接紧密，避免出现断层或跳跃的现象。连贯性的活动设计能够引导学生顺畅地进入下一个学习环节，保持学习的连续性和稳定性。为了实现活动的连贯性，教师可以在设计活动时注重过渡和衔接的处理，如通过提问、总结等方式，引导学生从上一个活动自然过渡到下一个活动。同时，教师还可以利用教学板书、多媒体等辅助手段，为活动的连贯性提供视觉和听觉上的支持。

二、活动实施的灵活性与有效性

（一）灵活运用多种教学方法与手段

在英语学习活动观的指导下，活动实施的灵活性与有效性成为衡量教学质量的重要标准。为了确保英语学习活动能够顺利且高效地开展，教师需要灵活运用多种教学方法与手段，确保活动的顺利实施与有效进行，并具备及时调整活动方案以应对突发情况的能力。

在英语学习活动的实施过程中，教学方法与手段的灵活性至关重要。传统的教学方法通常以教师为中心，注重知识的灌输和技能的训练，而忽视了学生的学习主体性和个体差异。然而，英语学习活动观强调以学习者为中心，注重激发学生的学习兴趣和主动性，因此，教师需要摒弃单一的教学方法，灵活运用多种教学手段，以满足不同学生的学习需求。教师可以采用任务型教学法，通过设计具有真实性和情境性的任务，引导学生在完成任务的过程中学习和使用英语。这种教学方法能够使学生将语言知识与实际应用相结合，提高他们的语言运用能力。同时，教师还可以运用合作学习法，组织学生进行小组讨论、角色扮演等活动，培养他们的合作精神和交际能力。此外，多媒体技术的快速发展也为英语教学提供了更多的可能性。教师可以利用音频、视频、网络等多媒体资源，丰富教学内容和形式，激发学生的学习兴趣和积极性。

（二）确保活动的顺利实施与有效进行

为了确保活动的顺利实施，首先需要明确活动的目标与内容，这与英语教学大纲紧密相连，旨在培养学生的语言技能、文化知识、思维能力和学习策略。活动设计应充分考虑学生的兴趣、需求和认知水平，确保活动既具有挑战性又具有可行性。

在实施过程中，教师的角色至关重要。教师应成为活动的引导者和促进者，为学生提供必要的指导和支持。在活动开始前，教师应详细介绍活动的规则、要求和预期成果，确保学生明确活动目标。同时，教师还应根据活动的需要，合理分组，鼓励学生之间的合作与交流，培养他们的团队协作精神。为了确保活动的有效进行，我们还需要注重活动的互动性和实践性。互动性可以激发学生的学习兴趣，使他们在交流中不断提高语言运用能力。实践性则能让学生在实际操作中巩固所学知识，提升技能。因此，在设计活动时，应融入角色扮演、小组讨论、情境模拟等多元化元素，使学生在轻松愉快的氛围中学习英语。此外还应建立有效的评价机制，对活动的过程和成果进行及时、客观的评价。评价不仅应关注学生的语言水平，还应重视他们的学习态度、合作精神和创新思维。通过评价，我们可以及时发现学生在活动中存在的问题和不足，为他们提供有针对性的反馈和建议，帮助他们不断进步。

（三）及时调整活动方案以应对突发情况

在英语学习活动的实施过程中，突发情况的发生是不可避免的。这些突发情况可能来自学生方面，如学生突然生病、情绪波动等；也可能来自教师方面，如教学设备故障、教学材料缺失等。面对这些突发情况，教师需要具备及时调整活动方案的能力，以确保活动的顺利进行和教学效果的达成。

当遇到学生方面的突发情况时，教师需要保持冷静和耐心，及时了解情况并给予适当的帮助和支持。例如，当学生突然生病时，教师应及时联系校医或家长，并安排其他学生继续进行活动；当学生情绪波动时，教师应关注学生的情感需求，给予安抚和引导，帮助他们调整情绪并重新投入到活动中来。当遇到教师方面的突发情况时，教师需要迅速做出判断并采取相应的应对措施。例如，当教学设备故障时，教师可以尝试修复设备或临时更换其他教学工具；当教学材料缺失时，教师可以利用现有资源或临时调整活动内容，确保活动的顺利进行。在这些过程中，教师需要充分发挥自己的创造性和应变能力，以最小的代价解决突发问题，确保活动的顺利进行和教学效果的达成。为了确保英语学习活动的灵活性与有效性，教师还需要不断学习和提升自己的专业素养和教学能力。教师需要关注英语教育领域的新理念、新方法和技术发展，不断更新自己的知识结构和教学技能。通过参加培训、研讨交流、阅读专业书籍等方式，教师可以不断拓宽自己的视野和思路，为英语教学注入新的活力和创新。

三、活动评价的全面性与客观性

（一）建立全面、客观的评价体系

建立全面、客观的评价体系是英语学习活动评价的基础。传统的评价体系通常过于注重考试成绩，忽视了对学生学习过程、情感态度、思维能力等多方面的评价。然而，英语学习活动观强调以学习者为中心，注重培养学生的综合语言运用能力，因此评价体系必须涵盖学生的各个方面。

在构建评价体系时，应明确评价的目标和标准。评价目标应与教学目标相一致，旨在促进学生的全面发展。评价标准应具有可操作性和可测量性，便于教师对学生进行评价。同时，评价体系应包含多个维度，如语言知识、语言技能、学习策略、情感态度、文化意识等，以全面反映学生的学习状况。为了实现评价的客观性，评价体系应采用定量和定性相结合的方法。定量评价主要通过测试、测验等方式获取学生的具体数据，如词汇量、阅读速度、听力理解率等，这些数据能够直观地反映学生的语言水平。定性评价则通过

观察、记录、访谈等方式获取学生的非数据信息,如学习态度、合作精神、创新思维等,这些信息能够更深入地了解学生的学习特点和个性差异。在评价过程中,应注重数据的收集和分析。教师应采用多种手段收集学生的学习数据,如课堂观察、作业分析、在线学习平台数据等。同时,教师应运用统计方法和数据分析工具对收集到的数据进行处理和分析,以得出客观、准确的评价结果。

(二)注重过程评价与结果评价的结合

过程评价关注学生的学习过程和学习行为,能够及时发现学生在学习中存在的问题和不足,为教师提供教学反馈和调整教学策略的依据,结果评价则关注学生的学习成果和达成度,能够反映学生的整体学习水平和教学效果。

在实施过程评价时,教师应关注学生的学习态度、参与度、合作精神等方面。例如,教师可以通过观察学生在课堂上的表现、记录学生的发言次数和质量、评价学生的小组合作情况等方式,对学生的学习过程进行评价。同时,教师还可以利用在线学习平台的数据分析功能,了解学生的学习轨迹和学习习惯,为过程评价提供更全面的信息。在实施结果评价时,教师应采用多种评价方式和方法,如测试、项目展示、口头报告等。这些评价方式能够全面、客观地反映学生的学习成果和达成度。同时,教师还应注重评价结果的反馈和运用。教师应及时将评价结果反馈给学生和家长,帮助他们了解学生的学习状况和进步情况。同时,教师还应根据评价结果调整教学策略和教学方法,以满足不同学生的学习需求。

(三)鼓励学生自我评价与同伴评价

自我评价能够增强学生的自我意识和自我管理能力,使他们能够更好地了解自己的学习状况和进步情况。同伴评价则能够促进学生之间的交流和合作,增强他们的团队意识和协作精神。

在实施自我评价时,教师应引导学生学会客观、全面地评价自己的学习成果和学习过程。例如,教师可以要求学生撰写学习日志或反思报告,让他们记录自己的学习经历、收获和不足。同时,教师还可以指导学生制定学习计划和目标，鼓励他们根据自己的实际情况进行调整和完善。在实施同伴评价时，教师应明确评价的标准和要求，确保评价的客观性和准确性。例如，教师可以要求学生按照特定的评价量表对同伴的作品或表现进行评价，并给出具体的反馈和建议。同时，教师还可以组织学生进行小组讨论或互评活动，让他们在交流中相互学习和借鉴。

（四）教师角色与素养的要求

教师角色与素养的要求对于英语学习活动评价的全面性与客观性至关重要。是教师，他们不仅是知识的传授者，更是学生学习的引导者和评价者。因此，教师必须具备专业的英语知识和技能，能够准确地评价学生的语言水平和学习能力。

教师应不断更新自己的教学理念和方法，适应英语学习活动观的要求。他们应关注学生的个体差异和学习需求，采用多样化的评价方式和方法，以满足不同学生的学习特点。同时，教师还应注重评价过程的公平性和公正性，确保每个学生都能得到客观、准确的评价。教师应具备良好的沟通能力和反馈技巧。在评价过程中，教师应与学生和家长保持密切沟通，及时了解他们的想法和意见。同时，教师还应给予学生及时、具体的反馈和建议，帮助他们了解自己的学习状况和进步方向。这种沟通和反馈机制能够增强学生的学习动力和信心，促进他们的全面发展。教师还应具备较高的信息素养和技术能力。随着信息技术的发展，越来越多的教学工具和平台被应用到英语学习中。教师应熟悉这些工具和平台的使用方法和功能特点，能够利用它们进行数据收集、分析和评价。同时，教师还应关注新兴技术的发展趋势和应用前景，积极探索其在英语学习活动评价中的潜力和可能性。

第三章

英语学习活动观在中学课堂的设计与实施

对于中学生而言，掌握良好的英语能力不仅是学业上的要求，更是未来走向世界、参与国际交流与合作的必备素养。因此如何在中学课堂中有效地设计与实施英语学习活动，成为教育者们关注的焦点。英语学习活动观在中学课堂的设计与实施这一主题，旨在探讨和分享在中学英语教学中，如何基于先进的教学理念和方法，设计出既符合学生认知规律，又能激发学生学习兴趣的英语学习活动。这些活动不仅应涵盖听、说、读、写等语言技能的综合训练，还应注重培养学生的跨文化交际能力、思辨性思维和创新能力。在设计英语学习活动时，需要充分考虑学生的年龄特点、兴趣爱好以及认知水平，确保活动既具有挑战性又具有可行性。同时还要注重活动的情境性和实践性，让学生在模拟的真实语境中运用英语，体验语言的魅力，增强语言运用的自信心。本章将围绕英语学习活动的设计原则、实施策略、案例分享等方面展开深入阐述，旨在为中学英语教师提供一套系统、实用的教学参考。

第一节　英语学习活动观在中学英语教学中的设计与实施

中学阶段是英语学习的关键时期，如何设计与实施富有成效的英语学习活动，成为英语教师们不断探索和实践的重要课题。英语学习活动观在中学英语教学中的设计与实施这一主题深入探讨了中学英语教学中学习活动的设计理念和实施策略，英语学习活动不仅仅是知识的传授和技能的训练，更是学生思维能力、文化意识和情感态度的培养过程。在设计英语学习活动时，需要秉持以学生为中心的原则，充分考虑学生的兴趣、需求和认知水平。活动设计应贴近学生生活实际，创设真实或模拟的语言情境，让学生在实践中学习，在学习中实践。同时，活动应具有层次性和递进性，逐步引导学生从简单到复杂，从表面到深入，全面提升学生的英语综合能力。在实施过程中，教师应灵活运用多种教学方法和手段，如任务型教学、合作学习、项目式学习等，激发学生的学习兴趣和积极性。教师应成为学生学习的引导者和伙伴，鼓励学生主动参与，勇于表达，敢于创新，本节将结合中学英语教学的实际，系统介绍英语学习活动的设计原则、实施步骤和注意事项，为学生的全面发展奠定坚实的基础。

一、活动设计的基本原则

（一）符合中学生认知特点与兴趣

英语学习活动观在中学英语教学中的应用，应充分考虑中学生的认知特点与兴趣，以设计出既富有教育意义又深受学生喜爱的活动主题。中学生正处于身心快速发展的阶段，他们对新鲜事物充满好奇，喜欢探索未知，同时也有着强烈的自我表达欲望和社交需求。

基于这些特点，英语学习活动可以围绕"探索世界文化"这一主题展开。这一主题不仅贴近学生的生活实际，能够激发他们的学习兴趣，还能够在拓宽国际视野的同时，促进语言知识的运用和跨文化交流能力的提升。在活动中，教师可以引导学生通过英语去了解不同国家的历史、风俗、节日和美食等文化元素。例如，可以组织一次"国际文化节"，让学生分组选择一个国家，用英语研究并展示该国的文化特色。学生可以通过制作海报、演绎小剧场、烹饪特色美食等多种形式，将所学知识与创意相结合，进行成果展示。这样的活动不仅锻炼了学生的英语听说读写能力，还让他们在实践中学会了团队合作、资料搜集和整合信息的能力。同时，通过对比不同文化的异同，学生能够更加深刻地理解自己的文化身份，增强文化自信。此外，"探索世界文化"这一主题还能够激发学生的好奇心和探索欲，使他们在轻松愉快的氛围中学习英语，感受语言的魅力。这种以兴趣为导向的学习方式，有助于培养学生的自主学习能力和持续学习的习惯，为他们的终身学习奠定坚实的基础。

（二）紧扣英语课程标准与教学大纲

英语学习活动观在中学英语教学中的实践，始终紧扣英语课程标准与教学大纲，确保教学活动的科学性和规范性。中学英语课程标准与教学大纲是指导英语教学的重要文件，它们明确了英语教学的目标、内容、方法和评价要求，为英语学习活动的设计提供了明确的方向。

在设计英语学习活动时，教师首先要深入研读英语课程标准与教学大纲，把握其中的核心理念和具体要求。然后，根据这些要求，结合学生的实际情况，设计出既符合课程标准又贴近学生生活的活动。这些活动不仅注重语言知识的传授，更强调语言技能的培养和实际运用。例如，可以设计角色扮演、情景对话、英语演讲等活动，让学生在真实的语言环境中锻炼听说读写能力。同时，活动还可以融入跨文化交际、思维品质培养等元素，提升学生的综合素养。紧扣英语课程标准与教学大纲的英语学习活动，确保了教学的系统性和连贯性。通过一系列精心设计的活动，学生能够逐步构建完整的英语知识体系，形成扎实的语言基础。同时，这些活动还注重激发学生的学习兴趣和积极性，使他们在轻松愉快的氛围中学习英语，提高学习效果，通过精心设计的学习活动，学生可以全面提升英语语言能力，为未来的学习和生活打下坚实的基础。

（三）注重活动的实用性与趣味性相结合

实用性意味着活动设计要贴近学生的生活实际，能够让学生在真实的语境中运用英语，解决实际问题，从而增强语言的实践能力。趣味性则是活动的吸引力所在，它能够激发学生的学习兴趣，使他们在轻松愉快的氛围中主动参与学习，享受英语带来的乐趣。

为了实现实用性与趣味性的结合，教师可以设计一系列既具有实际应用价值又充满趣味性的英语学习活动。例如，可以组织一次"英语市场"活动，让学生扮演商家和顾客，用英语进行商品买卖的交流。这样的活动不仅锻炼了学生的英语口语表达能力，还让他们在实践中学习了如何用英语进行商务谈判和社交互动，具有很强的实用性。同时，为了增加活动的趣味性，教师可以设置一些趣味性的环节，如"最佳推销员"评选、"最创意商品"展示等，让学生在竞争中激发潜能，展现个性。这样的活动形式新颖，内容丰富，既满足了学生的学习需求，又激发了他们的学习兴趣。通过实用性与趣味性相结合的英语学习活动，学生能够在轻松愉快的氛围中提升英语语言能力，增强学习的积极性和主动性。这种教学方式不仅注重知识的传授，更强调能力的培养和兴趣的激发，有助于培养学生的综合素质和终身学习能力。因此，在中学英语教学中，教师应注重活动的实用性与趣味性相结合，为学生的学习和发展创造更加良好的条件。

二、活动设计的具体内容

（一）确定活动主题与目标

在选择活动主题时，教师应充分考虑学生的兴趣、生活经验以及英语课程标准的要求。主题应既具有吸引力，能够激发学生的学习动力，又与教学内容紧密相关，有助于巩固和拓展学生的语言知识。例如，可以选择"环保行动"是活动主题，通过讨论环保问题、设计环保海报、撰写环保倡议书等活动，让学生在实践中运用英语，同时增强环保意识。

确定活动目标同样至关重要。目标应明确、具体，可衡量，既要体现语言知识的掌握和运用，又要注重语言技能的培养和提升。对于"环保行动"这一主题，活动目标可以设定为：学生能够用英语准确表达环保观点，能够设计并制作英文环保海报，能够撰写简单的英文环保倡议书。这样的目标既涵盖了语言知识的运用，又体现了语言技能的培养，有助于全面提升学生的英语综合能力。在确定活动主题与目标时，教师还应充分考虑学生的个体差异，确保活动能够适应不同层次学生的需求。对于英语基础较弱的学生，可以设定相对简单的目标，如能够用英语简单描述环保问题；对于英语基础较好的学生，则可以设定更高层次的目标，如能够用英语进行深入讨论，提出创新的环保建议。确定合适的活动主题与目标，是设计有效英语学习活动的基础。通过精心设计的活动，学生可以在实践中运用英语，提升语言技能，同时拓宽视野，增强综合素质。

（二）设计活动流程与环节

活动流程应清晰、合理、有序，能够引导学生逐步深入活动，实现活动目标。活动环节应多样、有趣、富有挑战性，能够激发学生的学习兴趣和积极性。具体来说，活动流程可以包括导入环节、新知呈现环节、实践操作环节、成果展示环节和评价反馈环节。

在导入环节，教师可以通过视频、图片、故事等方式，引出活动主题，激发学生的学习兴趣和好奇心。新知呈现环节是活动的重点，教师可以通过讲解、演示、互动等方式，向学生介绍与活动主题相关的语言知识和文化背景。在这一环节，教师应注重语言的输入和输出，引导学生积极参与，通过听、说、读、写等多种方式，掌握和运用所学的语言知识和技能。实践操作环节是活动的关键，学生需要在这一环节中运用所学的语言知识和技能，完成具体的任务或活动。例如，可以设计一个"环保海报设计"活动，让学生用英语撰写海报文案，设计海报图案，展示自己对环保的理解和创意。成果展示环节是活动的亮点，学生可以在这一环节中展示自己的作品或成果，分享自己的学习体会和收获。评价反馈环节是活动的收尾，教师需要对学生的表现进行评价和反馈，肯定他们的优点和进步，指出他们的不足和改进方向。

在设计活动流程与环节时，教师还需要注意以下几点。一是活动应具有层次性和递进性，根据学生的认知发展水平和语言基础，设计不同难度和层次的活动，逐步引导学生深入学习和实践。二是活动应注重学生的主体性和参与性，让学生成为活动的主体和参与者，而不是被动的接受者。鼓励学生积极参与活动，勇于表达自己的想法和观点，培养他们的自主学习能力和创新思维能力。三是活动应注重合作与交流，通过小组合作、伙伴互助等方式，促进学生之间的合作与交流，培养他们的团队合作精神和沟通能力。

（三）准备活动所需材料与资源

活动材料应丰富、多样、具有实用性，能够满足活动的需求和目标。例如，可以准备与活动主题相关的词汇卡片、句型卡片、图片、视频等材料，用于新知呈现环节和实践操作环节。活动资源应充足、有效、易于获取，能够支持活动的顺利进行。例如，可以利用网络资源、教材资源、校园资源等，为活动提供必要的支持和保障。

在准备活动所需材料与资源时，教师还需要注意以下几点。一是材料的选择应具有针对性和实用性，能够紧密围绕活动主题和目标，满足学生的学习需求。二是材料的呈现方式应多样、有趣、富有吸引力，能够激发学生的学习兴趣和积极性。例如，可以利用多媒体技术，将文字、图片、声音、视频等多种元素有机结合，呈现出生动有趣的学习材料。三是资源的利用应充分、合理、高效，能够充分发挥资源的作用和价值，为活动提供有力的支持和保障。除此之外，英语学习活动设计还需要考虑活动的评价方式和标准。评价是活动设计的重要环节，它不仅能够反映学生的学习效果和进步，还能够为教师提供教学反馈和改进方向。在评价方式方面，可以采用形成性评价和总结性评价相结合的方式，既关注学生的学习过程，又关注学生的学习成果。在评价标准方面，应明确、具体、可衡量，能够客观、公正地评价学生的表现和成就。英语学习活动设计还需要注重活动的拓展和延伸。活动不应仅仅局限于课堂内或特定时间，而应拓展到课外和日常生活中，成为学生学习和生活的一部分。例如，可以设计一些与活动主题相关的课外阅读任务、家庭作业或社区服务项目，让学生在实际生活中运用所学的语言知识和技能，增强语言的实际运用能力。

三、活动的实施策略与方法

（一）创设情境，激发兴趣

英语学习活动观强调在中学英语教学中，通过创设情境来激发学生的学习兴趣，促进语言学习的有效发生。创设情境是一种重要的教学活动策略，对于提高学生的英语学习积极性和参与度具有显著效果。

在英语课堂上，教师可以通过多种手段创设与教学内容相关的情境，如利用多媒体展示生动的图片、视频，或布置实物场景，让学生仿佛置身于真实的语言环境中。例如，在教授关于旅游的课程时，教师可以展示世界各地的风景名胜图片，播放旅游宣传片，甚至模拟一个旅行社的场景，让学生扮演游客和导游，用英语进行旅游咨询和交流。这样的情境创设不仅能够吸引学生的注意力，激发他们的好奇心，还能够使学生在接近真实的语言环境中运用英语，提高他们的语言实践能力。在情境中，学生需要主动思考、积极发言，与教师和同学进行互动，这种参与式的学习方式能够极大地激发学生的学习兴趣和动力。同时，创设情境还能够使抽象的语言知识变得具体、生动，易于学生理解和记忆。在情境中，学生可以通过直观的感受和体验，更深入地理解英语单词、句型和语法规则，从而更好地掌握和运用英语。通过创设与教学内容相关的情境，教师可以激发学生的学习兴趣和积极性，提高他们的语言实践能力，使英语学习变得更加有趣、有效。因此，在英语教学中，教师应注重情境创设的运用，为学生的英语学习创造更加生动、活泼的课堂氛围。

（二）分组合作，促进交流

英语学习活动观倡导在中学英语教学中，通过分组合作的教学策略，促进学生之间的交流与合作，从而提升语言运用能力。分组合作不仅是一种有效的学习方式，也是培养学生团队协作精神和社交技能的重要途径。

在英语课堂上，教师可以将学生分成若干小组，每个小组由不同英语水平、性格特点和学习风格的学生组成。这样的小组构成有助于学生在合作过程中相互学习、取长补短。通过小组内的讨论、协商和分工，学生能够共同完成学习任务，如角色扮演、对话练习、项目制作等。在分组合作中，学生需要用英语进行交流，这为他们提供了大量的语言实践机会。在小组讨论中，学生可以练习口语表达，提高听说能力；在合作完成任务时，他们可以学习如何用英语进行协商和沟通，增强语言运用的灵活性。同时，小组内的互助和合作也让学生感受到集体的力量，增强了他们的团队意识和合作精神。

分组合作还有助于激发学生的学习兴趣和积极性。在小组中，学生可以与自己的同学一起探索和学习，这种轻松愉快的氛围使他们更加愿意参与到英语学习中来。而且，小组内的竞争和合作也激发了学生的学习动力，使他们更加努力地学习英语，以在小组中展现自己的才能。分组合作是英语学习活动观在中学英语教学中的有效策略，通过分组合作，学生可以在交流中提高语言运用能力，在合作中培养团队协作精神和社交技能。因此，教师应充分利用分组合作的教学策略，为学生的英语学习创造更加有利的环境和条件。

（三）适时引导，确保效果

为了确保分组合作活动的顺利进行，教师还需要给予适当的指导和支持。在活动开始前，教师可以向学生明确任务要求和合作规则，确保他们了解活动的目标和流程。在活动过程中，教师应密切观察学生的合作情况，及时给予反馈和建议。对于遇到困难的小组，教师可以提供必要的帮助和指导，引导他们找到解决问题的方法。

适时引导是英语学习活动中确保效果的关键环节。在英语课堂上，教师需要根据学生的学习情况和活动进展，适时给予引导和支持。适时引导可以帮助学生克服学习障碍，提高他们的学习效率。例如，在学生进行口语表达时，教师可以给予积极的反馈和鼓励，增强他们的自信心；当学生在语法运用上出现错误时，教师可以及时指出并纠正，帮助他们掌握正确的语言规则。适时引导还体现在对活动节奏的把控上。教师需要根据活动的进展和学生的反应，灵活调整活动的节奏和时间安排。如果活动进行得过于顺利，教师可以适当增加难度或拓展内容，以挑战学生的学习能力；如果活动遇到困难或学生积极性不高，教师可以简化任务或调整活动方式，以激发学生的学习兴趣和参与度。在适时引导的过程中，教师还应注重个体差异和因材施教。每个学生的英语学习水平和兴趣爱好都不同，因此教师需要根据学生的特点给予个性化的指导和支持。对于英语水平较高的学生，教师可以提供更具挑战性的任务和拓展材料，以满足他们的学习需求；对于英语水平较低的学生，教师可以给予更多的帮助和鼓励，帮助他们克服困难，提高学习效果。

第二节　英语学习活动观在教学中的实施步骤

中学英语教学是培养学生英语语言能力的基础阶段，承担着为学生打下坚实语言基础的重任，英语学习活动观是一种先进的教学理念，强调通过多样化的学习活动，激发学生的学习兴趣，促进语言知识的内化与技能的提升，为中学英语教学提供了新的思路和方法。实施英语学习活动观，并非一蹴而就的过程，而是需要遵循一定的步骤和原则，教师需要深刻理解英语学习活动观的核心理念，明确其在教学中的地位和作用，这要求教师不断更新教学观念，从传统的以教师为中心的教学模式转变为以学生为中心的教学模式，注重学生的主体地位和个体差异。教师需要根据教学内容和学生的实际情况，精心设计学习活动，同时教师还需要考虑活动的难度和层次性，确保每个学生都能在活动中找到自己的位置，获得成就感和满足感。在实施学习活动的过程中，教师需要密切关注学生的表现和反馈，及时调整活动策略和方法。同时，教师还应注重培养学生的自主学习能力和合作精神，鼓励他们在活动中积极探索、勇于尝试，相互帮助、共同进步。本节探讨了英语学习活动观在教学中的实施步骤，为中学英语教师提供有益的指导和启示。

一、活动前的准备阶段

（一）分析学情，了解需求

在英语学习活动观的教学准备阶段，深入分析学情、全面了解学生需求是至关重要的一环，教师只有充分了解学生的实际情况和需求，才能制定出符合学生特点的教学计划，设计出既有趣又富有挑战性的学习活动，从而激发学生的学习兴趣，提高他们的学习积极性，为整个教学活动的成功开展奠定坚实的基础。

教师需要通过多种渠道收集学生的基本信息，包括他们的年龄、英语水平、学习兴趣、学习习惯等。这些信息是制定教学计划和活动设计的基础。例如，通过了解学生的英语水平，教师可以确定教学内容的难易程度，确保活动既具有挑战性又不至于让学生感到挫败。教师应深入学生群体，通过问卷调查、个别访谈或小组讨论等方式，直接听取学生的声音，了解他们对英语学习的期望和需求。学生可能希望增加口语练习的机会，或者对某个特定的话题感兴趣，希望能在课堂中进行深入探讨。这些来自学生的直接反馈，是优化教学设计和活动安排的重要依据。同时，教师还需关注学生的个体差异，尊重每个学生的独特性。有的学生可能更擅长听力理解，而有的学生则在写作方面表现出色。教师应根据学生的不同特点，设计多样化的学习活动，让每个学生都能在自己的强项上得到发挥，同时在弱项上得到锻炼和提升。

（二）制定计划，明确目标

在英语学习活动观的教学活动前准备阶段，制定周密的计划并明确教学目标是确保教学活动有序进行和取得预期成效的关键。制定计划时，教师需要全面考虑教学活动的各个环节，包括教学内容的选择、教学方法的运用、活动形式的设计以及时间安排的合理性。教学内容应紧扣课程标准，同时结合学生的兴趣和实际需求，确保既具有知识性又富有趣味性。教学方法应灵活多样，能够激发学生的学习兴趣，引导他们积极参与课堂活动。活动形式应新颖独特，能够让学生在实践中运用所学知识，提高语言运用能力。

明确教学目标是制定计划的核心。教学目标应具体、可衡量，并且与学生的学习需求和发展水平相适应。教师可以根据课程标准和学生的实际情况，设定语言知识、语言技能、情感态度、学习策略等多方面的目标。例如，可以设定提高学生口语表达能力的目标，或者培养学生跨文化交际意识的目标。在制定计划和明确目标的过程中，教师还需要充分考虑学生的个体差异，确保教学活动能够满足不同层次学生的需求。对于基础较弱的学生，教师可以设定一些基础性的目标和活动，帮助他们巩固基础知识；对于基础较好的学生，则可以设定一些拓展性的目标和活动，引导他们深入探究和学习。

（三）准备材料，创设环境

材料的选择应紧扣活动目标，具有趣味性和实用性，能够激发学生的学习兴趣和参与度。例如，在教授关于旅游的主题时，教师可准备各地的旅游宣传册、风景名胜的图片或视频等资料，供学生在活动中使用。这些材料不仅可以帮助学生更好地理解课文内容，还能拓宽他们的视野，增强跨文化交际能力。除了传统的纸质材料外，教师还可以利用现代信息技术手段，如多媒体课件、在线学习资源等，丰富学习活动的形式和内容。这些材料以其直观、生动的特点，能够更有效地吸引学生的注意力，提高他们的学习效果。同时，教师还需确保材料的难度适中，既不过于简单以至于无法挑战学生，也不过于复杂以至于挫伤学生的学习积极性。

材料准备完毕后，教师需创设适宜的学习环境。学习环境对于学生的学习效果具有重要影响。一个良好的学习环境应能够激发学生的学习兴趣，促进他们之间的互动和合作，并为他们提供充足的学习资源和支持。为了创设这样的环境，教师可以对教室进行布置，如设置英语学习角、张贴英语标语或海报等，以营造浓厚的英语学习氛围。此外，教师还需建立积极的学习文化。在学习活动中，教师应鼓励学生积极参与、勇于尝试，并对他们的进步和努力给予及时的认可和表扬。同时，教师还需培养学生的合作意识和团队精神，鼓励他们在活动中相互帮助、共同进步。这种积极的学习文化不仅能够增强学生的学习动力，还能促进他们的全面发展。在创设学习环境时，教师还需考虑学生的个体差异和需求。不同的学生在学习方式、兴趣爱好以及认知能力等方面存在差异，因此教师需要提供多样化的学习资源和支持，以满足不同学生的学习需求。例如，对于喜欢听觉学习的学生，教师可以提供英语录音或歌曲等音频材料；对于喜欢视觉学习的学生，则可以提供图片、视频等视觉材料。

二、活动中的实施阶段

（一）导入活动，激发兴趣

在英语学习活动的实施阶段，导入活动的环节至关重要，它如同一场精彩演出的序幕，能够迅速吸引学生的注意力，激发他们的学习兴趣，为整个教学活动的顺利开展奠定良好的基础。导入活动的设计应紧扣教学主题，同时兼顾趣味性和启发性。教师可以采用多种形式的导入方式，如故事讲述、情景模拟、视频展示等，以直观、生动的方式呈现学习内容，让学生在轻松愉快的氛围中进入学习状态。

故事讲述是一种有效的导入方法。教师可以选取与教学内容相关的有趣故事，通过生动的叙述和描绘，引导学生进入故事情境，激发他们的好奇心和求知欲。情景模拟也是导入活动的不错选择。教师可以创设与教学内容相符的情境，让学生在模拟的情境中扮演角色，亲身体验和学习，从而增强学习的参与感和实效性。视频展示是一种现代化的教学手段，也能够在导入活动中发挥重要作用。教师可以选取与教学内容相关的精彩视频片段，通过视觉和听觉的双重刺激，迅速吸引学生的注意力，激发他们的学习兴趣。教师应根据教学内容和学生的实际情况，精心设计导入活动，采用多种形式和手段，迅速激发学生的学习兴趣，引导他们积极参与课堂活动，为整个教学活动的成功开展奠定坚实的基础。同时，教师还应注重导入活动的启发性和引导性，让学生在轻松愉快的氛围中开启新的学习旅程。

（二）开展活动，引导参与

在成功导入活动后，教师需要开展丰富多样的学习活动，引导学生积极参与其中，这些活动应根据教学目标和学生的实际情况进行设计，既符合学生的兴趣爱好，又能有效地促进语言知识的学习和运用。活动形式可以包括角色扮演、小组讨论、辩论、游戏、项目制作等。

角色扮演是一种常见的英语学习活动，它能够让学生在模拟的情境中运用英语进行交际，提高他们的口语表达能力和交际能力。例如，在教授餐厅用餐的对话时，教师可以让学生分角色扮演顾客和服务员，通过模拟点餐、询问菜品、结账等环节，让学生在实践中掌握用餐用语。小组讨论则是一种能够促进学生合作学习和思维碰撞的活动形式。教师可以将学生分成若干小组，每个小组围绕一个话题进行讨论，并派代表发言。这样的活动能够锻炼学生的英语口语表达能力和团队协作能力，同时培养他们的思辨性思维和创新能力。辩论活动则能够激发学生的思维活力，提高他们的论辩能力和语言组织能力。教师可以选择一个有争议的话题，让学生分为正方和反方进行辩论。在辩论过程中，学生需要运用英语阐述自己的观点，反驳对方的论点，这不仅能够锻炼他们的英语口语表达能力，还能够培养他们的逻辑思维和应变能力。

游戏活动则是一种能够让学生在轻松愉快的氛围中学习英语的活动形式。教师可以设计一些与英语学习相关的游戏，如单词接龙、猜谜语、英语拼图等，让学生在游戏中巩固英语知识，提高他们的学习兴趣和积极性。项目制作则是一种能够让学生将英语知识与实际生活相结合的活动形式。教师可以引导学生选择一个与英语相关的项目主题，如制作英语手抄报、英语短剧表演、英语配音等，让学生在项目制作过程中运用英语进行创作和表达，提高他们的综合语言运用能力。

（三）监控过程，及时调整

在开展活动的过程中，教师需要密切关注学生的表现和反馈，及时调整活动策略和方法，这一监控过程对于确保学习活动的有效性和针对性至关重要。

教师需要观察学生在活动中的参与度和积极性。如果学生表现出高度的参与热情和积极性，说明活动设计符合学生的兴趣和需求，可以继续进行；如果学生表现出懈怠或无趣的态度，则需要反思活动设计是否存在问题，如活动难度过大或形式单一等，并及时进行调整。在活动中，教师应鼓励学生大胆运用英语进行交流，并注意纠正他们的语言错误。同时，教师还需要观察学生在语言运用中是否存在困难或障碍，如词汇不足、语法错误等，并针对这些问题提供必要的帮助和支持。在合作学习中，学生需要相互协作、共同完成任务。教师需要观察学生是否能够积极参与合作、尊重他人的意见、承担自己的责任等，并针对存在的问题进行引导和纠正。

在监控过程中，教师需要根据学生的表现和反馈及时调整活动策略和方法。例如，如果发现学生在活动中遇到语言障碍，教师可以提供必要的词汇和语法支持；如果发现活动难度过大导致学生参与度不高，教师可以适当降低活动难度或增加趣味性元素；如果发现学生在合作中存在矛盾或冲突，教师可以及时进行调解和引导。此外，教师还需要对活动效果进行评估和总结。在活动结束后，教师可以通过问卷调查、口头反馈或作品展示等方式收集学生的意见和建议，了解活动的效果和存在的问题。然后，教师可以根据评估结果对活动进行总结和反思，分析活动中的成功经验和不足之处，为今后的教学提供借鉴和参考。

三、活动后的总结与反馈阶段

（一）总结活动，提炼经验

在活动结束后，教师需要对整个英语学习活动进行总结，这一步骤旨在提炼活动中的宝贵经验，为后续的教学实践提供指导，总结活动的过程中，教师应回顾活动的目标设定、内容安排、实施流程以及学生参与情况等多个方面。

对于目标设定，教师需要评估活动是否达到了预期的教学目标，学生在语言技能、文化知识、学习策略等方面是否有所收获。例如，如果活动旨在提高学生的口语表达能力，教师应观察学生在活动中的口语交流情况，评估其是否更加流利、准确地使用英语进行表达。在内容安排上，教师要审视活动所选用的教学材料是否贴近学生生活实际，是否能够激发学生的学习兴趣。同时，还要考虑内容的难度是否适中，既不过于简单以至于无法挑战学生，也不过于复杂以至于挫伤学生的学习积极性。实施流程方面，教师需要回顾活动的组织是否井然有序，各个环节之间的衔接是否自然流畅。活动中是否出现了预料之外的情况，教师是如何应对的，这些都需要在总结中予以记录和分析。

学生的参与情况也是总结的重要内容，教师要评估学生的参与度如何，哪些活动环节特别受学生欢迎，哪些环节学生表现不够积极。通过分析学生的参与情况，教师可以了解学生的兴趣和需求，为后续活动的设计提供参考。提炼经验的过程中，教师应注重将活动中的亮点和创新点进行归纳总结。例如，某次活动中采用的角色扮演环节特别受学生欢迎，有效提高了学生的口语表达能力和交际能力，那么这一环节就可以是宝贵经验在后续活动中加以推广。

（二）收集反馈，了解效果

对于学生反馈，教师可以通过问卷调查、个别访谈或小组讨论等方式进行收集。学生反馈的内容可以包括活动的趣味性、实用性、难度适中程度以及他们在活动中的收获和感受等。学生的声音是直接反映活动效果的重要依据，教师应认真对待学生的每一条反馈意见，从中汲取有益的信息。

同行反馈也是评估活动效果的重要参考。教师可以邀请同事或教研组成员观摩活动，并在活动后与他们进行交流讨论。同行可以从专业的角度对活动的目标设定、内容安排、教学方法以及教师表现等方面提出宝贵的意见和建议。这些反馈有助于教师更全面地了解活动的优缺点，为后续的教学改进提供依据。除了学生和同行的反馈外，教师还需要进行自我反馈。自我反馈是教师对自己在活动中的表现进行反思和总结的过程。教师可以回顾自己在活动中的教学行为、决策过程以及与学生的互动情况等方面，思考哪些做法是值得肯定的，哪些方面需要改进。通过自我反馈，教师可以不断提升自己的教学能力和专业素养。在收集到学生、同行以及自我的反馈意见后，教师需要对这些反馈进行整理和分析。通过对比分析不同来源的反馈意见，教师可以更全面地了解活动的实施效果，发现活动中存在的问题和不足。

（三）反思改进，优化设计

在总结活动和收集反馈的基础上，教师需要深入反思活动中的得失，针对存在的问题提出具体的改进措施，并优化后续的教学设计。针对活动中存在的问题和不足，教师需要提出具体的改进措施。例如，如果学生在活动中表现出对某些语言点理解不够深入的情况，教师可以考虑在后续的教学中增加相关的练习和讲解；如果活动流程过于紧凑导致学生参与度不高，教师可以适当调整活动节奏，增加学生互动和交流的时间。

改进措施的制定应基于对学生需求、教学内容以及教学目标的全面考虑。教师应确保改进措施既符合学生的实际水平和学习需求，又能够有效地促进教学目标的实现。同时，教师还需要考虑改进措施的可行性和可操作性，确保能够在后续的教学中得以顺利实施。在提出改进措施后，教师需要优化后续的教学设计。优化设计的过程中，教师应充分考虑学生在活动中的表现和反馈意见，对教学内容、教学方法以及活动形式等方面进行调整和完善。对于教学内容的优化，教师可以根据学生在活动中的学习情况和反馈意见，对教学内容进行适当的增减和调整。例如，如果学生在活动中对某个话题表现出浓厚的兴趣，教师可以在后续的教学中拓展相关内容，满足学生的学习需求。教学方法的优化也是提高教学效果的重要途径。教师可以根据学生在活动中的表现和反馈意见，尝试采用不同的教学方法和手段，如情境教学、任务驱动教学等，以激发学生的学习兴趣和积极性。同时，教师还可以利用现代信息技术手段，如多媒体课件、在线学习资源等，丰富教学形式和内容，提高教学效果。优化教学设计是一个持续不断的过程。教师需要不断关注学生的学习需求和反馈意见，及时调整和完善教学设计，以确保教学活动始终符合学生的实际水平和发展需求。同时，教师还需要不断学习和探索新的教学方法和理念，以适应时代的发展和变化，为中学英语教学注入新的活力和动力。

第三节　英语学习活动的评价策略

英语学习活动的评价策略，不仅关乎学生语言技能的掌握程度，更影响着他们学习态度、学习策略以及跨文化交际能力的全面发展。传统的评价方式通常侧重于对学生知识记忆的考查，而忽视了对学生实际语言运用能力和思维能力的评价。然而随着教育理念的不断更新和教学方法的不断进步，英语学习活动的评价应当更加全面、多元，既要关注学生的学习成果，也要重视他们的学习过程和学习方法。因此，探索和实施有效的英语学习活动评价策略显得尤为重要。评价策略应当能够真实反映学生的语言水平，同时激发他们的学习兴趣和积极性。它应当既包含对学生语言知识的评价，也涵盖对他们语言技能、学习策略、情感态度以及跨文化交际能力的全面考查。在制定评价策略时，需要充分考虑学生的个体差异，尊重每个学生的独特性。此外评价策略还应当具有可操作性和可衡量性，便于教师在教学实践中具体实施和运用，通过科学合理的评价，教师可以及时了解学生的学习情况，调整教学方法和策略，为学生的学习提供有针对性的指导和帮助。

一、评价原则的确立

（一）注重过程性评价与结果性评价相结合

过程性评价关注的是学生在学习过程中的表现和努力，它强调对学生在学习活动中所展示出的技能、策略、态度以及进步情况的持续观察与记录。通过过程性评价，教师可以及时了解学生的学习动态，发现学生在学习过程中遇到的问题和困难，从而提供有针对性的指导和帮助。这种评价方式有助于激发学生的学习兴趣和积极性，促使他们更加主动地参与到学习活动中来。而结果性评价则侧重于对学生学习成果的考查，它通常在教学活动结束后进行，以检验学生是否达到了预期的学习目标。结果性评价对于衡量教学效果、评估学生学习成效具有重要作用。然而，仅仅依靠结果性评价是远远不够的，因为它无法全面反映学生的学习过程和学习努力。

因此，将过程性评价与结果性评价相结合，可以更加全面、准确地评价学生的学习情况，既关注学生的学习成果，也重视他们的学习过程和学习方法。

在具体实施过程性评价与结果性评价相结合的原则时，教师可以采取多种方法和手段。例如，可以通过课堂观察、作业分析、口头报告、小组讨论等方式来收集学生在学习过程中的表现和努力情况，是过程性评价的依据。同时，在教学活动结束后，可以通过考试、测验、项目展示等方式来检验学生的学习成果，是结果性评价的参考。在将两者相结合时，教师需要综合考虑学生的过程表现和学习成果，给出全面、准确的评价。

（二）强调评价的多元性与客观性

评价的多元性体现在评价内容的多样性上，它要求评价不仅关注学生的语言知识掌握情况，还要考查学生的语言技能、学习策略、情感态度以及跨文化交际能力等多个方面。这种多元性的评价方式有助于全面了解学生的英语学习状况，发现他们在不同方面的优势和不足，从而为制定个性化的教学方案提供依据。同时，评价的客观性也是确保评价准确性和公正性的重要保障。客观性要求评价者在评价过程中保持客观、公正的态度，避免主观臆断和偏见对评价结果的影响。为了实现评价的客观性，可以采用量化评价和质性评价相结合的方式，通过具体的数据和事实来支持评价结果，确保评价的准确性和可靠性。

在强调评价的多元性与客观性方面，教师可以设计多样化的评价任务和活动，以全面考查学生的英语学习情况。例如，可以设置听力理解、口语表达、阅读理解、写作练习等不同类型的评价任务，以检验学生的语言知识和技能。同时，在评价过程中，教师需要遵循客观、公正的原则，避免主观臆断和偏见对评价结果的影响。为了实现评价的客观性，教师可以采用量化评价和质性评价相结合的方式，通过具体的数据和事实来支持评价结果。例如，可以采用评分标准、等级评定等量化评价方式来对学生的表现进行量化处理，同时也可以通过观察记录、案例分析等质性评价方式来深入了解学生的学习情况和特点。

（三）突出评价的诊断与发展功能

评价的诊断功能体现在它能够帮助教师和学生识别学习中的问题和困难，找出学习中的薄弱环节和不足之处。通过评价的诊断功能，教师可以及时了解学生的学习状况，发现他们在学习过程中存在的问题和障碍，从而采取有针对性的教学措施来加以解决。同时，评价的发展功能也至关重要。它强调评价不仅要关注学生的学习现状，还要预测和促进学生的未来发展。通过评价的发展功能，教师可以为学生提供具有前瞻性的指导和建议，帮助他们制定合理的学习计划，明确学习目标，从而激发他们的学习动力和潜力。为了实现评价的诊断与发展功能，教师需要具备敏锐的观察力和洞察力，能够准确捕捉学生在学习过程中的细微变化，同时还需要具备丰富的教学经验和专业知识，能够为学生提供有针对性的指导和帮助。

在突出评价的诊断与发展功能方面，教师需要充分发挥评价的诊断作用，及时发现学生在学习过程中存在的问题和困难。为此，教师需要密切关注学生的学习动态，定期收集和分析学生的学习数据和信息，以便及时发现问题并采取相应的教学措施。同时，教师还需要注重评价的发展功能，为学生提供具有前瞻性的指导和建议。这要求教师不仅要关注学生的学习现状，还要预测和促进学生的未来发展。教师可以通过与学生进行个别交流、提供反馈和建议等方式来帮助学生明确学习目标、制定学习计划，从而激发他们的学习动力和潜力。

二、评价内容的选择

（一）评价学生的语言知识与技能掌握情况

语言知识是英语学习的基础，包括词汇、语法、句型等要素，是学生在日常交流和书面表达中必须掌握的基本功，而语言技能则体现在学生的听、说、读、写四个方面，是检验学生英语综合运用能力的关键指标。在评价学生的语言知识掌握情况时，教师可以通过课堂提问、课后作业、单元测试等多种形式进行。例如，通过课堂提问可以了解学生对于新学词汇的掌握程度，通过课后作业可以检验学生对于语法规则的理解和运用，而单元测试则可以全面考查学生在一段时间内的语言知识积累。这些评价方式不仅能够帮助教师及时了解学生的学习状况，还能够激励学生不断巩固和拓展自己的语言知识。

在评价学生的语言技能掌握情况时，教师需要注重学生的实际表现。听力技能可以通过播放英语音频并让学生完成相关任务来评价，口语技能则可以通过课堂讨论、角色扮演等活动来考查。阅读技能可以通过学生的阅读速度和理解能力来评判，而写作技能则可以通过学生的作文质量来体现。这些评价方式能够直观地反映学生的语言运用能力，帮助教师发现学生在语言技能方面的优势和不足。评价学生的语言知识与技能掌握情况是英语学习活动评价的重要内容。通过多元化的评价方式，教师可以全面了解学生的学习状况，为教学改进提供有力依据。同时，学生也能够在评价过程中不断发现自己的问题，及时调整学习策略，提高英语学习效果。因此，教师应重视英语学习活动的评价工作，为学生的全面发展保驾护航。

（二）评价学生的学习策略与方法运用能力

在英语学习活动的评价中，学生的学习策略与方法运用能力是一个核心的评价内容。学习策略与方法是学生有效学习英语的工具和途径，其运用能力的强弱直接影响着学生的学习效率和成果。

评价学生的学习策略运用能力，首先要观察学生是否能够根据学习任务和自身特点，灵活地选择和使用不同的学习策略。例如，在面对复杂的阅读材料时，学生是否能够运用预测、推理、归纳等策略来理解和把握文章的主旨；在记忆单词时，学生是否采用联想记忆、分类记忆等有效方法来提高记忆效率。这些策略的运用，体现了学生的自主学习能力和思维灵活性。同时，评价还应关注学生的学习方法掌握情况。良好的学习方法能够帮助学生形成科学的学习习惯，提高学习效率。如学生是否制定了合理的学习计划，能否有效地管理学习时间；在遇到困难时，是否能够主动寻求帮助，利用资源解决问题；以及是否善于总结归纳，将所学知识系统化、网络化。为了全面评价学生的学习策略与方法运用能力，教师可以设计一系列的评价活动。通过观察学生在课堂上的表现，记录学生的学习过程，分析学生的学习成果，来综合判断学生的策略与方法运用能力。同时，教师还可以引导学生进行自我评价和同伴评价，帮助学生认识自己在策略与方法运用上的优势和不足，鼓励学生相互学习，共同提高。

（三）评价学生的情感态度与价值观表现

在英语学习活动的评价体系中，学生的情感态度与价值观表现是极为重要的评价内容，情感态度关乎学生对英语学习的兴趣、动机、自信心以及合作精神等，而价值观则体现在学生对英语学习目的、文化意识及国际视野的认知与态度上。

评价学生的情感态度，首先要观察学生在英语学习过程中的积极性与主动性。一个对英语充满热情的学生，会表现出对课堂活动的积极参与，对新知识的渴望探索，以及面对困难时的坚持不懈。同时，学生的自信心也是情感态度的重要体现，它影响着学生敢于开口说英语、勇于表达自己观点的勇气。在价值观方面，评价应关注学生是否具备正确的英语学习观念，是否认识到英语学习不仅是语言技能的掌握，更是文化交流和国际理解的重要途径。学生是否尊重并欣赏不同文化，能否以开放的心态接纳和学习异国文化，是评价其文化意识的重要指标。此外，学生的国际视野也是价值观评价的重要内容，它体现在学生是否关注国际事务，是否具备跨文化交流的能力，以及是否愿意成为具有国际竞争力的人才。为了准确评价学生的情感态度与价值观表现，教师需要创设多元化的评价情境，通过观察、交流、问卷调查等多种方式收集信息。同时，鼓励学生进行自我评价和同伴评价，让他们在反思中认识自己的情感态度与价值观，促进自我成长。评价学生的情感态度与价值观表现是英语学习活动评价的重要组成部分，它有助于教师全面了解学生的内心世界，引导学生形成积极向上的学习态度和正确的价值观。

三、评价方法的运用

（一）采用自我评价、同伴评价与教师评价相结合的方式

自我评价能够促使学生对自己的学习过程进行反思，增强自我意识和自我管理能力。通过自我评价，学生可以认识到自己的学习优势与不足，从而明确后续学习的方向和目标。教师可以引导学生制定自我评价的标准，如学习态度、课堂参与度、作业完成情况等，并鼓励学生定期对自己的学习进行总结和评价。为了确保自我评价的客观性和准确性，教师可以提供评价量表或评价指南，帮助学生更好地进行自我评价。同时，教师还可以组织学生进行自我评价的分享和交流，让学生在相互学习中取长补短，共同提高。

同伴评价是另一种有效的评价方式。同伴评价能够促进学生之间的相互了解和合作，增强学生的团队协作能力和社交技能。在英语学习活动中，教师可以组织学生进行小组讨论、合作完成任务等，并在此过程中引导学生进行同伴评价。同伴评价可以围绕学生的学习态度、合作能力、语言运用能力等方面进行。为了确保同伴评价的公正性和有效性，教师需要明确评价的标准和要求，并对学生进行必要的培训和指导。此外，教师还可以鼓励学生提出建设性的意见和建议，帮助同伴改进学习方法和提高学习效果。

教师评价是英语学习活动评价中不可或缺的一部分。教师是教学活动的组织者和引导者，对学生的学习情况有着全面的了解和深入的把握。教师评价能够客观地反映学生的学习水平，为教学改进提供有力的依据。在教师进行评价时，应注重评价的全面性和客观性，既要关注学生的语言知识和技能掌握情况，也要重视学生的学习策略和方法运用能力，以及情感态度和价值观表现。教师可以通过课堂观察、作业批改、测试等方式收集学生的学习信息，并在此基础上进行评价。同时，教师还需要及时给予学生反馈和建议，帮

助学生明确自己的优点和不足，并鼓励他们积极改进。

（二）运用观察、记录、测试等多种评价手段

在英语学习活动的评价过程中，运用观察、记录、测试等多种评价手段是确保评价全面、客观的关键。观察是一种直观的评价方式，能够让教师直接了解到学生在课堂上的表现，包括他们的参与度、注意力集中情况、语言运用的流利度以及与同学的互动合作等。

通过观察，教师可以即时捕捉学生的学习状态，发现潜在的学习问题，为后续的教学调整提供依据。记录则是评价过程中不可或缺的一环。教师可以通过记录学生的日常作业、课堂发言、小组讨论等表现，来追踪学生的学习进步和变化。这些记录不仅反映了学生的学习成果，还揭示了他们的学习过程和思考方式，有助于教师更深入地了解学生的学习特点。测试是评价学生语言知识和技能掌握程度的重要手段，其形式可以多样，包括笔试、口试、听力测试等。通过定期的测试，教师可以系统地评估学生的学习成效，发现学生在语言知识或技能上的薄弱环节，从而有针对性地进行辅导和强化。

综合运用观察、记录、测试等多种评价手段，可以形成对学生英语学习活动的全方位、多层次评价。这种评价方式既关注学生的学习结果，也重视学生的学习过程，既体现了评价的客观性，又保证了评价的全面性。同时，多种评价手段的运用还能够激发学生的学习兴趣和积极性，促使他们在学习过程中更加主动、自觉地投入，从而形成良好的学习循环。因此，在英语学习活动的评价中，教师应灵活运用多种评价手段，以促进学生的全面发展。

（三）建立成长记录袋，跟踪学生发展轨迹

为了更全面地了解学生的学习情况和发展轨迹，教师需要建立成长记录袋。成长记录袋是一种系统的评价方式，能够记录学生在学习过程中的成长和进步。在英语学习活动中，教师可以为每位学生建立成长记录袋，收集学生的学习作品、测试成绩、自我评价、

同伴评价、教师评价等相关信息。成长记录袋的内容可以涵盖学生的语言知识掌握情况、语言技能运用能力、学习策略和方法掌握情况、情感态度和价值观表现等多个方面。通过建立成长记录袋，教师可以更直观地了解学生的学习过程和发展变化，为教学改进提供有针对性的建议。

在建立成长记录袋时，教师需要明确记录的内容和标准。记录的内容应具有代表性和典型性，能够真实反映学生的学习情况。记录的标准应明确、具体，便于教师进行操作和评价。同时，教师还需要定期对成长记录袋进行更新和维护，确保记录的时效性和准确性。此外，教师还可以鼓励学生参与成长记录袋的建立和管理过程，增强学生的自我意识和自我管理能力。成长记录袋的建立不仅有助于教师了解学生的学习情况，还能为学生的学习提供有力的支持。学生可以通过查看自己的成长记录袋，了解自己的学习过程和进步情况，从而增强学习的信心和动力。同时，成长记录袋还可以是学生自我评价和同伴评价的重要依据，帮助学生更好地认识自己和他人，促进相互学习和提高。在运用成长记录袋进行评价时，教师需要注重评价的多元性和发展性。多元性体现在评价内容的多样性上，教师应关注学生的全面发展，不仅评价学生的语言知识和技能掌握情况，还要评价学生的学习策略和方法运用能力、情感态度和价值观表现等方面。发展性体现在对学生成长过程的关注上，教师应注重评价学生的进步和发展变化，而不仅仅是关注学生的学习结果。通过多元性和发展性的评价，教师可以更全面地了解学生的学习情况和发展轨迹，为教学改进提供有力的支持。

第四章　初中英语词汇教学与活动观融合

对于初中生而言，掌握丰富的英语词汇不仅是日常交流的基础，更是深入学习英语知识、提升语言运用能力的关键。然而，词汇教学通常因其枯燥、单一的传统教学模式而让学生感到乏味，难以激发学生的学习兴趣和积极性。因此，探索初中英语词汇教学与活动观的有效融合，成为当前英语教育改革中的一个重要课题。活动观强调以学生为中心，通过设计多样化、趣味性的教学活动，使学生在参与中体验、在实践中学习，从而达到学以致用的目的。将这一理念融入初中英语词汇教学中，意味着教师要转变传统的教学角色，从知识的传授者变为学习活动的引导者和组织者。教师需要精心设计一系列既符合学生认知水平，又能激发其学习兴趣的词汇教学活动，如词汇接龙、角色扮演、情境对话等，让学生在轻松愉快的氛围中不知不觉地掌握新词汇初中英语词汇教学与活动观的融合，是顺应时代发展需求，提升英语教学质量的有效途径，它要求教师不断创新教学方法，以活动为载体，激发学生的学习兴趣，培养其综合语言运用能力，相信在这一理念的指引下，初中英语词汇教学将迎来更加生机勃勃的新局面。

第一节　词汇记忆活动设计

在初中英语学习的过程中，词汇记忆无疑是一项基础而重要的任务。词汇是语言的基石，是构建句子、表达思想的基本元素。然而，对于许多初中生来说，词汇记忆通常显得枯燥无味，难以持久。因此，如何设计既有趣又有效的词汇记忆活动，成为初中英语教师亟待解决的问题。词汇记忆活动的设计，不仅要考虑学生的认知特点和兴趣爱好，还要注重活动的互动性和实践性。传统的词汇记忆方法通常侧重于机械重复，缺乏趣味性和情境性，难以激发学生的学习热情。而优秀的词汇记忆活动，则能够将词汇学习与学生的生活实际相结合，通过创设生动的情境，让学生在运用中记忆，在记忆中运用。在设计词汇记忆活动时，可以尝试多种形式的活动，如词汇卡片游戏、词汇接力赛、情景对话模拟等，这些活动不仅能够锻炼学生的记忆力，还能够提高他们的口语表达能力和团队协作能力。同时还可以利用多媒体技术，如制作词汇动画、配音练习等，让词汇记忆变得更加生动有趣。初中英语词汇记忆活动的设计是一项充满挑战和创意的任务。它需要教师深入了解学生的需求，精心策划活动方案，以激发学生的学习兴趣，提高他们的词汇记忆效果。

一、词汇记忆活动的重要性

（一）词汇是语言学习的基础

对于初中生而言，英语词汇的学习不仅是英语学科的基础，更是通往更高层次语言能力的必经之路。在这一过程中，词汇记忆活动扮演着至关重要的角色词汇，是语言的基本构成单位，是语言学习的基石。它如同建筑中的砖石，没有砖石的累积，就无法构建起巍峨的建筑；同样，没有词汇的积累，就无法构建起语言的体系。在英语学习中，词汇的掌握程度直接影响着学生的听、说、读、写等各项语言技能。无论是理解一篇英语阅读材料，还是进行口头表达，抑或是撰写一篇英语作文，都离不开对词汇的准确运用。词汇量的丰富程度，通常决定了一个学生英语水平的上限。因此对于初中生而言，扩大词汇量，提高词汇的运用能力，是英语学习的首要任务。

在初中英语阶段，学生正处于语言学习的黄金时期，他们的记忆力强，思维活跃，对新鲜事物充满好奇。这一时期，如果能够通过有效的词汇记忆活动，帮助学生打下坚实的词汇基础，那么将对他们未来的英语学习产生深远的影响。词汇记忆活动不仅能够帮助学生记住单词的拼写和含义，更重要的是，它能够在学生的脑海中建立起词汇与语境之间的联系，使学生能够在实际交流中灵活运用所学词汇。

（二）记忆活动对词汇掌握的促进作用

1. 增强学生的记忆力

记忆是大脑的一种基本功能，通过不断的记忆训练，可以提高学生的记忆效率，使他们能够更快地记住新词汇，并能够在需要时迅速回忆起所学词汇。在初中英语词汇教学中，教师可以通过设计各种形式的记忆活动，如单词拼写比赛、词汇接龙游戏等，来锻炼学生的记忆力，提高他们的词汇记忆速度。

2. 加深学生对词汇的理解

单纯的词汇记忆通常容易遗忘，而通过将词汇融入具体的语境中，使学生在理解和运用中记忆词汇，则能够加深学生对词汇的理解和记忆。例如，教师可以通过创设情境对话，让学生在对话中运用新学的词汇，这样不仅能够帮助学生记住词汇的拼写和含义，还能够使学生了解词汇的用法和搭配，从而提高他们的词汇运用能力。

3. 激发学生的学习兴趣

传统的词汇教学通常采用教师讲解、学生记忆的方式，这种方式单一枯燥，难以激发学生的学习兴趣。而通过将词汇记忆活动与游戏、竞赛等元素相结合，则能够使词汇学习变得更加生动有趣，激发学生的学习兴趣和积极性。例如，教师可以设计词汇卡片游戏，让学生在游戏中记忆词汇；或者组织词汇接力赛，让学生在竞赛中巩固所学词汇。这些活动不仅能够提高学生的词汇记忆效果，还能够培养他们的团队合作精神和竞争意识。

4. 培养学生的自主学习能力

在词汇记忆活动中，学生需要主动参与到活动中来，通过自己的努力和探索来记忆词汇。这一过程不仅能够提高学生的自主学习能力，还能够培养他们的学习责任感和自信心。通过不断的词汇记忆活动，学生能够逐渐掌握适合自己的词汇学习方法，形成自主学习的习惯，为未来的英语学习打下坚实的基础。

二、词汇记忆活动的设计原则

（一）趣味性原则：激发学习兴趣

趣味性原则是词汇记忆活动设计中的关键要素，在语言学习中，学生的学习兴趣是推动其持续学习的内在动力。若词汇记忆活动缺乏趣味性，学生易产生厌倦情绪，进而影响学习效果。因此，设计词汇记忆活动时，应充分考虑学生的年龄、兴趣、认知特点等因素，力求活动形式新颖、内容丰富，以激发学生的学习兴趣。

为实现趣味性原则，可采用多样化的活动形式。例如，可设计词汇接龙游戏，通过学生之间的互动和竞争，使词汇记忆过程充满乐趣。或利用图片、音频、视频等多媒体资源，将词汇与直观的形象、声音相结合，增强学生的感官体验，从而提高词汇记忆的趣味性。此外，还可结合学生的生活实际，设计情境模拟活动，让学生在模拟的语境中运用词汇，使词汇记忆与实际应用相结合，进一步提升活动的趣味性。在趣味性原则的指导下，词汇记忆活动不仅应关注学生的外在表现，更应注重其内在动机的激发。为此，教师可设置具有挑战性的任务目标，鼓励学生在完成任务的过程中不断探索和尝试，从而培养其自主学习和解决问题的能力。同时，教师还应给予学生及时的反馈和鼓励，肯定其在学习过程中的进步和成就，增强学生的自信心和学习动力。

（二）重复性原则：加强记忆效果

记忆是一个复杂的心理过程，其中重复是巩固记忆、提高记忆效果的关键手段。在词汇记忆中，通过反复呈现和练习词汇，可加深学生对词汇的印象，促进其长期记忆的形成。因此，设计词汇记忆活动时，应充分考虑重复性原则，合理安排词汇的复习和巩固环节。

为实现重复性原则，可采用多种复习策略。例如，可设置定期复习计划，按照时间间隔对已学词汇进行循环复习，以巩固记忆效果。或利用闪卡、词汇表等工具，让学生进行随时随地的自我复习，提高词汇记忆的灵活性和便捷性。此外，还可将词汇融入日常的教学活动中，如课堂讨论、写作练习等，使学生在实际运用中不断重复和巩固词汇，从而加深记忆。在重复性原则的指导下，词汇记忆活动应注重复习的及时性和有效性。及时复习可防止词汇的遗忘，提高记忆效率；有效复习则可确保复习内容的针对性和实用性，避免盲目重复和浪费时间。为此，教师应根据学生的记忆规律和遗忘曲线，制定合理的复习计划，并指导学生掌握正确的复习方法，以提高词汇记忆的效率和效果。此外，还可利用现代信息技术手段，开发词汇记忆应用程序或在线平台，为学生提供更加便捷、个性化的词汇记忆服务。这些应用程序或平台可根据学生的记忆情况和进度，智能推荐适合的复习内容和练习方式，既提高了词汇记忆的针对性，又增强了学习的趣味性和互动性。

（三）关联性原则：建立词汇间的联系

词汇之间通常存在着一定的联系和规律，通过将这些联系和规律揭示给学生，可以帮助他们更好地理解和记忆新词汇。因此，在设计词汇记忆活动时，教师应注重词汇之间的关联性，引导学生发现和利用这些联系，提高词汇记忆的效率。例如，可以将具有相同或相似意义的词汇归类在一起进行记忆，如动物类词汇、食物类词汇等。通过归类记忆，学生可以更容易地记住这些词汇，并在实际运用中能够迅速调取相关词汇。

为了实现关联性原则，教师可以采用多种教学方法和手段。一种有效的方法是利用词汇网络图进行词汇教学。词汇网络图是一种以中心词汇为核心，通过联想和关联将相关词汇连接在一起的图形化表示方法。通过构建词汇网络图，学生可以直观地看到词汇之间的联系和规律，从而加深对词汇的理解和记忆。例如，在讲解"family"这个词汇时，教师可以引导学生构建家庭成员的词汇网络图，将父母、兄弟姐妹、祖父母等相关词汇联系在一起进行记忆。

除了利用词汇网络图进行关联记忆外，教师还可以结合语境进行词汇教学。语境是词汇存在和运用的具体环境，通过结合语境进行词汇教学，可以帮助学生更好地理解词汇的含义和用法。例如，在讲解新词汇时，教师可以提供一些包含该词汇的例句或短文，让学生在语境中猜测和理解词汇的含义。同时，教师还可以组织学生进行角色扮演、情景对话等语言实践活动，让学生在实际运用中掌握新词汇。通过这些活动，学生不仅能够记住词汇的拼写和含义，还能够了解词汇的用法和搭配，从而提高他们的语言运用能力。

三、具体的词汇记忆活动设计

（一）词汇卡片游戏：制作卡片，配对记忆

词汇卡片游戏是一种简单而有效的词汇记忆活动，这种活动的设计基于配对记忆的原理，通过制作词汇卡片，让学生在游戏中加深对单词的记忆。具体实施步骤如下：首先，教师需要准备一套词汇卡片，每张卡片上写有一个单词及其对应的释义或例句。为了确保游戏的多样性和趣味性，词汇的选择应涵盖课本中的重点词汇，同时也可以适当扩展一些课外词汇。接下来，教师将卡片打乱，分发给学生，每人持有一定数量的卡片。游戏的目标是找到与自己手中卡片上的单词相匹配的释义或例句卡片。学生可以通过互相询问、展示卡片等方式进行互动，寻找配对。找到配对后，学生需要将两张卡片放在一起，并大声读出单词及其释义或例句，以加深记忆。最后，教师可以设置一些奖励机制，如最先完成配对的学生可以获得小奖品或额外加分，以激发学生的积极性和参与度。

词汇卡片游戏的优势在于其灵活性和互动性。学生可以在游戏中主动参与，通过互动和合作来加深对新词汇的记忆。同时，这种游戏形式也易于操作，不需要复杂的准备和道具，适合在课堂或课后进行。此外，词汇卡片游戏还可以根据学生的实际情况进行个性化调整。对于英语基础较弱的学生，教师可以选择一些相对简单的词汇进行游戏，以帮助他们逐步建立词汇记忆的信心。而对于英语基础较好的学生，教师可以增加游戏的难度，如设置时间限制或要求学生在找到配对后进行造句练习，以进一步提升他们的语言运用能力。

（二）词汇接龙：首尾相接，串联记忆

词汇接龙是另一种有趣的词汇记忆活动，这种活动通过首尾相接的方式，将单词串联起来，形成一条"词汇链"，从而帮助学生在联想和记忆中掌握新词汇。词汇接龙的实施步骤如下：首先，教师确定一个起始单词，并向学生说明游戏规则。游戏规则要求每个学生依次说出一个以前一个学生所说单词的最后一个字母开头的单词。例如，如果第一个学生说出了"apple"，那么第二个学生需要说出一个以"e"开头的单词，如"elephant"。接下来，学生按照顺序依次进行接龙。如果学生无法在规定时间内说出符合规则的单词，或者说出的单词不符合规则（如重复了之前已经说过的单词），则被视为出局或需要接受一些小惩罚，如表演一个节目或唱一首歌。游戏继续进行，直到只剩下最后一名学生为止，这名学生被视为游戏的胜者。

词汇接龙活动的优点在于其能够锻炼学生的思维敏捷性和反应能力。在紧张的游戏氛围中，学生需要迅速思考并说出符合规则的单词，这要求他们不仅要对所学词汇有深入的了解，还要具备一定的词汇运用能力。同时，词汇接龙活动还能够增强学生的团队合作意识。在游戏中，学生需要相互协作，共同构建词汇链，这有助于培养他们的团队精神和集体荣誉感。此外，词汇接龙活动还可以根据教学需求进行变通和调整。例如，教师可以设置特定的主题或词汇范围，如动物、食物、运动等，以帮助学生更有针对性地记忆相关词汇。

（三）多媒体辅助记忆：利用图片、音频等增强记忆

随着信息技术的不断发展，多媒体资源在英语教学中得到了广泛的应用。通过利用图片、音频、视频等多媒体元素，教师可以为学生创造更加生动、直观的词汇学习环境，从而提高他们的词汇记

忆效率。多媒体辅助记忆的实施方式多种多样。例如，教师可以利用图片来展示单词所代表的事物或场景，帮助学生建立词汇与实物之间的联系。在讲解"mountain"这个单词时，教师可以展示一张雄伟的山脉图片，让学生直观地感受到单词的含义和用法。同时，教师还可以利用音频资源来辅助教学。通过播放单词的发音录音，学生可以模仿并练习正确的发音，从而加深对单词的记忆。此外，教师还可以利用视频资源来创设语境，让学生在观看视频的过程中学习和掌握新词汇。

多媒体辅助记忆的优势在于其能够提供更加丰富、多样的学习材料，激发学生的学习兴趣和积极性。与传统的词汇教学方式相比，多媒体辅助记忆更加生动、直观，能够使学生更好地理解和记忆新词汇。同时，多媒体资源还能够为学生提供更多的语言输入和输出机会，帮助他们在实践中掌握和运用新词汇。例如，在观看视频后，教师可以组织学生进行角色扮演或情景对话练习，让他们在模拟的语境中运用所学词汇进行交流。这种实践性的学习方式不仅能够加深学生对词汇的记忆和理解，还能够提高他们的语言运用能力和交际能力。

在多媒体辅助记忆活动中，教师需要注意以下几点：首先，选择合适的多媒体资源是关键。教师应根据教学内容和学生的实际需求选择恰当的图片、音频和视频资源，确保这些资源能够与所学词汇紧密相关，并能够有效辅助学生记忆。其次，合理安排多媒体资源的使用时机和方式也很重要。教师可以在讲解新词汇时展示相关图片或播放音频录音，以帮助学生建立词汇与实物或发音之间的联系。同时，在词汇巩固阶段，教师可以利用视频资源创设语境，组织学生进行语言实践活动。最后，教师还需要注意多媒体资源的质量和可靠性。在选择和使用多媒体资源时，教师应确保这些资源来源可靠、内容准确、画面清晰、发音标准，以避免对学生产生误导或负面影响。

第二节　词汇运用活动构建

在初中英语学习的过程中，词汇的运用能力是学生语言技能的重要组成部分。词汇不仅承载着信息的传递功能，更是学生表达思想、交流情感的关键工具。然而，传统的词汇教学通常侧重于机械的记忆和重复，忽视了词汇在实际语境中的运用，导致学生在实际交流中难以灵活运用所学词汇。因此，构建有效的初中英语词汇运用活动显得尤为重要。词汇运用活动不仅能够帮助学生巩固和拓展词汇量，更重要的是能够让学生在实践中掌握词汇的用法，提高语言运用的能力。通过设计贴近学生生活、富有趣味性的词汇运用活动，可以激发学生的学习兴趣，使他们在轻松愉快的氛围中掌握词汇，增强语言学习的动力。在初中英语词汇运用活动的构建中，应注重活动的多样性和实践性，还应考虑学生的年龄特点和认知水平。活动设计应符合初中生的心理发展特征，既不过于简单也不过于复杂，确保学生在活动中能够积极参与、主动思考，从而达到最佳的学习效果。构建有效的初中英语词汇运用活动对于提高学生的语言运用能力具有重要意义，应积极探索和创新词汇运用活动的设计，为学生的英语学习创造更加生动、有趣的实践环境。

一、词汇运用活动的意义

（一）巩固词汇记忆

词汇是学生学习英语、运用英语进行交流的基础。然而，词汇的学习并非仅仅局限于记忆和背诵，更重要的是如何在实际语境中灵活运用。因此，初中英语词汇运用活动的构建与实施显得尤为重要。词汇记忆是英语学习过程中的一项基础任务。学生需要掌握大量的词汇，以便在阅读、听力、口语和写作等各个方面能够准确理解和表达思想。然而，单纯的记忆通常难以达到长期记忆的效果，且容易遗忘。这就需要通过词汇运用活动来加以巩固。在初中英语词汇教学中，运用活动为学生提供了一个将所学词汇付诸实践的平台。通过这些活动，学生可以在实际语境中反复使用词汇，从而加深对词汇的理解和记忆。

具体来说，词汇运用活动可以通过多种方式帮助学生巩固词汇记忆。例如，角色扮演活动可以让学生扮演不同的角色，在模拟的情境中使用词汇进行交流。这种活动方式不仅使学生能够在实践中运用词汇，还能够通过角色扮演的过程加深对词汇含义和用法的理解。又如，词汇接龙游戏是一种既有趣又有效的词汇运用活动。学生需要按照规定的规则，依次说出与前一个词汇相关的词汇。这种活动方式不仅能够锻炼学生的思维敏捷性，还能够在游戏中不断重复和运用所学词汇，从而加深记忆。

（二）提高语言运用能力

除了巩固词汇记忆外，初中英语词汇运用活动还对于提高学生的语言运用能力具有重要意义。语言运用能力是指学生在实际交流中运用英语进行听说读写的能力。这种能力并非仅仅依赖于词汇量的多少，更取决于学生能否在真实语境中准确、流利地使用词汇进行表达。词汇运用活动为学生提供了大量的语言实践机会，使他们能够在实践中不断提高语言运用能力。

在词汇运用活动中，学生需要运用所学词汇进行实际的交流。这种交流可以是口头的，也可以是书面的。例如，在情景对话活动中，学生需要根据设定的情境，运用所学词汇进行对话练习。这种活动方式不仅能够锻炼学生的口语表达能力，还能够使他们在实践中掌握词汇的用法和搭配。又如，在写作练习中，学生需要运用所学词汇进行文章撰写。这种活动方式不仅能够提高学生的写作能力，还能够使他们在写作过程中不断回顾和运用所学词汇，从而加深对词汇的理解和记忆。词汇运用活动还能够帮助学生提高语言运用的准确性和流利性。在真实的交流场景中，学生需要迅速、准确地运用词汇进行表达。这就需要他们在平时的学习中不断进行语言实践，提高自己的语言反应能力和准确性。词汇运用活动为学生提供了大量的实践机会，使他们能够在模拟的真实场景中不断锻炼自己的语言运用能力。通过不断地实践，学生可以逐渐提高自己的语言准确性和流利性，为未来的英语学习打下坚实的基础。

此外，词汇运用活动还能够激发学生的学习兴趣和积极性。传统的词汇教学方式通常侧重于机械地记忆和重复，容易使学生感到枯燥乏味。而词汇运用活动则通过多样化的活动形式和有趣的活动内容，激发学生的学习兴趣和积极性。学生可以在活动中积极参与、主动思考，从而更加深入地理解和掌握所学词汇。值得一提的是，词汇运用活动还能够促进学生的合作学习。在许多词汇运用活动中，学生需要分组进行合作，共同完成任务。这种合作学习方式不仅能够增强学生的团队合作意识，还能够使他们在合作中相互学习、相互帮助，共同提高语言运用能力。

二、词汇运用活动的构建思路

（一）情境模拟：创设真实语境，运用词汇

语言的学习离不开真实的语境，只有在具体的情境中，学生才能更好地理解和运用词汇。因此，在英语词汇教学中，教师应创设贴近学生生活实际的真实语境，让学生在模拟的情境中运用所学词汇进行交流。

具体来说，教师可以通过角色扮演、情景对话等方式来创设情境。在角色扮演活动中，教师可以根据教材内容或学生感兴趣的话题，设定不同的角色和情境，让学生扮演角色并进行对话。例如，在教授购物相关的词汇时，教师可以设定一个购物场景，让学生扮演顾客和售货员，用英语进行商品询问、价格讨价还价等交流。这样的活动不仅能激发学生的学习兴趣，还能使他们在实践中掌握词汇的用法和搭配。情景对话则是另一种有效的情境模拟方式。教师可以设定一个特定的情境，如餐厅点餐、旅游咨询等，让学生两人一组或多人一组进行对话练习。在对话过程中，学生需要运用所学词汇进行表达，并注意语音、语调、语法等方面的正确性。教师可以在旁边进行指导和纠正，帮助学生提高语言运用的准确性。

（二）任务驱动：设定具体任务，促使运用

任务驱动是指教师设定具体的任务，让学生在完成任务的过程中运用所学词汇。这种方式能够使学生明确学习目标，增强学习的针对性和实效性。在任务驱动活动中，教师可以根据教材内容或学生的实际需求，设定不同类型的任务。例如，教师可以设定一个写作任务，让学生围绕一个主题写一篇短文，要求运用所学词汇进行表达。或者，教师可以设定一个口语表达任务，让学生就某个话题进行口头陈述或辩论，锻炼他们的口语表达能力和词汇运用能力。

为了确保任务驱动活动的有效性，教师需要明确任务的要求和评价标准。在设定任务时，教师应具体说明任务的目标、内容、形式和完成时间等要求，让学生清楚知道自己需要做什么。同时，教师还应制定明确的评价标准，对学生的任务完成情况进行客观、公正地评价。这样不仅能激励学生积极参与活动，还能帮助他们发现自己的不足之处，并进行有针对性的改进。

（三）合作交流：小组合作，共同运用

合作学习是一种有效的学习方式，它能够促进学生之间的互动和交流，增强他们的合作意识和团队协作能力。在英语词汇教学中，教师可以通过小组合作的方式，让学生共同运用所学词汇进行交流和实践。

在合作交流活动中，教师可以将学生分成若干小组，每组4—6人为宜。然后，教师可以给每个小组分配一个具体的任务或话题，让他们围绕任务或话题进行讨论和交流。在讨论过程中，学生需要运用所学词汇进行表达，并注意倾听他人的观点和建议。教师可以在旁边进行观察和指导，帮助学生解决问题和克服困难。为了确保合作交流活动的顺利进行，教师需要明确小组的角色和分工。在分组时，教师应根据学生的英语水平、性格特点和学习习惯等因素进行合理搭配，使每个小组都能形成互补的优势。同时，教师还应明确每个小组在活动中的角色和分工，如小组长、记录员、发言人等，让每个学生都能发挥自己的长处，为小组的成功贡献力量。此外，教师还可以在合作交流活动中引入竞争机制，激发学生的积极性和竞争意识。例如，教师可以设定一个小组竞赛的任务，让每个小组在规定的时间内完成一项任务或解决一个问题，并根据完成任务的质量和速度进行评分和排名。这样的活动不仅能提高学生的参与度和合作效率，还能培养他们的竞争意识和团队精神。

三、具体的词汇运用活动构建

（一）角色扮演：分角色表演，运用词汇对话

角色扮演是一种极具互动性和趣味性的词汇运用活动，通过分角色表演，学生可以在模拟的情境中运用所学词汇进行对话，从而加深对词汇的理解和记忆，并提升语言运用能力。在角色扮演活动的构建中，教师首先需要选择或设计合适的剧本。剧本的内容应贴近学生的生活实际，如校园生活、家庭互动、购物经历等，以确保学生能够产生共鸣并积极参与。同时，剧本中的对话应包含学生近期所学的词汇，以便他们在表演中加以运用。

确定剧本后，教师需要对学生进行角色分配。角色的分配应根据学生的英语水平、性格特点和表演能力进行综合考虑，以确保每个学生都能在表演中发挥自己的长处。例如，对于英语水平较高的学生，教师可以分配一些对话内容较多、词汇运用较为复杂的角色；而对于英语水平较低的学生，则可以分配一些对话内容相对简单、词汇运用较为基础的角色。在角色扮演活动过程中，教师需要给予学生充分的准备时间。学生需要熟悉剧本内容，理解角色设

定，并尝试用所学词汇进行对话练习。教师可以提供必要的指导和帮助，如纠正发音、解释词汇用法等，以确保学生能够顺利进行表演。表演结束后，教师应组织学生进行评价和反馈。评价可以包括自我评价、同伴评价和教师评价三个方面。学生可以从自己的表演中总结经验教训，提升自己的表演能力和词汇运用能力；同伴评价可以促进学生之间的互相学习和交流；教师评价则可以对学生的表演给予客观的肯定和建议，激励他们继续努力。

（二）写作练习：围绕主题写作，融入新学词汇

通过围绕特定主题进行写作，学生可以融入新学词汇，巩固词汇记忆，并提升书面表达能力。在写作练习活动的构建中，教师首先需要确定一个合适的主题。主题的选择应与学生的生活经验和兴趣爱好相结合，以激发他们的写作热情。同时，主题应与近期所学的词汇相关联，以便学生在写作中加以运用。

确定主题后，教师需要明确写作要求和评分标准。写作要求可以包括文章结构、词汇运用、语法正确性等方面。评分标准则应根据写作要求进行具体化，以便教师对学生的作文进行客观、公正的评价。在写作过程中，教师应给予学生充分的思考时间和写作空间。学生可以根据主题进行构思，运用所学词汇进行表达。教师可以提供必要的写作指导和帮助，如词汇搭配、句型运用等，以确保学生能够顺利完成作文。作文完成后，教师应组织学生进行互评和修改。互评可以促进学生之间的互相学习和交流，提升他们的评价能力和思辨性思维。修改则可以帮助学生发现自己的不足之处，并进行有针对性的改进。最后，教师应对学生的作文进行总评和反馈，肯定他们的优点，指出他们的不足，并给出具体的改进建议。

（三）口语表达：话题讨论或演讲，锻炼口语运用

口语表达是另一种重要的词汇运用活动，通过话题讨论或演讲等形式，学生可以锻炼口语运用能力，提升语言表达的流利度和准

确性。

在口语表达活动的构建中，教师首先需要选择一个合适的话题或主题。话题的选择应与学生的生活经验和兴趣爱好相结合，以激发他们的表达欲望。同时，话题应与近期所学的词汇相关联，以便学生在口语表达中加以运用。

对于话题讨论活动，教师可以将学生分成若干小组，每组 4—6 人为宜。然后，教师可以提出话题并引导学生进行讨论。在讨论过程中，学生需要运用所学词汇进行表达，并注意倾听他人的观点和建议。教师可以参与讨论，提供必要的词汇和语法帮助，确保讨论的顺利进行。讨论结束后，教师可以组织学生进行汇报和总结，提升他们的归纳和表达能力。对于演讲活动，教师可以要求学生围绕特定主题进行准备，并撰写演讲稿。演讲稿的内容应包含所学词汇，并体现学生的个人观点和态度。在演讲过程中，学生需要注意语音、语调、语速等方面的控制，确保演讲的流利度和准确性。教师可以提供必要的演讲技巧和词汇运用指导，帮助学生提升演讲效果。演讲结束后，教师应组织学生进行评价和反馈，肯定他们的优点，指出他们的不足，并给出具体的改进建议。

在口语表达活动中，教师还可以引入一些趣味性的元素，如角色扮演、故事讲述等，以激发学生的兴趣和积极性。例如，在话题讨论中，教师可以设定一个特定的情境，让学生扮演不同的角色进行讨论；在演讲活动中，教师可以要求学生以故事讲述的形式呈现他们的观点或经历，增加演讲的吸引力和趣味性。

第三节　词汇拓展活动实施

对于初中生而言，英语词汇的学习不仅是掌握语言的基础，更是开启世界之窗的钥匙。词汇的积累并非一蹴而就，它需要时间的沉淀、方法的引导以及实践的锻炼，如何有效地拓展初中生的英语词汇量，成为英语教育中一个不可忽视的重要课题。英语词汇拓展活动是英语教学的重要组成部分，旨在通过丰富多样的活动形式，激发学生的学习兴趣，提高他们的词汇记忆和运用能力。这些活动不仅限于传统的背诵和默写，更包括了角色扮演、词汇接龙、情境对话、主题写作等多种创新方式。通过这些活动，学生可以在轻松愉快的氛围中，不知不觉地扩大词汇量，同时加深对词汇的理解和记忆。在实施英语词汇拓展活动时，应注重活动的针对性和实效性，要根据学生的年龄特点和认知水平，选择适合他们的词汇内容和活动形式，同时要注重活动的趣味性和互动性，让学生在参与中感受到学习的乐趣，增强他们的学习动力。此外，还要注重活动的系统性和连续性，形成一套完整的词汇拓展体系，帮助学生在不断地学习中逐步提升自己的词汇水平。本节将围绕初中英语词汇拓展活动的实施展开探讨，旨在为广大英语教师提供一些有益的思路和方法，为初中生的英语词汇学习之路铺设坚实的基石，为他们的未来发展奠定坚实的基础。

一、词汇拓展活动的必要性

（一）扩大词汇量，提高语言水平

在初中英语学习阶段，扩大词汇量是提高语言水平的关键一步。词汇是语言的基石，是构建句子、表达思想和进行交流的基础。没有足够的词汇量，学生在听、说、读、写各个方面都会遇到困难，难以准确、流畅地表达自己的意思。

扩大词汇量对于初中生来说至关重要。首先，丰富的词汇能够

帮助学生更好地理解阅读材料。在阅读过程中，遇到生词或陌生短语是常有的事，但如果学生具备较大的词汇量，就能够更轻松地理解文章的整体意思，抓住文章的主旨和细节，从而提高阅读效率和理解能力。其次，扩大词汇量对于口语和写作同样重要。在口语表达中，丰富的词汇能够使学生更准确地描述事物，更生动地讲述故事，更流畅地表达观点。在写作时，足够的词汇量则是写出好文章的前提。学生可以用更恰当的词语来表达自己的思想，使文章更加精炼、有说服力。

如何有效地扩大词汇量呢？首先，学生可以利用课本和课外阅读材料来积累词汇。课本中的词汇是基础，必须熟练掌握。同时，课外阅读也是扩大词汇量的有效途径。通过阅读各种类型的书籍、文章，学生可以接触到更多新词汇，并在实际语境中理解和运用它们。学生可以利用词汇卡片、词汇本等工具来记录和复习词汇。将新学的词汇写在卡片或本子上，随时翻阅、复习，有助于加深记忆。此外，学生还可以利用一些在线词汇学习资源，如词汇测试网站、在线词典等，来辅助学习。另外，实践是检验真理的唯一标准，对于词汇学习来说也不例外。学生应该尽量在实际交流中运用新学的词汇，通过口语练习、写作练习等方式来巩固和加深记忆。这样不仅能够提高词汇的运用能力，还能够增强语言学习的趣味性和实用性。

（二）拓展词汇知识，增强语言素养

英语词汇的掌握不仅仅局限于单词本身，还包括词汇的搭配、用法、语义场等相关知识。一个单词可能有多个词义，也可能与不同的词汇搭配使用，产生不同的语义效果。因此，学生在学习词汇时，需要全面了解词汇的相关知识，才能准确运用词汇进行语言表达。

初中英语词汇拓展活动通过系统地教学和练习，帮助学生拓展词汇知识。在活动中，教师可以结合教材内容和学生的实际需求，讲解词汇的搭配和用法，引导学生通过例句和语境理解词汇的多重含义。同时，教师还可以组织学生进行词汇分类和归纳，帮助他们构建词汇知识体系。例如，教师可以将词汇按照词性、主题或语义场进行分类，使学生能够清晰地了解词汇之间的联系和区别。通过这样的系统教学和练习，学生可以逐步拓展自己的词汇知识，提高语言运用的准确性和流利度。

拓展词汇知识还有助于增强学生的语言素养。语言素养是指个体在语言运用中表现出来的综合素质，包括语言知识的掌握程度、语言技能的运用能力、语言思维的敏捷性以及语言文化的理解力等。其中，词汇知识的掌握程度是衡量语言素养高低的重要指标之一。一个拥有丰富词汇知识的学生，在语言表达中能够更准确地传达信息、更生动地描绘事物、更深入地阐述观点，从而展现出较高的语言素养。初中英语词汇拓展活动通过引导学生深入学习和探索词汇知识，培养他们的语言思维和语言文化理解力。在活动中，教师可以引导学生分析词汇的构成规律和演变过程，帮助他们理解词汇背后的文化内涵和历史背景。例如，在讲解英语词汇中的外来词时，教师可以介绍这些词汇的来源和演变过程，使学生了解不同文化之间的交流和融合对英语词汇的影响。通过这样的教学，学生可以拓宽视野，增强跨文化交际能力，进一步提升语言素养。

二、词汇拓展活动的实施策略

（一）主题式拓展：围绕特定主题，拓展相关词汇

在初中英语学习过程中，主题式拓展是一种非常有效的学习方法。它围绕特定主题，系统地拓展相关词汇，帮助学生在具体语境中理解和掌握新词汇，从而提高语言运用能力。主题式拓展的优势在于其系统性和针对性。通过选择一个学生感兴趣或与生活紧密相关的主题，如"旅游""环保""节日庆典"等，教师可以引导学生

围绕这一主题展开词汇学习。这样的学习方式不仅能让学生在轻松愉快的氛围中掌握新词汇，还能激发他们的学习兴趣和积极性。

在实施主题式拓展时，教师首先需要确定一个明确的主题，并根据该主题筛选出相关的核心词汇。例如，如果选择"旅游"是主题，那么"destination（目的地）""itinerary（行程）""accommoda-tion（住宿）""transportation（交通）"等词汇就是必不可少的。这些词汇构成了该主题的基础框架，学生在学习过程中能够清晰地感受到词汇之间的内在联系。接下来，教师可以通过多种教学手段和活动来拓展学生的词汇量。例如，可以利用图片、视频等多媒体资源展示与主题相关的场景和事物，引导学生在直观的感受中学习和记忆新词汇。还可以组织学生进行小组讨论，让他们围绕主题分享自己的经历和看法，同时运用所学词汇进行表达和交流。此外，教师还可以设计一些有趣的词汇游戏和练习，如词汇接龙、词汇配对等，让学生在游戏中巩固和加深对新词汇的记忆。

通过主题式拓展，学生不仅能够在短时间内掌握大量与主题相关的词汇，还能在实际运用中灵活运用这些词汇。例如，在写作时，学生可以围绕主题展开描述和论述，运用所学词汇表达自己的观点和感受；在口语表达中，学生则可以围绕主题进行对话和演讲，锻炼自己的口语表达能力和思维逻辑性。初中英语主题式拓展是一种高效、有趣的学习方法。它围绕特定主题拓展相关词汇，帮助学生在具体语境中理解和掌握新词汇，提高语言运用能力。教师应该充分利用这一方法，引导学生在轻松愉快的氛围中学习英语，提高他们的学习兴趣和积极性。

（二）层级式拓展：由易到难，逐步拓展词汇难度

为了帮助学生更有效地掌握词汇，层级式拓展成为一种行之有效的教学方法。这种方法遵循由易到难的原则，逐步拓展词汇的难度，使学生在不断挑战中逐渐提升自己的语言水平。

层级式拓展的核心在于循序渐进。起初，教师会从最基础的词汇开始，这些词汇通常是日常生活中最常见、最实用的。比如，颜色、数字、家庭成员、日常用品等，这些词汇简单易懂，容易激发学生的学习兴趣。通过反复练习和运用，学生能够迅速掌握这些基础词汇，为后续的词汇学习打下坚实的基础。

随着学生词汇量的逐渐增加，教师可以开始逐步引入更高难度的词汇。这些词汇可能涉及更抽象的概念、更复杂的语法结构，或者是特定领域的专业术语。例如，在学习关于"环境保护"的主题时，教师可以先教授学生"pollution（污染）""recycle（回收）"等基础词汇，然后再逐步引入"sustainable development（可持续发展）""carbon footprint（碳足迹）"等更高难度的词汇。在层级式拓展的过程中，教师需要注重词汇的关联性和系统性。新引入的词汇应该与已学词汇有一定的联系，这样可以帮助学生更好地理解和记忆。同时，教师可以通过构建词汇网络、制作词汇卡片等方式，帮助学生系统地整理和复习所学词汇，加深记忆。此外，层级式拓展还需要结合多种教学方法和手段。教师可以通过讲解、示范、练习、游戏等多种方式，使学生在轻松愉快的氛围中掌握新词汇。同时，教师还可以鼓励学生积极参与课堂互动，运用所学词汇进行表达和交流，提高学生的语言运用能力。初中英语层级式拓展它遵循由易到难的原则，逐步拓展词汇的难度，使学生在不断挑战中逐渐提升自己的语言水平。教师应该灵活运用这种方法，结合学生的实际情况和教学需求，制定合理的教学计划，帮助学生在英语学习中取得更好的成绩。

（三）跨文化拓展：引入跨文化词汇，拓宽视野

通过引入跨文化词汇，不仅能够丰富学生的语言知识，更能拓宽他们的国际视野，增进对不同文化的理解和尊重。跨文化词汇是连接不同文化背景的桥梁。英语是一门国际语言，其词汇中蕴含了

丰富的文化内涵和历史背景。在学习英语的过程中，仅仅掌握词汇的基本含义是远远不够的，更需要了解其背后的文化意义和使用语境。例如，"Halloween"不仅仅是一个节日的名称，更关联着一系列独特的文化传统和庆祝方式。通过引入这类跨文化词汇，学生能够更深入地了解英语国家的文化习俗，增强语言学习的趣味性和实用性。

跨文化拓展有助于培养学生的全球意识。在全球化日益加深的今天，具备跨文化交流能力显得尤为重要。通过学习跨文化词汇，学生能够接触到不同文化的思维方式和表达方式，从而拓宽自己的视野，增强对多元文化的包容性和理解力。这种全球意识的培养，不仅有助于学生在未来的国际交流中更加自如，也能为他们的个人成长和发展奠定坚实的基础。在实施跨文化拓展时，教师应注重教学方法的多样性和创新性。可以通过多媒体展示、文化讲座、角色扮演等多种形式，将跨文化词汇的学习融入日常教学中。同时，鼓励学生积极参与跨文化交流活动，如国际学生交流、线上英语角等，让他们在实践中运用所学词汇，加深对不同文化的理解和体验。

此外，跨文化拓展还应与学生的实际生活相结合。教师可以引导学生关注身边的跨文化现象，如外国节日的庆祝、国际品牌的广告等，让学生在日常生活中感受跨文化的魅力，激发他们的学习兴趣和动力。初中英语跨文化拓展是一项富有挑战和机遇的教学任务。通过引入跨文化词汇，不仅能够丰富学生的语言知识，更能拓宽他们的国际视野，增进对不同文化的理解和尊重。教师应该积极探索和实践跨文化拓展的教学方法，为学生的全面发展和国际交流能力提升贡献力量。

三、具体的词汇拓展活动实施

（一）词汇竞赛：组织词汇比赛，激发拓展兴趣

词汇竞赛是一种富有挑战性和趣味性的词汇拓展活动，通过组

织词汇比赛，可以激发学生的学习兴趣，促使他们积极主动地参与词汇学习，从而在竞争中不断提升自己的词汇量。在实施词汇竞赛活动时，教师需要做好充分的准备工作。首先，教师要根据学生的学习水平和词汇量，精心挑选比赛词汇。这些词汇既可以涵盖教材中的重点词汇，也可以适当拓展一些课外词汇，以增加比赛的挑战性和趣味性。其次，教师要制定明确的比赛规则和评分标准，确保比赛的公平性和公正性。

词汇竞赛的形式可以多种多样，如单词拼写比赛、词汇接龙、词义猜测等。单词拼写比赛可以考查学生的词汇记忆和拼写能力；词汇接龙则可以锻炼学生的词汇联想和思维能力；词义猜测则要求学生根据上下文或提示猜测词义，从而培养他们的语境理解能力。在词汇竞赛过程中，教师要充分发挥引导作用，确保比赛的顺利进行。同时，教师还要鼓励学生积极参与，勇于挑战自我，培养他们的竞争意识和合作精神。比赛结束后，教师要及时总结比赛情况，对表现优秀的学生给予表扬和奖励，以激发他们的学习动力和积极性。除了定期的词汇竞赛外，教师还可以将词汇拓展融入日常的课堂教学中。例如，在讲解课文或语法点时，教师可以适时引入相关词汇，并引导学生进行记忆和运用。同时，教师还可以利用课堂小测或提问等方式，检查学生的词汇掌握情况，及时发现问题并进行针对性辅导。词汇竞赛活动不仅可以激发学生的学习兴趣和积极性，还可以帮助他们巩固和拓展词汇量。在竞赛过程中，学生需要不断回忆、运用和比较词汇，从而加深对词汇的理解和记忆。同时，竞赛活动还可以培养学生的竞争意识和合作精神，提高他们的团队协作能力和集体荣誉感。

（二）阅读拓展：阅读英文文章，摘录新词汇

阅读是拓展词汇量的有效途径之一，通过阅读英文文章、故事或新闻等，学生可以接触到大量的新词汇，并在语境中理解和运用

这些词汇。因此，教师应该鼓励学生多进行课外阅读，并引导他们摘录新词汇，以丰富自己的词汇量。在实施阅读拓展活动时，教师需要为学生提供合适的阅读材料。这些材料既可以来自教材配套的辅助读物，也可以是教师从网络上精选的英文文章或故事。教师要确保阅读材料的难度适中，既不过于简单也不过于复杂，以使学生能够顺利阅读并理解其中的内容。

在阅读过程中，教师要引导学生养成摘录新词汇的习惯。学生可以准备一个词语本，将阅读过程中遇到的新词汇记录下来，并注明词义、词性和例句等。通过摘录新词汇，学生可以加深对词汇的理解和记忆，并为今后的词汇学习和运用打下坚实基础。除了摘录新词汇外，教师还可以引导学生进行词汇归纳和分类。学生可以将具有相同或相似语义特征的词汇放在一起归纳和分类，如表示情感的词汇、表示动作的词汇、表示时间的词汇等。通过这样的归纳和分类，学生可以更好地理解和记忆词汇，提高他们的词汇组织能力和运用能力。此外，教师还可以组织学生进行阅读分享活动。在阅读分享活动中，学生可以分享自己阅读过的文章或故事，并介绍其中出现的新词汇和用法。通过分享和交流，学生可以相互学习和借鉴，拓宽自己的词汇视野和知识面。阅读拓展活动不仅可以帮助学生拓展词汇量，还可以提高他们的阅读理解和语言运用能力。在阅读过程中，学生需要不断运用已有的词汇知识和语言技能来理解和分析文章内容，从而锻炼他们的阅读思维能力和语言表达能力。同时，阅读拓展活动还可以培养学生的自主学习能力和信息获取能力，为他们今后的英语学习和发展奠定坚实基础。

（三）网络资源利用：利用在线词典、学习网站等拓展词汇

在当今信息化时代，网络资源已成为我们学习不可或缺的一部分，尤其对于初中英语学习而言，合理利用在线词典、学习网站等资源，可以有效拓展学生的词汇量，提升语言学习能力。

在线词典是英语学习者的得力助手。传统的纸质词典虽然权威，但查询起来相对烦琐，且携带不便。而在线词典则以其便捷性、实时性受到广大师生的青睐。学生只需轻轻一点，即可快速查找到所需词汇的释义、用法、例句等详细信息。更重要的是，许多在线词典还提供了发音功能，帮助学生准确掌握单词的发音，这对于提高英语口语水平大有裨益。此外，一些在线词典还会根据用户的查询记录，智能推荐相关词汇，帮助学生进一步拓展词汇量。除了在线词典，各类英语学习网站也是拓展词汇的好帮手。这些网站通常提供了丰富的词汇学习资源，如词汇测试、词汇游戏、词汇视频等。通过参与这些活动，学生可以在轻松愉快的氛围中掌握新词汇。例如，词汇测试可以帮助学生检验自己的词汇掌握情况，及时发现并弥补不足；词汇游戏则能激发学生的学习兴趣，使他们在游戏中不知不觉地学到新知识；词汇视频则通过生动的画面和真实的语境，帮助学生更好地理解词汇的含义和用法。

值得一提的是，许多英语学习网站还提供了个性化的学习服务。学生可以根据自己的学习需求和兴趣，选择适合自己的学习内容和难度级别。这种个性化的学习方式，不仅提高了学习的针对性，也增强了学习的趣味性和有效性。当然，网络资源的利用也需要教师的引导和监督。教师应该教会学生如何正确选择和使用网络资源，避免他们沉迷于网络或受到不良信息的影响。同时，教师还可以结合课堂教学内容，引导学生利用网络资源进行自主学习和拓展学习，使网络资源成为课堂教学的有益补充，应该积极引导学生正确利用网络资源，让他们在信息化时代中更好地学习英语、成长进步。

第五章 语法教学中活动观的运用

语法教学是英语教学的重要组成部分，一直以来都是教师们关注的重点。然而传统的语法教学通常侧重于规则的讲解和机械地练习，忽视了学生在语言运用中的主体性和创造性。随着教育理念的不断更新和教学方法的不断改进，活动观逐渐在语法教学中得到广泛运用，通过设计具有趣味性、实用性和挑战性的语言活动，引导学生在实践中掌握语法规则，提高语言运用能力。在语法教学中运用活动观，不仅可以激发学生的学习兴趣和积极性，还可以使他们在轻松愉快的氛围中掌握语法知识，提高语言运用的准确性和流利性语法教学中的活动设计应紧密结合学生的实际生活和学习需求，注重语言的真实性和情境性。通过模拟真实语境，设计角色扮演、对话练习、小组讨论等多种形式的语言活动，使学生在实践中感知语法规则，理解语法意义，掌握语法用法。教师应充分发挥引导者的角色，为学生提供必要的指导和帮助，引导他们积极参与语言活动，主动探索语法规则，学生则应成为活动的主体，通过实践、体验和合作等方式，自主建构语法知识，提高语言运用能力。

第一节 情境化语法活动设计

情境化语法活动设计强调将语法教学置于真实的或模拟的语境中，通过创设生动、有趣的情境，使学生在实际语言运用中感知、理解和掌握语法规则。这种教学方式不仅能够增强学生的语言实践体验，还能够提高他们的语言运用能力和交际能力。在情境化语法活动设计中，教师需要充分考虑学生的生活实际和学习需求，结合教材内容和教学目标，精心创设各种语境。这些语境可以是日常生活中的购物、点餐、问路等场景，也可以是学术交流、商务谈判等正式场合。通过将这些语境融入语法教学中，可以使学生在接近真实的语言环境中学习和运用语法知识。同时，情境化语法活动设计还注重活动的多样性和互动性。教师可以通过角色扮演、小组讨论、情景对话等多种形式的活动，引导学生积极参与，让他们在互动中相互学习、相互启发，共同提高语言运用能力。情境化语法活动设计是一种以学生为中心、以语境为依托、以活动为载体的新型语法教学方式，它不仅能够激发学生的学习兴趣和积极性，还能够提高他们的语言运用能力和交际能力，本节将深入探讨情境化语法活动设计的原则、方法和实践策略，为英语教师提供有益的参考和启示。

一、情境化语法活动的重要性

（一）提高语法学习的实用性

语法是语言学习的骨架，它支撑着语言的准确性和流畅性。然而，传统的语法教学通常侧重于规则的讲解和例句的分析，这种教学方式虽然能够帮助学生理解语法结构，但难以让学生在实际交流中灵活运用。因此，情境化语法活动应运而生，它通过将语法知识融入具体的生活情境中，极大地提高了语法学习的实用性。

情境化语法活动强调在真实的或模拟的情境中学习和运用语法。这种活动设计使得学生能够在接近实际的语言环境中，亲身体验语法规则的运用。例如，在教授现在进行时时态时，教师可以设计一个"在公园里"的情境活动。学生被分成小组，每组扮演不同的角色，如正在跑步的人、正在画画的孩子、正在聊天的朋友等。在这样的情境中，学生需要使用现在进行时时态来描述自己或他人的行为，从而在实践中掌握这一时态的用法。这种情境化的学习方式不仅有助于学生理解语法规则，更能促使他们在交流中自然而然地运用这些规则。因为当语法知识与具体的情境相结合时，学生就能够更直观地感受到语法的实用性和必要性。他们不再只是机械的记忆语法规则，而是能够在实践中灵活运用，使语言学习更加生动、有趣。

　　情境化语法活动还能够激发学生的学习兴趣和积极性，在传统的语法教学中，学生通常感到枯燥乏味，难以保持长久的注意力。而情境化活动则通过创设生动的情境和有趣的角色扮演，让学生在轻松愉快的氛围中学习语法，从而提高了他们的学习效率和效果。境化语法活动是一种有效的教学方法，它能够将抽象的语法知识与具体的生活情境相结合，使学生在实践中掌握和运用语法规则。这种教学方式不仅提高了语法学习的实用性，还激发了学生的学习兴趣和积极性。因此在语法教学中，教师应该注重创设情境化的学习活动，让学生在真实的或模拟的情境中学习和运用语法，从而提高他们的语言运用能力和交际水平。

　　（二）增强语法规则的直观性

　　在初中英语学习过程中，语法规则的学习通常被视为一项枯燥而艰巨的任务。然而，通过情境化语法的教学方法，我们可以将抽象的语法规则融入具体的语境中，使其变得生动、直观，从而极大地提高学生的学习兴趣和效果。

　　情境化语法是将语法规则置于真实的或模拟的情境中进行教学。这种教学方法强调语言的实际运用，让学生在理解和运用语法规则的过程中，能够感受到语言的活力和魅力。它打破了传统语法教学的束缚，不再仅仅局限于对语法规则的机械记忆和练习，而是让学生在具体的语境中去感知、理解和运用语法规则。通过情境化语法教学，语法规则的直观性得到了极大的增强。例如，在学习现在进行时，教师可以创设一个正在进行的场景，如"同学们正在教室里做作业"，然后引导学生用现在进行时来描述这个场景。这样的教学方式，让学生能够直观地感受到现在进行时的用法，即表示正在进行的动作。相比传统的讲解和练习，这种方式更容易让学生理解和记忆。

　　情境化语法教学还能激发学生的学习兴趣和积极性。在情境中学习语法，学生不再觉得语法规则是枯燥无味的，而是觉得它们是有趣的、有用的。因为通过情境，学生能够看到语法规则在实际生活中的运用，从而感受到学习语法的价值和意义。情境化语法教学还有助于提高学生的语言运用能力，在情境中学习语法，学生不仅能够理解语法规则，还能够在实践中运用它们。这种实践性的学习方式，能够让学生的语言运用能力得到真正的提升。当然，情境化语法教学也需要教师的精心设计和准备。教师需要根据学生的学习水平和兴趣，创设合适的情境，并引导学生积极参与其中。同时，教师还需要在情境中适时地讲解和归纳语法规则，帮助学生更好地理解和掌握。在初中英语教学中，应该积极推广和运用情境化语法教学，让学生在轻松愉快的氛围中掌握语法规则，提高英语水平。

（三）激发学生的学习兴趣

在语法教学的漫长旅程中，如何激发学生的学习兴趣，让他们从被动接受转为主动探索，一直是教师们思考的重要问题。传统的语法课堂通常以规则讲解和例题练习为主，这种单一的教学模式容易使学生感到枯燥乏味，难以激发他们的学习热情。而情境化语法活动的出现，如同一股清新的风，为语法教学注入了新的活力，有效地激发了学生的学习兴趣。

情境化语法这种教学方式极大地改变了传统语法课堂的沉闷氛围，使语法学习变得生动有趣。在情境化语法活动中，学生不再是被动接受知识的容器，而是成为活动的主体。他们可以通过角色扮演、情景对话等形式，亲身体验语法规则在实际交流中的应用。例如，在学习虚拟语气时，教师可以设计一个"假如我是……"的情境活动，让学生扮演不同的角色，如科学家、宇航员、明星等，用虚拟语气表达自己的梦想和愿望。这样的活动不仅让学生在实践中掌握了虚拟语气的用法，还激发了他们的想象力和创造力。情境化语法活动还能够满足学生的个性化学习需求。不同的学生有着不同的兴趣爱好和认知风格，而情境化活动可以根据学生的特点进行定制，让每个学生都能在自己感兴趣的情境中学习语法。这种个性化的学习方式不仅提高了学生的学习效率，还增强了他们的学习动力。情境化语法活动还能够促进学生的合作学习和交流互动。在情境中，学生需要与他人合作完成任务，这不仅能够培养他们的团队协作精神，还能够让他们在交流中相互学习、相互启发，共同提高语法运用能力。情境化语法活动通过创设具体、生动的情境，激发了学生的学习兴趣和热情。它让学生在实践中掌握语法规则，满足了他们的个性化学习需求，促进了合作学习和交流互动。因此，在语法教学中，教师应该积极运用情境化教学策略，让语法课堂变得更加生动有趣，让学生在轻松愉快的氛围中掌握语法知识，提高语言运用能力。

二、情境化语法活动的设计原则

（一）真实性原则：创设贴近生活的真实语境

真实性原则要求情境化语法活动应创设贴近学生生活的真实语境，使学生在接近实际的交流环境中学习和运用语法知识。这一原则的实现，有助于增强学生的语言实践体验，提高他们的语言运用能力。

在情境化语法活动设计中，真实性原则的体现主要体现在语境的创设上。语境是语言使用的环境，它包括了语言使用的场景、参与者、话题以及交际目的等多个方面。为了创设真实的语境，教师需要深入了解学生的生活实际和学习需求，结合他们的兴趣爱好和认知水平，设计出符合他们生活经验的情境。例如，在教授现在完成进行时这一语法点时，教师可以创设一个关于学生正在进行的课外活动的情境。在这个情境中，学生可以扮演不同的角色，如组织者、参与者等，通过模拟真实的课外活动场景，运用现在完成进行时来描述自己或他人正在进行的动作。这样的情境设计不仅贴近学生的生活实际，还能使他们在实践中感知和理解现在完成进行时的用法，提高他们的语言运用能力。真实性原则还要求情境化语法活动中的语言材料应具有真实性。语言材料是学生学习语法知识的重要载体,其真实性直接影响到学生的学习效果。因此,教师应选择具有真实性的语言材料,如真实的对话、文章、新闻等,是情境化语法活动的素材。这些真实的语言材料能够使学生接触到地道的英语表达,增强他们的语言直觉和语感。

(二)趣味性原则:结合趣味元素,使活动更吸引人

趣味性原则要求情境化语法活动应结合趣味元素,使活动更具吸引力,激发学生的学习兴趣和积极性。在语法教学中,由于语法规则的抽象性和复杂性,学生通常容易产生厌倦和抵触情绪。因此,如何通过情境化语法活动的设计来激发学生的学习兴趣,成为教师必须面对的一个重要问题。

为了实现趣味性原则,教师可以在情境化语法活动中融入游戏、竞赛、角色扮演等趣味元素。例如,在教授条件状语从句时,教师可以设计一个"假如我有⋯⋯"的游戏。在这个游戏中,学生可以根据自己的想象和创意,运用条件状语从句来表达自己如果拥有某种能力或条件时会做什么。这样的游戏设计不仅能够激发学生的学习兴趣和创造力,还能使他们在轻松愉快的氛围中掌握条件状语从句的用法。除了游戏和竞赛等趣味元素外,教师还可以通过多媒体等现代技术手段来增强情境化语法活动的趣味性。多媒体技术的运用能够使学生更加直观地感知和理解语法规则,同时还能提供丰富多样的视觉和听觉刺激,增强学生的学习体验。例如,在教授定语从句时,教师可以通过展示一系列图片或视频片段,引导学生运用定语从句来描述图片或视频中的内容。这样的教学方式不仅能够使学生更加深入地理解定语从句的用法,还能激发他们的学习兴趣和好奇心。趣味性原则的实现还要求教师应关注学生的个体差异和兴趣点。每个学生都有自己的兴趣和爱好,因此教师在设计情境化语法活动时,应充分考虑学生的个体差异和兴趣点,使每个学生都能找到自己感兴趣的内容并积极参与其中。例如,对于喜欢音乐的学生,教师可以设计关于音乐主题的情境化语法活动;对于喜欢运动的学生,教师可以设

计关于体育主题的情境化语法活动。这样的设计方式能够满足学生的个性化需求，提高他们的学习积极性和主动性。

（三）互动性原则：鼓励学生积极参与，相互交流

情境化互动性原则强调通过创设贴近生活的真实情境，激发学生的学习兴趣，鼓励他们积极参与课堂活动，并在互动交流中不断提升英语语言能力。互动性原则是在情境化教学基础上，进一步强调学生之间的相互作用和交流，通过小组讨论、角色扮演、合作完成任务等多种形式，促进学生的语言输出和思维碰撞。

鼓励学生积极参与是情境化互动性原则的核心。在传统的英语课堂上，教师通常是知识的传授者，学生则被动接受。然而，这种单向的知识传递方式通常难以激发学生的学习兴趣和积极性。情境化互动性原则则要求教师转变角色，成为课堂活动的引导者和组织者，鼓励学生主动参与到课堂活动中来。通过创设富有趣味性和挑战性的情境，激发学生的学习动力，使他们在参与中感受到英语的魅力，从而更加热爱英语学习。相互交流是情境化互动性原则的另一重要方面。语言学习的最终目的是交流，而交流则是双向或多向的。在情境化教学中，教师应该为学生提供充足的交流机会，让他们在课堂上进行小组讨论、角色扮演等活动，通过相互之间的对话和合作，锻炼语言表达能力和思维逻辑性。这种互动式的交流不仅能够帮助学生巩固所学知识，还能培养他们的团队协作精神和社交能力。

实施情境化互动性原则，需要教师具备较高的教学素养和创意。教师需要根据学生的年龄特点和兴趣爱好，精心设计课堂活动，创设贴近生活的真实情境。例如，在学习购物用语时，教师可以模拟一个超市购物的场景，让学生分角色扮演顾客和售货员，通过实际的对话交流，掌握购物用语的使用方法。这样的教学活动既有趣又实用，能够极大地提高学生的学习积极性和参与度。此外，教师还需要在课堂上营造一种开放、包容的氛围，鼓励学生大胆发

言，不怕犯错。语言学习过程中，犯错是在所难免的，但重要的是通过错误来学习和进步。教师应该对学生的错误给予及时的反馈和纠正，同时鼓励他们不要害怕犯错，要勇于尝试和交流。初中英语情境化互动性原则是一种高效的教学策略，它强调学生的积极参与和相互交流，通过创设真实情境和提供充足的交流机会，激发学生的学习兴趣和积极性，提升他们的英语语言能力。教师应该积极运用这一原则，不断创新教学方法和手段，为学生的英语学习创造更加良好的环境和条件。

三、具体的情境化语法活动设计

（一）角色扮演：在模拟情境中运用语法规则进行对话

角色扮演是一种广受欢迎的情境化语法活动，它要求学生扮演特定的角色，在模拟的情境中运用所学的语法规则进行对话。这种活动设计不仅能够激发学生的学习兴趣，还能使他们在实践中加深对语法规则的理解和记忆。

在设计角色扮演活动时，教师首先需要确定一个与语法点紧密相关的主题。例如，若要教授现在完成时，可以选择"一次难忘的旅行经历"是主题。接下来，教师需要为学生设定不同的角色，如旅行者、导游、酒店接待员等，并为每个角色编写简短的对话脚本，脚本中应包含需要练习的语法点。在活动开始前，教师先向学生介绍活动背景和角色设定，然后分发对话脚本，让学生有时间熟悉自己的角色和对话内容。为了确保活动的顺利进行，教师可以先带领学生进行几次预演，帮助他们熟悉对话流程和语法点的运用。正式活动时，学生按照角色设定进行分组，开始模拟对话。教师需要在一旁观察学生的表现，及时纠正他们在语法运用上的错误，并给予积极地反馈和鼓励。活动结束后，教师可以组织学生进行总结，回顾在活动中运用到的语法点，加深他们的印象。

角色扮演活动的优势在于它能够提供一个接近真实的语言环境，使学生在模拟的情境中运用语法规则进行交流。这种实践性的学习方式有助于增强学生的语言直觉和语感，提高他们在实际交流中运用语法知识的能力。此外，角色扮演活动还能培养学生的表演能力和自信心。在扮演角色的过程中，学生需要大胆地开口说话，表达自己的观点和想法。这种经历能够帮助他们克服语言障碍，增强自信心，为未来的实际交流打下坚实的基础。

（二）情境描述：通过描述图片或视频中的情境，练习语法点

情境描述要求学生观察图片或视频中的情境，然后运用所学的语法点进行描述。这种活动不仅能够锻炼学生的观察能力和语言表达能力，还能帮助他们在实践中巩固语法知识。在设计情境描述活动时，教师需要选择或制作与语法点相关的图片或视频。例如，若要教授定语从句，可以选择一张包含多个人物和物品的图片，让学生描述其中特定的人物或物品。为了确保活动的针对性，教师需要在图片或视频中明确标注出需要练习的语法点。

活动开始时，教师先向学生展示图片或视频，并引导他们观察其中的细节。然后，教师要求学生运用所学的语法点来描述图片或视频中的情境。为了降低难度，教师可以先给出一个示范性的描述，让学生模仿。在学生进行描述时，教师需要认真倾听，及时纠正他们在语法运用上的错误，并给予积极地反馈。为了增加活动的趣味性，教师还可以设置一些与描述内容相关的问题，让学生回答。这样不仅能够检验学生对语法点的掌握情况，还能提高他们的听力理解和口语表达能力。情境描述活动的优势在于它能够将抽象的语法规则与具体的情境相结合，使学生在实践中加深对语法点的理解和记忆。通过观察图片或视频中的情境，学生能够更加直观地感知语法规则的运用场景，提高他们的语言运用能力。此外，情境描述活动还能培养学生的观察能力和思维能力。在观察图片或视频的过程中，学生需要仔细分析其中的细节，并运用所学的语法点进行准确的描述。这种经历能够锻炼他们的观察能力和思维能力，为未来的学习和工作打下坚实的基础。

（三）实地考察：到实际场景中观察并运用语法知识

实地考察是一种将课堂学习与实际生活相结合的情境化语法活动设计，它要求学生走出教室，到实际场景中观察并运用所学的语法知识。这种活动不仅能够拓宽学生的视野，还能使他们在实践中巩固和提升语法运用能力。

在设计实地考察活动时，教师需要选择一个与语法点相关的实际场景。例如，若要教授比较级和最高级，可以选择一个商场或超市是考察地点。然后，教师需要制定详细的考察计划和任务，明确学生需要观察的内容和运用到的语法点。活动开始前，教师先向学生介绍考察地点和任务要求，并确保他们了解如何运用所学的语法知识进行观察和描述。为了保障学生的安全，教师还需要对考察地点进行事先的考察和准备，确保活动的顺利进行。在实地考察过程中，学生需要仔细观察商场或超市中的商品陈列、价格标签、促销活动等，并运用比较级和最高级来描述所见所闻。教师可以引导学生进行比较购物，让他们在实践中运用比较级和最高级来表达自己的选择和判断。考察结束后，教师可以组织学生进行总结和分享。学生可以分享自己的观察结果和运用语法知识的经历，教师则可以对他们的表现给予评价和建议。通过总结和分享，学生能够加深对语法点的理解和记忆，提高他们的语言运用能力。实地考察活动的优势在于它能够将课堂学习与实际生活紧密相连，使学生在真实的环境中运用所学的语法知识。通过观察实际场景中的细节和运用语法知识进行描述，学生能够更加深入地理解语法点的用法和运用场景。此外，实地考察活动还能拓宽学生的视野和增强他们的实践经验。在实地考察过程中，学生能够接触到各种不同类型的商品和服务，了解市场动态和消费者行为。这种经历能够帮助他们更好地适应社会生活，为未来的职业发展打下坚实的基础。

第二节　探究式语法学习活动

探究式语法学习活动强调学生在语法学习中的主体地位，鼓励学生通过自主探究和实践来掌握语法规则。在这种活动中，教师不再是单纯的知识传授者，而是成为学生学习的引导者和合作者。教师为学生提供丰富的语法学习资源和情境，引导学生通过观察、分析、归纳和总结等方式，自主发现语法规则，并在实践中加以运用。探究式语法学习活动注重培养学生的思维能力和语言运用能力。在探究过程中，学生需要仔细观察语言现象，深入分析语法结构，归纳语法规则，并运用所学知识进行语言实践。这种学习方式不仅能够帮助学生更好地理解和掌握语法知识，还能提高他们的语言直觉和语感，增强他们的语言运用能力。此外，探究式语法学习活动还能激发学生的学习兴趣和积极性。在探究过程中，学生能够感受到自己的进步和成就，从而增强自信心和学习动力。同时，这种学习方式还能够培养学生的合作精神和创新意识，为他们的全面发展打下坚实的基础。探究式语法学习活动是一种值得推广和应用的教学模式，它不仅能够提高学生的语法水平，还能培养他们的思维能力和语言运用能力，为他们的英语学习之路注入新的活力。

一、探究式语法学习活动的意义

（一）培养学生的自主学习能力

英语语法学习活动在培养学生自主学习能力方面发挥着重要作用，通过设计富有探究性和实践性的语法学习活动，可以有效激发学生的学习兴趣，促进他们自主学习能力的提升。在英语语法学习活动中，教师不再仅仅是知识的传授者，而是成为学生学习的引导者和促进者。教师设计一系列具有挑战性的语法任务，如语法规则发现、语法错误纠正、语法情境应用等，鼓励学生主动探索和实践。这些活动要求学生主动查阅资料、分析语法现象、归纳语法规则，从而在这个过程中逐渐培养起自主学习的习惯和能力。

英语语法学习活动还注重培养学生的问题解决能力。在学习过程中，学生难免会遇到各种语法难题和困惑。通过自主学习活动，学生被鼓励主动寻找解决问题的方法，如查阅语法手册、请教老师或同学、利用网络资源等。这种自主解决问题的过程，不仅有助于学生加深对语法知识的理解，还能提高他们的自主学习能力和自信心。此外，英语语法学习活动还强调学生的合作与交流。在探究语法规则的过程中，学生可以与同伴一起讨论、分享学习心得，共同解决问题。这种合作与交流的学习方式，不仅有助于拓宽学生的思路，还能培养他们的团队协作精神和沟通能力，进一步提升他们的自主学习能力。因此，英语语法学习活动是培养学生自主学习能力的重要途径。通过设计富有探究性和实践性的语法学习活动，可以激发学生的学习兴趣，提高他们的自主学习能力和问题解决能力，为他们的英语学习之路奠定坚实的基础。

（二）引导学生深入理解语法规则

英语语法学习活动在引导学生深入理解语法规则方面扮演着至关重要的角色，语法是英语学习的基石，其规则的掌握和运用直接关系到学生语言能力的提升。然而，单纯的语法讲解通常枯燥乏味，难以激发学生的学习兴趣，更难以引导他们深入理解语法规则的内在逻辑。

通过设计丰富多样的英语语法学习活动，如语法分析、情境模拟、角色扮演等，学生可以在实践中亲身体验语法规则的运用。这些活动不仅要求学生掌握基本的语法知识，更促使他们深入思考语法规则背后的原理，从而加深对语法规则的理解。例如，在情境模拟活动中，学生需要根据特定的语境选择合适的语法结构来表达思想，这要求他们不仅要知道语法规则是什么，还要明白为什么选择这样的规则，以及如何在不同的语境中灵活运用。此外，英语语法学习活动还鼓励学生通过对比、分析、归纳等方法来探索语法规则的规律性和差异性。通过对比不同语法结构的使用效果，学生可以更加直观地感受到语法规则的重要性；通过分析语法现象的成因，他们可以深入理解语法规则的内在逻辑；通过归纳语法规则的共同点，他们可以形成系统的语法知识体系。英语语法学习活动是引导学生深入理解语法规则的有效途径。通过这些活动，学生可以在实践中亲身体验语法规则的运用，深入思考语法规则的原理，探索语法规则的规律性和差异性，从而全面提升他们的语法素养和语言能力。这样的学习方式不仅有助于学生当前的学习，更为他们未来的英语学习奠定了坚实的基础。

（三）提高学生的问题解决能力

英语语法学习活动在提高学生的问题解决能力方面具有显著效果，英语语法是语言学习的核心组成部分，其复杂性和多样性要求学生不仅要掌握基本的语法规则，还要具备运用这些规则解决实际问题的能力。

通过参与英语语法学习活动，学生被置于一系列具有挑战性的问题解决情境中。这些活动设计旨在引导学生分析语法现象、识别语法错误，并探索修正错误的方法。在这个过程中，学生需要运用所学的语法知识，结合上下文语境，进行逻辑推理和判断，从而找出问题的根源并提出解决方案。例如，在语法错误纠正活动中，学生需要仔细审查给定的句子，识别其中的语法错误，如时态不一致、主谓不搭配、冠词使用不当等。然后，他们需要运用所学的语法规则，对错误进行修正，使句子符合英语语法规范。这个过程不仅锻炼了学生的语法运用能力，还培养了他们的问题敏感性和思辨性思维。此外，英语语法学习活动还鼓励学生通过小组合作或讨论的方式共同解决问题。在合作过程中，学生需要相互沟通、交流想法，共同探讨问题的解决方案。这种合作式的学习方式不仅提高了学生的团队协作能力，还让他们在相互启发中拓宽了思路，增强了问题解决的创新性。因此，英语语法学习活动是提高学生问题解决能力的有效途径。通过这些活动，学生可以在实践中锻炼语法运用能力，培养问题敏感性和思辨性思维，提升团队协作和创新能力，为他们的英语学习和未来的学术、职业生涯奠定坚实的基础。

二、探究式语法学习活动的组织方式

（一）提出问题：引导学生发现语法现象，提出问题

在英语语法学习的过程中，语法现象无处不在，但通常被学生所忽视。因此，通过设计富有启发性的学习活动，教师可以引导学生仔细观察语言中的语法结构，发现其中的规律和特点。例如，教师可以提供一段包含多种语法点的文本，让学生阅读并尝试找出其中的语法现象，如时态的使用、语态的变换、从句的嵌套等。

在引导学生发现语法现象的基础上，教师要鼓励学生提出问题。问题是思维的起点，也是探究的动力。学生可以就自己所观察到的语法现象提出疑问，如"为什么这个句子要用现在完成时?""这个定语从句为什么要用关系代词 that 而不是 which?"等问题。这些问题的提出，表明学生已经开始深入思考语法规则的背后原理，而不仅仅是停留在表面的记忆和模仿。通过引导学生发现问题并提出问题，教师可以激发学生的学习兴趣和探究欲望。学生会更加主动地参与到语法学习中来，尝试通过查阅资料、讨论交流等方式寻找问题的答案。这个过程不仅有助于学生加深对语法规则的理解，还能培养他们的自主学习能力和问题解决能力。因此，在英语语法学习活动中，引导学生发现语法现象并提出问题是一个不可或缺的环节。它不仅能够提高学生的语法意识，还能培养他们的思维能力和探究精神，为他们的英语学习之路注入新的活力。

（二）自主探究：鼓励学生通过查阅资料、讨论等方式寻找答案

探究式语法学习活动这一阶段是整个活动的核心，也是学生能力培养的关键环节，自主探究意味着学生需要主动寻找答案，而不是被动接受教师的讲解。为了实现这一目标，教师需要为学生提供丰富的学习资源和探究工具。学习资源可以包括语法书籍、在线语

法教程、语法练习册等。这些资源应涵盖学生所需的各种语法知识，并具有一定的深度和广度，以满足不同学生的学习需求。此外，教师还可以利用多媒体技术，如视频、音频和动画等，为学生提供更加直观和生动的学习材料。这些材料可以帮助学生更好地理解语法规则，并激发他们的学习兴趣。

在自主探究过程中，鼓励学生通过查阅资料、讨论等方式寻找答案。查阅资料是学生自主学习的重要手段之一。通过查阅相关资料，学生可以了解到不同语法观点的阐述和解释，从而拓宽他们的视野和思路。教师可以指导学生如何有效地查阅资料，如使用关键词进行搜索、筛选可靠的信息来源等。同时，讨论也是学生自主探究的重要方式。通过小组讨论或全班讨论，学生可以分享彼此的观点和发现，相互启发和帮助。在讨论过程中，教师应鼓励学生积极发言，提出自己的见解和疑问，并尊重他人的意见和想法。通过讨论，学生可以加深对语法规则的理解，并培养他们的合作精神和沟通能力。为了促进学生的自主探究，教师还可以设计一系列具有挑战性和趣味性的探究任务。这些任务可以围绕学生感兴趣的语法现象或实际问题展开，如探究英语中被动语态的使用条件、分析不同文体中语法结构的特点等。通过完成这些任务，学生可以将所学知识应用于实际情境中，提高他们的语言运用能力和问题解决能力。同时，这些任务还可以激发学生的学习动力和创造力，使他们在探究过程中不断尝试和创新。

（三）成果展示：让学生展示探究成果，分享学习经验

成果展示阶段是学生展示探究成果、分享学习经验的重要环节，通过成果展示，学生可以巩固和深化所学语法知识，并提高他们的表达能力和自信心。成果展示的形式可以多种多样，如口头报告、书面论文、海报展示或多媒体演示等。教师应根据学生的兴趣和特长，鼓励他们选择适合自己的展示方式。

在成果展示过程中，学生需要清晰地阐述自己的探究过程、发

现和结论。他们可以通过展示实例、分析数据或引用相关文献来支持自己的观点。同时，学生还可以分享自己在探究过程中遇到的困难和挑战，以及如何解决这些问题的经验和教训。通过分享学习经验，学生可以相互学习和借鉴，共同提高他们的学习效率和效果。成果展示不仅是对学生探究成果的检验和总结，也是对他们学习能力和综合素质的展示和评价。在展示过程中，教师应给予学生充分的肯定和鼓励，肯定他们的努力和成果，并鼓励他们继续保持探究精神和创新意识。同时，教师还可以针对学生的展示内容和表现提出建设性的意见和建议，帮助他们进一步完善和提高自己的探究成果。除了学生的个人展示外，教师还可以组织小组或全班的成果交流活动。在交流活动中，学生可以相互欣赏和评价彼此的展示成果，提出自己的见解和建议。通过交流活动，学生可以拓宽视野、增进了解，并培养他们的团队协作精神和思辨性思维能力。

三、具体的探究式语法学习活动设计

（一）语法规则发现：通过对比分析句子，自主发现语法规则

在语法规则发现环节，教师的目标是引导学生通过对比分析句子，自主发现语法规则。这一环节的活动设计可以遵循以下步骤：

教师需要准备一系列具有相似或不同语法特点的句子。这些句子应该涵盖本节课要学习的语法点，如时态、语态、从句等。句子的选择应具有代表性，能够清晰地展示语法规则的应用。接着，教师将句子分发给学生，要求他们仔细观察这些句子，并尝试找出其中的相似之处和差异之处。学生可以使用标注、画线等方法来辅助分析。在这个过程中，教师要鼓励学生大胆尝试，不要害怕犯错，因为发现规则的过程本身就是一种学习。在学生完成初步分析后，教师组织学生进行小组讨论。每个小组选出一名代表，分享他们发现的语法规则。其他小组成员可以提问、补充或提出不同意见。教师在这个过程中要充当引导者和协调者的角色，确保讨论的有序进行。通过小组讨论，学生会逐渐意识到某些语法结构在句子中的规

律性出现。教师此时可以适时总结，将学生的发现提炼成明确的语法规则。同时，教师还要解释规则背后的原理，帮助学生理解规则的来源和用途。为了巩固学生新学的语法规则，教师可以设计一些练习题，要求学生运用所发现的规则来分析或改写句子。练习题的设计应具有层次性，从简单到复杂，逐步提高学生的运用能力。

（二）语法现象探究：选择特定语法现象，进行深入探究

语法是构建语言基础的关键要素。语法不仅规定了词语的组合方式，还决定了句子的结构和意义。然而对于许多学生来说，语法通常显得枯燥且难以理解。因此选择特定语法现象进行深入探究，不仅可以帮助学生更好地掌握语法规则，还能激发他们的学习兴趣，提升语言运用能力。

在众多语法现象中，时态是一个既基础又复杂的领域，它反映了动作发生的时间以及与之相关的状态。以现在完成时为例，这是一个在初中英语中极为常见且重要的时态。现在完成时表示过去发生的动作对现在造成的影响或结果，或者表示过去的动作或状态持续到现在，甚至可能继续下去。这个时态的构成是"have/has ＋ 过去分词"，看似简单，但在实际运用中却常常让学生感到困惑。

为了深入探究现在完成时，我们可以从多个角度入手。首先，通过大量的例句分析，让学生直观感受现在完成时的用法。例如，"I have just finished my homework."（我刚做完作业。）这句话体现了过去发生的动作（做作业）对现在的影响（现在有空了）。再如，"He has lived in this city for ten years."（他在这个城市住了十年了。）这句话则展示了过去的动作或状态（居住）持续到现在，并可能继续下去。接着可以设置情境对话，让学生在模拟的语境中运用现在完成时。比如，设计一个关于旅行的对话，让学生描述他们去过的地方、做过的事情以及这些经历对他们现在的影响。这样的实践活动能够使学生将语法规则与实际运用相结合，加深理解。

此外，对比教学也是一个有效的方法。将现在完成时与一般过

去时进行对比,分析它们在时间表达、动作状态以及语义上的异同。通过对比,学生可以更清晰地看到两个时态的区别,从而避免混淆。在探究过程中,还应鼓励学生提出问题、分享观点。语法学习不仅仅是记忆规则,更是理解规则背后的逻辑和原理。通过小组讨论、课堂辩论等形式,学生可以相互交流看法,共同解决问题。这种互动式的学习方式能够增强学生的参与感,使他们在探究中不断成长。最后,总结与反馈是探究过程中不可或缺的一环。在探究结束后,教师应引导学生总结现在完成时的用法、特点以及易错点,帮助他们形成系统的知识体系。同时,给予及时的反馈和鼓励,肯定学生的进步和努力,激发他们的学习动力。选择特定语法现象进行深入探究是一种有效的初中英语教学方法。以现在完成时为例,通过例句分析、情境对话、对比教学以及互动交流等多种方式,学生可以更全面地理解语法规则,提升语言运用能力。这样的探究过程不仅能够增强学生的语法意识,还能培养他们的学习兴趣和自主学习能力。

(三)语法问题研讨:针对疑难问题,组织小组讨论或辩论

对于许多学生而言,尽管他们投入了大量的时间和精力去学习和记忆语法规则,但在实际运用中却常常感到困惑和迷茫。针对这一现状,组织小组讨论或辩论成为一种行之有效的解决方法,它能够帮助学生们深入剖析语法疑难问题,增进理解,提升语言运用能力。

在英语语法的学习中,存在许多容易混淆或难以理解的概念,如时态的运用、非谓语动词的区别、虚拟语气的含义等。这些问题通常不是通过简单的记忆就能解决的,而需要学生具备分析、比较和归纳的能力。因此,教师可以针对这些疑难问题,设计一系列具有探讨价值的话题,组织学生进行小组讨论或辩论。以时态的运用为例,初中英语中涉及的时态多种多样,包括一般现在时、一般过去时、现在进行时、过去进行时、一般将来时、过去将来时等。学

生在使用时常常容易混淆，尤其是在描述时间顺序、动作发生的频率以及过去与现在的对比等方面。针对这些问题，教师可以提出一个具体的话题，如"描述一天的生活"，然后让学生分组讨论如何准确使用时态来叙述一天中的不同活动。在小组讨论中，学生们可以相互交流自己的观点，指出对方可能存在的错误，并共同探讨正确的表达方式。

除了小组讨论，辩论也是一种有效的研讨方式。教师可以选取一个具有争议性的语法问题作为辩题，如"虚拟语气在现实生活中的实用性"。正方可以阐述虚拟语气在表达假设、愿望、建议等方面的独特作用，反方则可以提出虚拟语气在日常口语中使用较少，学习它是否必要等观点。通过辩论，学生们不仅能够深入理解虚拟语气的语法规则，还能够锻炼他们的逻辑思维和口头表达能力。在组织小组讨论或辩论时，教师需要注意以下几点：首先，要确保每个话题都具有探讨的价值和意义，能够引发学生的兴趣和思考；其次，要合理分配时间，确保每个学生都有机会发言和表达自己的观点；最后，要及时给予反馈和总结，帮助学生梳理思路，明确正确的语法规则。通过小组讨论或辩论，学生们可以在轻松愉快的氛围中深入剖析语法疑难问题，增进对语法规则的理解和运用。这种研讨方式不仅能够提升学生的语言运用能力，还能够培养他们的团队合作精神和思辨性思维能力。同时，它也能够激发学生的学习兴趣和积极性，使他们在探讨中不断发现新的知识和乐趣。针对初中英语语法中的疑难问题，组织小组讨论或辩论是一种行之有效的教学方法。它能够帮助学生们深入理解语法规则，提升语言运用能力，同时还能够培养他们的团队合作精神和思辨性思维能力。教师应该充分利用这种教学方式，为学生的英语学习创造更加活跃和有趣的课堂氛围。

第三节　语法实践活动开展

英语语法实践活动是一种将语法知识与实际运用相结合的教学模式，通过设计一系列富有趣味性和挑战性的实践活动，学生可以在轻松愉快的氛围中掌握语法规则，提高语言运用能力。这些实践活动不仅涵盖了语法知识的各个方面，还注重培养学生的思维能力和创新意识，使他们在实践中不断探索、发现和解决问题。在英语语法实践活动中，学生将不再是被动接受知识的容器，而是成为主动探索知识的主体。他们将通过参与各种语法游戏、角色扮演、情景对话等活动，亲身体验语法的魅力，感受语言运用的乐趣。同时，这些实践活动还将激发学生的学习兴趣和积极性，使他们更加主动地投入英语语法的学习中。在实践活动中，学生需要相互协作、共同完成任务，这不仅能够增强他们的沟通能力和团队协作能力，还能让他们在合作中相互学习、取长补短，共同提高英语语法水平。通过开展英语语法实践活动，学生将在轻松愉快的氛围中掌握语法知识，提高语言运用能力，培养思维能力和创新意识，同时增强合作精神和团队意识，这将为学生的英语学习之路奠定坚实的基础，为他们的未来发展提供有力的支持。

一、语法实践活动的价值

（一）巩固语法知识，提高运用能力

在英语教学过程中，巩固语法知识和提高运用能力是教师和学生共同追求的目标。语法是语言的骨架，是构建句子、表达思想的基础。因此，如何有效地巩固语法知识，并将其转化为实际的语言运用能力，是英语教学中的重要课题。

为了巩固语法知识，教师需要采用多样化的教学方法。课堂上，教师可以通过讲解、示例和练习相结合的方式，使学生掌握语法规则。同时，利用多媒体课件、教学视频等辅助手段，使语法教学更加生动有趣，激发学生的学习兴趣。课后，教师可以布置相关的语法练习作业，让学生在实践中巩固所学知识，加深理解。然而，仅仅掌握语法规则是不够的，更重要的是如何将这些规则运用到实际的语言交流中。因此，提高运用能力成为英语教学的另一个重点。教师可以通过组织口语练习、角色扮演、情景对话等活动，为学生提供更多的语言实践机会。在这些活动中，学生需要运用所学的语法知识，构建正确的句子，表达自己的想法。教师还可以鼓励学生多读、多写、多听、多说，通过大量的语言输入和输出，提高语言的感知和运用能力。同时，教师可以引导学生关注语言中的细节，如时态、语态、语气等，培养学生的语言敏感度。英语教学不仅要注重语法知识的传授，更要关注语法知识的运用。通过多样化的教学方法和实践活动，巩固学生的语法基础，提高他们的语言运用能力。只有这样，学生才能在英语学习中取得更好的成绩，为未来的学习和工作打下坚实的基础。

（二）增强语言实践的自信心

在英语学习的过程中，语法知识的掌握是构建语言能力的基石，而语言实践的自信心则是推动学生积极运用英语的关键。英语教学中的语法实践，不仅有助于学生巩固语法规则，更能显著增强他们在语言实践中的自信心。

通过语法实践活动，学生能够在真实的语境中运用所学的语法知识，构建正确的句子，表达清晰的思想。这种实践过程让学生亲身体验到语法知识的实用性，从而加深他们对语法规则的理解和记忆。当学生在实践中成功运用语法知识，完成一次有效的语言交流时，他们会感受到成就感，这种成就感是增强自信心的重要来源。语法实践活动还为学生提供了展示自己语言能力的平台。在小组讨论、角色扮演、情景对话等活动中，学生需要积极参与，勇敢表达自己的想法。这种参与和表达，不仅锻炼了学生的口语能力，也让他们在实践中逐渐克服害羞、紧张等心理障碍，增强了语言实践的自信心。此外，语法实践活动的反馈和评价机制也对增强学生的自信心起到了积极作用。教师在活动中的及时指导和鼓励，让学生感受到自己的进步和成长，从而更加相信自己的语言能力。同学的相互评价和建议，也让学生在交流中学会欣赏他人的优点，正视自己的不足，以更加开放的心态面对语言实践中的挑战。

（三）促进语法与词汇、听说的结合

英语教学不仅仅是传授语法规则和词汇知识，更重要的是如何将这些元素与听说能力相结合，培养学生的综合语言运用能力。在教学过程中，促进语法与词汇、听说的紧密结合，是提升英语教学效果的关键。

语法是语言的框架，词汇是语言的血肉，而听说则是语言的实际运用。在英语课堂上，教师应该通过生动的例句和语境，将抽象的语法规则与具体的词汇相结合，使学生在理解语法的同时，也能掌握词汇的用法。这种结合不仅有助于学生记忆语法规则，还能让他们在实际交流中更准确地运用词汇。同时，听说训练是巩固语法和词汇知识的重要途径。通过听力练习，学生可以接触到地道的英语表达，感受语法的实际运用，同时扩大词汇量。而口语练习则让学生有机会将所学的语法和词汇运用到实际交流中，提高他们的口语表达能力和语言自信心。

为了实现语法与词汇、听说的紧密结合，教师可以设计多样化的教学活动。例如，通过角色扮演、情景对话等口语练习，让学生在实践中运用语法和词汇；通过听力材料的分析和讨论，引导学生关注语法结构和词汇用法；还可以通过写作练习，让学生将听说中学到的语言知识转化为书面表达。英语教学应该注重语法与词汇、听说的紧密结合，通过多样化的教学活动，提高学生的综合语言运用能力。这样的教学不仅能够帮助学生更好地掌握英语知识，还能激发他们的学习兴趣，培养他们的语言自信心，为他们的未来学习和工作打下坚实的基础。

二、语法实践活动的实施策略

（一）任务驱动：设计具有挑战性的任务

在设计语法实践活动时，教师应注重任务的挑战性和实用性，以激发学生的学习兴趣和积极性。任务的设计应紧密围绕语法点，确保学生在完成任务的过程中能够充分运用所学的语法知识。例如，针对时态的教学，教师可以设计一个"时间旅行"的任务，要求学生用不同的时态描述自己在过去、现在和未来的不同时间点的活动。这样的任务不仅具有趣味性，还能使学生在实践中掌握和运用各种时态。

为了确保任务的挑战性，教师可以逐渐增加任务的难度和复杂性。在初始阶段，教师可以设计一些简单的任务，如填空、改写句子等，帮助学生巩固基础的语法知识。随着学生水平的提高，教师可以逐渐增加任务的难度，如要求学生进行口头或书面的叙述、对话或写作等。这些更具挑战性的任务能够促使学生在实践中不断探索和尝试，提高他们的语言运用能力和创新思维。在任务驱动的策略中，教师还应注重任务的多样性和灵活性。不同的学生具有不同的学习风格和能力水平，因此教师应设计多种类型的任务，以满足不同学生的需求。例如，对于喜欢动手实践的学生，教师可以设计一些制作海报、编排对话等任务；对于喜欢思考和分析的学生，教师可以设计一些语法分析、错误纠正等任务。同时，教师还应根据学生的学习进度和反馈，灵活调整任务的难度和要求，确保每个学生都能在实践中得到适当的挑战和提高。

（二）合作互助：组织小组合作共同完成任务

为了让学生更加深入地理解并运用英语语法，组织小组合作共同完成任务成为一种富有成效的教学策略。这种合作互助的学习模式不仅能够促进学生对语法知识的掌握，还能培养他们的团队协作能力、沟通能力和解决问题的能力。

小组合作学习的核心在于"合作"与"互助"。在英语语法教学中，教师可以根据教学内容设计一系列具有实践性和挑战性的任务，如编写对话、改写句子、完成语法填空等。这些任务需要小组成员共同努力，通过讨论、协商和分工合作来完成。以编写对话为例，教师可以给定一个主题，如"购物经历"，要求每个小组编写一段包含特定语法点的对话。在这个过程中，小组成员首先需要共同确定对话的情境、人物和情节，然后分配角色，开始编写。在编写过程中，他们会遇到各种语法问题，如时态的运用、疑问句的构成、非谓语动词的使用等。这时，小组成员可以相互帮助，共同查找资料、讨论解决方案，甚至向老师请教。通过这样的合作，学生不仅能够在实践中巩固语法知识，还能学会如何在实际情境中运用这些知识。除了编写对话，改写句子也是一项很好的小组合作任务。教师可以提供一些含有语法错误的句子，要求小组将其改写为正确的句子。这个任务需要小组成员仔细分析句子的结构、时态、语态等，然后共同讨论并确定正确的表达方式。在这个过程中，学生不仅能够加深对语法规则的理解，还能学会如何识别和纠正语法错误。

在小组合作完成任务的过程中，教师的角色至关重要。教师需要充当引导者和支持者，为学生提供必要的指导和帮助。在学生遇到困难时，教师可以给予提示或建议，但不要直接给出答案，鼓励学生通过合作和探讨来解决问题。同时，教师还需要关注每个学生的参与情况，确保每个学生都有机会发言和贡献自己的想法。小组合作完成任务的好处是多方面的。首先，它能够激发学生的学习兴趣和积极性。在小组合作中，学生可以相互激励、共同进步，感受到学习的乐趣和成就感。其次，它能够培养学生的团队协作能力和沟通能力。在合作过程中，学生需要学会倾听他人的意见、表达自己的观点、协商和妥协，这些都是团队协作和沟通的重要技能。最后，它能够提高学生的解决问题的能力。在面对语法难题时，学生需要学会分析问题、查找资料、提出解决方案，这些过程都能够锻炼他们的思维能力和解决问题的能力。初中英语语法合作互助是一种富有成效的教学策略，通过组织小组合作共同完成任务，学生不仅能够深入理解和掌握语法知识，还能培养他们的团队协作能力、沟通能力和解决问题的能力，教师应该充分利用这种教学策略，为学生的英语学习创造更加活跃、有趣且富有成效的课堂氛围。

（三）反馈评价：及时给予反馈评价学生表现

及时给予反馈评价学生的表现，可以帮助学生了解自己的进步和不足，从而调整学习策略和方法。在反馈评价中，教师应注重评价的全面性和客观性，既要关注学生的语法掌握程度，也要评价他们的语言运用能力、创新思维和合作态度等方面。

在给予反馈评价时，教师应采用多种评价方式和手段。例如，教师可以通过观察学生在实践中的表现、分析他们的作品或成果、听取他们的口头汇报或展示等方式来评价学生的学习效果。同时，教师还可以采用同伴评价、自我评价等方式，使学生更加全面地了解自己的学习情况和进步。在反馈评价中，教师应注重评价的及时性和针对性。教师应及时给予学生反馈评价，以便他们及时了解自己的学习情况和调整学习策略。同时，教师还应针对学生的不同表现和需求，给予个性化的反馈评价和建议。对于表现优秀的学生，教师可以给予肯定和鼓励，激发他们的学习兴趣和动力；对于表现欠佳的学生，教师应指出他们的不足并提出具体的改进建议，帮助他们提高语法水平和语言运用能力。除了教师的反馈评价外，还可以鼓励学生进行自我评价和同伴评价。自我评价可以使学生更加了解自己的学习情况和进步，培养他们的自主学习能力和自我反思能力。同伴评价则可以使学生相互学习和借鉴，提高他们的合作意识和社交技能。通过多种评价方式的结合，可以更加全面地评价学生的学习效果和进步情况。

三、具体的语法实践活动设计

（一）语法改写：提供句子或段落

在初中英语学习中，语法是构建语言框架、实现有效沟通的关键。为了帮助学生更好地掌握和运用英语语法，改写句子或段落成为一种既实用又有趣的教学方法。通过提供特定的句子或段落，并引导学生对其进行改写，不仅可以加深学生对语法规则的理解，还能提升他们的语言运用能力和创造力。

以"描述一次难忘的旅行经历"为主题，我们可以先给出一个简单的句子或段落是改写的基础。例如：

原句："I went to the beach last summer and had a great time."

这个句子虽然简洁明了，但在语法和表达上都有很大的改写空间。教师可以引导学生思考，如何运用更丰富的语法结构和词汇来使这个句子更加生动、有趣。

改写一：

"Last summer, I embarked on an unforgettable journey to the picturesque beach, where I experienced a myriad of delightful moments that left me with cherished memories."

在这个改写中，学生运用了"embarked on an unforgettable journey"来替代简单的"went to the beach"，使句子更加富有诗意和画面感。同时，"a myriad of delightful moments"和"cherished memories"等词汇的运用，也使句子的表达更加丰富和深情。接下来，我们可以将这个句子扩展成一个段落，并进一步进行改写。

原段落：

"I went to the beach last summer. The weather was sunny and the sea was clear. I played volleyball with my friends and we had a barbecue on the sand. It was really fun."

改写后段落：

"Last summer, I set off on an exhilarating adventure to the stunning beach, where the sun shone brightly and the azure sea sparkled under the radiant sky. I engaged in a thrilling game of volleyball with my buddies, our laughter echoing across the sandy shores. As the day drew to a close，we gathered around a crackling barbecue，savoring the delicious aroma of grilled food and sharing stories under the starlit sky. It was an experience that etched itself into my heart，leaving me with memories that I will cherish forever."

在这个改写后的段落中，学生不仅运用了更复杂的语法结构，如定语从句、时间状语从句等，还巧妙地融入了形容词、副词等修饰词，使描述更加生动、细腻。同时，通过增加细节和情感色彩，段落的内容也更加丰富、有感染力。通过这样的改写练习，学生不仅可以巩固和拓展语法知识，还能提升他们的写作能力和创造力。他们可以学会如何运用不同的语法结构和词汇来表达相同的意思，从而使语言更加多样化和富有表现力。此外，改写练习还可以结合其他语法点进行。例如，教师可以提供一个包含特定时态、语态或从句的句子，让学生将其改写为另一种时态、语态或从句形式。这样的练习可以帮助学生更好地理解和掌握语法规则，提高他们的语言运用能力。通过提供句子或段落并引导学生进行改写，可以加深学生对语法规则的理解，提升他们的语言运用能力和创造力。教师应该充分利用这种教学方法，为学生的英语学习增添更多的乐趣和色彩。

（二）语法创作：鼓励学生创作故事

在初中英语的学习旅程中，语法不仅是构建语言的基础，更是通往创意表达的桥梁。为了让学生们在掌握语法规则的同时，也能激发他们的想象力和创造力，鼓励学生创作故事成为一种极具魅力的教学方法。通过创作故事，学生们不仅能在实践中运用所学的语法知识，还能在文字的海洋中自由翱翔，编织出属于自己的梦幻篇章。

创作故事对于初中生来说，既是一种挑战，也是一种机遇。它要求学生们不仅要熟悉并掌握各种语法结构，如时态、语态、从句等，还要能够灵活地运用这些语法元素，构建出连贯、有逻辑的故事情节。同时，创作故事也给了学生们一个展示自己个性和情感的舞台，他们可以通过文字，表达自己对世界的看法，抒发内心的感受。为了鼓励学生创作故事，教师可以设定一个引人入胜的主题，比如"一次奇妙的探险经历"。这个主题既充满了未知和神秘，又充满了无限的可能和想象。学生们可以围绕这个主题，展开自己的创意，构思出一个个独一无二的故事。在创作过程中，学生们会自然而然地运用到所学的语法知识。比如，在描述探险的过程时，他们会用到过去进行时来描绘紧张刺激的瞬间；在叙述探险的结果时，他们会用到一般过去时来总结整个经历；在描绘探险中的景物或人物时，他们会用到形容词、副词等修饰词来使描述更加生动、形象。

除了语法知识的运用，创作故事还能锻炼学生的逻辑思维能力和叙事能力。一个好的故事，不仅要有吸引人的情节，还要有清晰的逻辑和合理的结构。学生们在创作过程中，需要思考如何开头、如何发展、如何高潮、如何结尾，这实际上就是在锻炼他们的逻辑思维能力。同时，他们还需要考虑如何用词、如何造句、如何段落过渡，这则是在锻炼他们的叙事能力。更重要的是，创作故事还能激发学生的兴趣和热情。当学生们发现自己的作品能够得到老师和同学的认可和赞赏时，他们会感到无比的自豪和满足。这种成就感和自信心，会激励他们更加积极地投入到英语学习中去，不断地提升自己的语言水平和创作能力。为了进一步鼓励学生创作故事，教师还可以组织一些相关的活动，比如故事分享会、故事创作比赛等。这些活动不仅能让学生们展示自己的作品，还能让他们相互学习、相互启发，共同进步。鼓励学生创作故事是一种极具创意和实效的教学方法。它不仅能让学生们在实践中运用所学的语法知识，还能激发他们的想象力和创造力，锻炼他们的逻辑思维能力和叙事能力。教师应该充分利用这种教学方法，为学生们的英语学习增添更多的乐趣和色彩，让他们在故事的海洋中自由翱翔，编织出属于自己的精彩篇章。

（三）语法游戏：设计语法游戏

通过设计富有创意和互动性的语法游戏，学生能够在轻松愉快的氛围中巩固和运用所学的语法知识。在设计语法游戏时，教师应注重游戏的趣味性和互动性。游戏形式可以多样，如猜谜游戏、角色扮演游戏、语法接龙游戏等。例如，在猜谜游戏中，教师可以设计一些包含特定语法点的谜语或谜面，要求学生运用所学的语法知识来猜测答案。在角色扮演游戏中，教师可以设定一些情境和角色，要求学生运用特定的语法点和句型进行对话和表演。在语法接龙游戏中，教师可以给出一个句子是开头，要求学生依次接龙，每个句子都要包含特定的语法点或句型，并且要与前一个句子在逻辑上相连。

除了趣味性外，语法游戏还应具有一定的挑战性和教育性。教师可以通过增加游戏的难度和复杂性来提高学生的挑战性。例如，在猜谜游戏中逐渐增加谜语的难度和长度；在角色扮演游戏中要求学生运用更复杂的语法点和句型进行对话；在语法接龙游戏中要求学生接龙的句子要更加多样和有趣。同时，教师还应注重游戏的教育性，确保学生在游戏中能够真正巩固和运用所学的语法知识。在实施语法游戏活动时，教师应做好充分的准备工作。包括准备游戏所需的道具、材料或场地等；制定详细的游戏规则和流程；以及对学生进行必要的培训和指导等。在游戏过程中，教师应积极参与和引导，确保游戏的顺利进行和学生的积极参与。同时，教师还应注重游戏的反馈和评价，及时给予学生肯定和鼓励，激发他们的学习兴趣和积极性。

第六章 基于活动观的初中英语课堂互动

　　基于活动观的初中英语课堂互动教学模式强调以学生为中心，通过设计丰富多样的课堂活动，引导学生在参与、体验、合作与交流中学习英语，从而实现语言知识与语言能力的同步提升。活动观认为，语言是在使用中习得的，只有通过真实的语言实践活动，学生才能真正掌握语言运用的规律，形成语言交际能力。在初中英语课堂中融入活动观，意味着教师要转变教学角色，从知识的传授者变为活动的组织者和引导者。教师需要精心设计各种贴近学生生活实际、符合学生认知水平的课堂活动，如角色扮演、小组讨论、情境对话等，让学生在轻松愉快的氛围中学习英语，感受语言的魅力。同时基于活动观的英语课堂互动也强调学生之间的合作与交流。通过小组合作、伙伴互助等形式，学生可以相互学习、取长补短，共同完成任务，从而培养团队合作精神和社交技能。这种互动式的学习方式不仅能够提高学生的语言运用能力，还能激发他们的思维活力，培养创新思维和解决问题的能力。基于活动观的初中英语课堂互动教学模式是一种以学生为中心、注重语言实践的新型教学模式，旨在通过丰富多样的课堂活动，激发学生的学习兴趣，提升他们的语言运用能力，为他们的全面发展奠定坚实的基础。

第一节　师生互动活动策略

　　师生互动是教学活动中最为生动、最为关键的环节，它不仅是知识传递的桥梁，更是情感交流、思维碰撞的火花源。在初中英语课堂中，师生互动活动策略的运用，对于激发学生的学习兴趣、提升教学效果具有不可估量的价值。师生互动并非简单的问答互动，而是一种基于平等、尊重与理解的深度交流。它要求教师放下传统的权威角色，以引导者、合作者的身份与学生共同参与学习活动，营造一种开放、包容的课堂氛围。在这样的环境中，学生不再是被动的接受者，而是成为学习的主体，积极参与、主动探索。为了实现有效的师生互动，需要精心设计活动策略。这些策略应既符合学生的认知规律，又能激发他们的学习兴趣。可能是通过小组合作讨论，让学生在交流中相互启发；可能是通过角色扮演，让学生在情境中体验语言；也可能是通过问题引导，激发学生的思考热情。无论哪种形式，都旨在通过活动促进师生之间的情感沟通，增强学生的参与感和成就感。师生互动活动策略是初中英语课堂教学中不可或缺的一部分，它不仅能够提升教学效果，还能增进师生之间的情感联系，为学生的全面发展创造有利条件。

一、师生互动的重要性

（一）促进师生情感交流

在教育这片沃土上，教师不仅是知识的传播者，更是学生心灵的引路人。而良好的师生互动，正是搭建起这座心灵桥梁的关键。在课堂上，教师以温和的目光、鼓励的话语，激发学生内心的热情与求知欲。当学生感受到教师的关怀与尊重时，他们更愿意敞开心扉，与教师分享自己的想法和感受。这种情感的交流，让课堂不再只是知识的传授场所，更成为师生情感共鸣的殿堂。

师生互动不仅体现在言语上，更体现在每一个细微的动作和眼神中。教师的一个微笑、一次点头，都能给予学生莫大的鼓励和支持。而学生的一次积极回答、一个会心的笑容，也能让教师感受到教学的成就感和满足感。通过这种情感的交流，师生之间的关系变得更加紧密和谐。学生不再畏惧教师，而是将其视为朋友和引路人。教师也能更好地理解学生，因材施教，让每一个学生都能在课堂上找到属于自己的舞台。师生互动促进师生情感交流，是教育过程中不可或缺的一环。它不仅能够增强学生的自信心和学习动力，还能够让教师更加热爱教育事业，投入更多的热情和精力。让我们珍惜每一次师生互动的机会，用心去感受彼此的情感，共同创造出一个充满爱与温暖的教育环境。在这样的环境中，学生将茁壮成长，教师也将收获满满的幸福与成就。

（二）引导学生积极参与课堂

一个活跃、互动的课堂氛围不仅能够激发学生的学习兴趣，还能促进他们的语言能力和思维能力的全面发展。为了引导学生积极参与课堂，教师需要采取多种策略，营造一种开放、包容的学习环境，让每个学生都能在其中找到自己的位置，勇敢地表达自己的想法。

教师要树立正确的教学观念，将学生视为课堂的主体，而不是被动的接受者。这意味着教师要从传统的"填鸭式"教学中走出来，转变为引导者和促进者的角色。在课堂上，教师应该更多地倾听学生的声音，鼓励他们提出问题、发表观点，而不是单向地传授知识。为了实现这一目标，教师可以设计一系列互动性强的教学活动。例如，可以通过小组讨论的形式，让学生就某个话题展开辩论或分享个人看法。这种活动不仅能够锻炼学生的口语表达能力，还能培养他们的团队协作精神和思辨性思维能力。在讨论过程中，教师要积极参与，适时提出引导性问题，帮助学生深入思考，拓展思路。

除了小组讨论，教师还可以利用角色扮演、情景模拟等教学方法，让学生在模拟的语境中运用英语进行交流。这样的活动不仅有趣味性，还能让学生在实践中掌握语言运用的技巧。在角色扮演中，教师可以根据学生的兴趣和能力分配角色，确保每个学生都有机会参与并发挥自己的长处。为了进一步激发学生的学习兴趣，教师还可以将课堂内容与学生的生活实际相结合。比如，在讲解购物对话时，可以设计一个模拟购物的场景，让学生在其中扮演顾客和售货员的角色。这样的活动不仅能让学生感受到英语的实用性，还能增强他们的学习动机。在引导学生积极参与课堂的过程中，教师的反馈和鼓励也是至关重要的。当学生勇敢地发表自己的观点或尝试用英语进行交流时，教师要给予及时的肯定和鼓励，让他们感受到自己的进步和成就。同时，对于学生在表达中出现的错误，教师要以宽容的态度对待，用委婉的方式指出并帮助他们改正。

此外，教师还可以利用多媒体技术丰富课堂内容，提高教学的趣味性和互动性。比如，通过展示相关的图片、视频或音频材料，引导学生进行讨论或创作。这样的活动不仅能够拓展学生的视野，还能激发他们的创造力和想象力。教师要树立正确的教学观念，设计互动性强的教学活动，将课堂内容与学生的生活实际相结合，给予及时的反馈和鼓励，并利用多媒体技术丰富课堂内容。通过这些策略的实施，可以营造一个活跃、互动的课堂氛围，激发学生的学习兴趣和积极性，促进他们的全面发展。

（三）提高教学效果与反馈效率

师生互动能够显著提高教学效果。在传统的英语课堂上，教师通常扮演着知识传授者的角色，而学生则是被动接受者。这种单向的教学模式通常导致课堂氛围沉闷，学生参与度低，教学效果不佳。然而，通过师生互动，教师可以将课堂转变为一个充满活力的学习场所。教师可以通过提问、讨论、小组合作等多种形式，引导学生积极参与课堂活动，激发他们的学习兴趣和思维活力。在互动过程中，学生能够更主动地思考和运用所学知识，从而加深理解和记忆，提高学习效果。

同时，师生互动还有助于提高反馈效率。在传统的教学模式中，教师通常难以及时了解学生的学习情况和问题，只能通过课后作业或考试来获取反馈。然而，这种方式通常具有滞后性，无法及时反映学生的学习动态。通过师生互动，教师可以在课堂上直接观察学生的表现，及时发现他们在学习过程中遇到的问题和困难。这种即时的反馈机制能够帮助教师迅速调整教学策略，针对学生的实际需求进行有针对性的辅导和指导，从而提高教学效果。为了实现高效的师生互动，教师需要掌握一定的技巧和方法。首先，教师要善于提问，通过提出具有启发性和引导性的问题，激发学生的思考和讨论。问题应该既不过于简单，也不过于复杂，能够让学生在思考的过程中得到成长。其次，教师要鼓励学生积极参与课堂讨论，尊重他们的观点和意见，营造一个开放、包容的课堂氛围。这样，学生才能敢于表达自己的想法，与教师和其他同学进行深入的交流和探讨。

此外，教师还可以利用现代技术手段提高师生互动的效率。例如，可以利用电子白板、在线教学平台等工具，展示教学内容，组织在线讨论和互动活动，使课堂更加生动有趣。同时，这些工具还能够记录学生的学习过程和成果，为教师提供更加丰富和准确的反馈信息。在师生互动过程中，教师还需要注重反馈的及时性和有效性。当学生回答问题或参与讨论时，教师应该给予及时的评价和反馈，肯定他们的优点和进步，指出他们的不足和改进方向。这种即时的反馈能够帮助学生及时纠正错误，加深理解和记忆，提高学习效果。初中英语师生互动对于提高教学效果与反馈效率具有重要意义，教师应该积极采用多种互动形式，鼓励学生积极参与课堂活动，同时注重反馈的及时性和有效性。通过这样的努力，我们可以打造一个高效、互动的课堂环境，促进学生的全面发展。

二、师生互动活动的设计原则

（一）平等性原则：建立平等的师生关系，鼓励学生表达

在教育的殿堂里，师生互动的平等性原则是构建和谐师生关系、激发学生表达欲望的基石。建立平等的师生关系，意味着教师与学生之间不再是传统的灌输与被灌输的关系，而是一种基于相互

尊重、相互理解的合作伙伴关系。

平等性原则要求教师在与学生互动时，要摒弃高高在上的姿态，以平等的身份与学生进行交流。教师应尊重学生的个性差异，倾听他们的声音，理解他们的想法，给予他们充分表达的机会。这种平等的氛围能够让学生感受到自己的主体地位被认可，从而更加自信地参与到课堂讨论中来。鼓励学生表达是平等性原则的重要体现。在课堂上，教师应积极创设开放、包容的学习环境，鼓励学生大胆提出自己的见解和疑问。无论学生的观点是否正确，教师都应给予正面的反馈和引导，肯定他们的思考努力，激发他们的思维活力。

平等的师生关系和鼓励学生表达的氛围相互促进，共同构成了良好的教学生态。当学生在课堂上感受到教师的尊重和鼓励时，他们会更加积极地参与到学习活动中来，勇于表达自己的观点和想法。这种参与和表达不仅能够促进学生的认知发展，还能够培养他们的自信心和表达能力，为他们的全面发展奠定坚实基础。因此，教师应时刻铭记师生互动的平等性原则，努力建立平等的师生关系，鼓励学生大胆表达。让课堂成为师生共同探索知识的乐园，让教育成为点亮学生心灵的明灯。

（二）针对性原则：根据教学内容与学生需求设计互动

在初中英语课堂教学中，师生互动活动的设计应遵循针对性原则，即根据教学内容与学生需求来精心策划互动环节，这一原则确保了教学活动既贴合课程要求，又能激发学生兴趣，提升学习效果。

教学内容是设计师生互动活动的核心依据。教师应深入分析教材，明确本节课的教学重点和难点，然后围绕这些关键点设计互动活动。例如，在讲解英语语法时，可以通过小组讨论、角色扮演等形式，让学生在实践中掌握语法规则，使抽象的知识点变得生动有趣。这样的互动不仅加深了学生对知识的理解，还培养了他们的语言运用能力。同时，学生需求也是设计互动活动不可忽视的因素。每个学生都有自己的学习特点和兴趣点，教师应充分了解学生的个体差异，设计多样化的互动活动以满足不同学生的需求。对于喜欢表达的学生，可以安排口语展示或辩论环节；对于擅长书写的学生，则可以设置写作比赛或书信交流活动。这样的个性化设计，能够充分激发学生的积极性，让他们在英语学习中找到属于自己的舞台。

遵循针对性原则设计师生互动活动，还要求教师具备灵活应变的能力。在教学过程中，教师应密切关注学生的反应，及时调整互动策略。如果发现某个互动环节效果不佳，或者学生参与度不高，就应立即调整活动方式，确保教学活动始终保持在高效、有趣的轨道上。根据教学内容与学生需求设计师生互动活动，是提升初中英语课堂教学效果的有效途径。这样的设计既确保了教学活动的针对性和实效性，又激发了学生的学习兴趣和积极性。教师应不断探索和实践，不断优化互动设计，为学生的英语学习创造更加丰富多彩、高效有趣的课堂环境。

（三）启发性原则：通过提问、引导等方式激发学生的思考

启发性原则是师生互动活动设计的灵魂，在师生互动活动中，教师应通过提问、引导等方式激发学生的思考，培养学生的思维能力与创新能力。启发性原则要求教师在设计活动时，注重问题的设计与引导的策略，使活动能够引导学生深入思考、主动探索。

提问是启发性原则在师生互动活动中的重要体现。教师可以通过提出具有启发性、引导性的问题，激发学生的好奇心与求知欲，引导学生主动寻找答案、解决问题。问题的设计应具有层次性与递进性，从简单到复杂、从表面到深层，逐步引导学生深入理解知识、拓展思维。同时，教师还应鼓励学生提出问题、质疑观点，培

养学生的思辨性思维与问题意识。除了提问之外，引导也是启发性原则在师生互动活动中的重要手段。教师可以通过引导语、提示语等方式，引导学生思考问题的方向、探索知识的路径。引导应注重学生的主体性与差异性，尊重学生的个性特点与思维方式，鼓励学生根据自己的理解与想象进行探索与创新。在引导过程中，教师还应注重反馈与评价，及时给予学生肯定与鼓励，增强学生的自信心与学习动力。

三、具体的师生互动活动策略

（一）课堂问答：教师提问，学生回答，促进知识理解

师生互动的问答环节是教学过程中不可或缺的一部分，这一环节不仅活跃了课堂氛围，更在教师的巧妙提问与学生的积极回答中，促进了学生对知识的深入理解和掌握。通过教师精心设计的提问与学生思考后的回答，一种动态、互动的学习模式得以形成，为英语教学注入了新的活力。

教师提问，是课堂问答环节的起点。一个好的问题，能够激发学生的好奇心，引导他们主动思考，探索未知。在初中英语教学中，教师的问题应该既贴近学生的生活实际，又与教材内容紧密相连。例如，在讲解现在进行时态时，教师可以提问："What are you doing now?"或者"What is he/she doing at the moment?"这样的问题既简单明了，又能引导学生用现在进行时态来回答，从而在实践中掌握这一语法点。学生回答，是课堂问答环节的核心。在教师的引导下，学生积极思考，用自己的语言来回答问题。这个过程不仅锻炼了学生的口语表达能力，更重要的是，通过思考和回答，学生加深了对知识的理解。例如，当教师问："How do you go to school?"学生可能会回答："I go to school by bike."或者"I take the bus to school."这样的回答不仅让学生复习了交通方式的表达，还在实际情境中运用了这些知识，使学习变得更加生动有趣。

　　教师提问与学生回答的互动过程中，教师的反馈至关重要。当学生回答正确时，教师应该给予及时的肯定和鼓励，增强学生的自信心和学习动力。当学生回答不完全正确或者出现错误时，教师也应该以耐心和包容的态度，指出错误之处，并引导学生纠正。这种及时的反馈机制，帮助学生及时发现问题，调整学习策略，从而提高学习效果。除了直接的问答互动，教师还可以设计一些更具挑战性的问题，引导学生进行深入的思考和讨论。例如，在讲解环保主题时，教师可以提问："What can we do to protect the environment?"这样的问题没有固定的答案，鼓励学生发挥想象力，提出自己的见解。在讨论过程中，学生不仅锻炼了英语思维能力，还增强了环保意识，实现了知识与价值观的双重提升。此外，课堂问答还可以结合小组合作、角色扮演等多种形式进行，使课堂更加丰富多彩。在小组合作中，学生可以相互讨论，共同回答问题，培养团队协作精神。在角色扮演中，学生可以通过模拟对话，实践英语交际技能，提高语言运用能力。初中英语师生互动课堂问答是一种有效的教学方式，通过教师的巧妙提问与学生的积极回答，促进了学生对知识的深入理解和掌握。教师应该充分利用这一环节，设计具有启发性和引导性的问题，鼓励学生积极思考，勇敢表达，使英语课堂变得更加生动、有趣、高效。

　　（二）即时反馈：教师对学生的表现给予及时、具体的反馈

　　在初中英语的课堂上，师生互动不仅仅是知识的传授与接收，更是一种情感的交流与共鸣。在这个过程中，教师对学生的表现给予及时、具体的反馈，是提升学生学习效果、增强学习动力的关键环节。即时反馈如同一盏明灯，照亮学生前行的道路，指引他们不断探索、不断进步。

　　即时反馈就是在学生完成某项任务或回答某个问题后，教师迅速作出反应，给予明确的评价和建议。这种反馈不同于课后的总结

或评价，它更加及时、直接，能够立即对学生的学习行为产生影响。在初中英语教学中，即时反馈尤为重要，因为英语是一门语言学科，需要学生在不断的实践中掌握和运用。教师给予的即时反馈应该是具体的，而不仅仅是简单的"对"或"错"。例如，当学生在课堂上用英语进行口语表达时，教师不应该只是简单地说："你说得很好。"而应该指出学生表达中的亮点，如："你的发音很准确，这个词用得非常恰当。"同时，对于需要改进的地方，教师也应该给出具体的建议，如："如果你能在句子之间加上一些连接词，你的表达会更加流畅。"这样的反馈既让学生感受到了自己的进步，又明确了下一步的努力方向。

即时反馈还应该是鼓励性的。初中英语学习对于许多学生来说是一个挑战，他们在学习过程中难免会遇到困难和挫折。教师的即时反馈应该充满鼓励和支持，让学生感受到自己的努力和进步是被看到的、被认可的。例如，当学生因为害怕犯错而不敢开口说英语时，教师可以鼓励他们："不要害怕犯错，犯错是学习的一部分。你敢于尝试，就已经很棒了!"这样的鼓励能够增强学生的自信心，激发他们的学习热情。此外，即时反馈还应该是个性化的。每个学生都有自己的学习特点和需求，教师的反馈应该根据学生的个体差异来定制。对于基础较弱的学生，教师可以给予更多的基础知识的巩固和练习的建议;对于表达能力较强的学生，教师可以引导他们进行更深层次的思考和探讨。个性化的即时反馈能够满足学生的不同需求，促进他们的全面发展。在实施即时反馈时，教师还应该注意反馈的方式和语气。反馈应该是建设性的，而不是批评性的;应该是温和的，而不是严厉的。教师应该用平和、友好的语气与学生交流，让学生感受到教师的关心和支持。初中英语师生互动中的即时反馈是提升学生学习效果、增强学习动力的关键。教师应该给予学生及时、具体、鼓励性和个性化的反馈，让学生在不断的实践中不断成长、不断进步。通过这样的即时反馈机制，我们可以打造一个更加积极、互动、高效的英语课堂，为学生的英语学习之路铺满阳光。

（三）共同探讨：师生就某一话题或问题进行深入探讨

共同探讨是师生互动中另一种重要的活动策略。在这一过程中，师生就某一话题或问题进行深入探讨，通过交流观点、分享经验、碰撞思想，达到相互启发、共同提高的目的。共同探讨的话题可以源于教材内容，也可以涉及社会热点、科技发展等学生感兴趣的领域。教师应提前准备相关资料，设计引导性问题，为探讨活动做好充分准备。在探讨过程中，教师应尊重学生的观点，鼓励他们大胆表达，即使观点不同，也应以开放的心态进行交流和讨论。通过共同探讨，学生能够拓宽视野，增强跨学科整合能力，培养团队合作和沟通能力。同时，教师也能够从学生的观点中获得启发，不断更新教学理念和方法。

在共同探讨中，师生就某一话题或问题进行深入探讨和交流。这种探讨活动不仅能够拓宽学生的视野，还能够培养他们的思辨性思维和创新能力。在探讨过程中，教师是引导者和促进者，应鼓励学生大胆表达观点、提出疑问、分享经验。同时，教师也应积极参与讨论，与学生共同探索问题的答案或解决方案。通过这种共同探讨的方式，师生之间能够建立平等、互信的关系，形成良好的学习氛围。共同探讨还能够促进学生的团队合作和沟通能力的发展。在探讨过程中，学生需要学会倾听他人的观点、尊重不同的意见、协商达成共识。这些能力对于他们的未来发展和社会适应具有重要意义。同时，教师也能够从学生的观点中获得启发和灵感，不断更新自己的教学理念和方法。这种教学相长的模式有助于形成师生互动的良性循环，促进教学质量的持续提升。

第二节　生生互动活动组织

初中英语课堂是培养学生英语语言能力的基础阶段，承担着奠定学生语言基础、激发学习兴趣、培养跨文化交际能力的重任。然而，传统的英语课堂教学模式通常以教师为中心，学生被动接受知识，缺乏足够的语言实践机会，这在一定程度上限制了学生语言能力的全面发展。为了改变这一现状，生生互动活动在初中英语课堂中逐渐受到重视。生生互动是一种以学生为主体的教学模式，它强调学生在课堂中的主体地位，鼓励学生通过小组合作、角色扮演、对话练习等多种形式进行语言实践，从而在实践中提高英语听说读写能力。生生互动活动不仅能够增加学生的语言输入和输出量，还能够在互动过程中锻炼学生的沟通能力、合作能力和解决问题的能力。如何有效组织初中英语课堂的生生互动活动，成为英语教师面临的重要课题。教师需要精心设计活动内容，合理安排活动形式，确保每个学生都能积极参与到互动中来，充分发挥他们的主体作用，同时教师还需要在互动过程中给予及时的指导和反馈，帮助学生纠正错误，提高语言运用的准确性。相信通过师生的共同努力，生生互动活动将在初中英语课堂中发挥更大的作用，为学生的英语学习之路铺就坚实的基石。

一、生生互动的意义

（一）增强学生的合作意识与团队精神

在初中英语课堂教学中，生生互动不仅是一种有效的教学方式，更是增强学生合作意识与团队精神的重要途径。通过生生互动活动，学生们得以在轻松愉快的氛围中，共同完成任务，共同面对挑战，从而深刻体会到合作的力量和团队的价值。

在生生互动的过程中，学生们被分成小组，共同讨论问题、完成任务。在这个过程中，每个学生都有机会发表自己的观点，也需要倾听和理解他人的意见。这种相互尊重、平等交流的氛围，有助于培养学生的沟通能力和协作精神。同时，为了小组的共同目标，学生们需要相互支持、相互配合，这种紧密的合作过程，使得他们的团队意识得到增强。生生互动活动还要求学生们在团队中扮演不同的角色，承担不同的责任。这种角色分工不仅让学生们了解到团队中每个成员的重要性，也让他们学会如何在团队中发挥自己的优势，为团队的成功贡献力量。通过这种实践，学生们逐渐明白，一个人的力量是有限的，只有团队的力量才是无穷的。生生互动活动中的小组竞赛等形式，也进一步激发了学生的团队精神。在竞赛中，学生们为了小组的荣誉而战，他们的心紧紧相连，共同为胜利而努力。这种共同的奋斗过程，不仅增强了学生的集体荣誉感，也让他们更加深刻地体会到团队的力量和合作的重要性。初中英语课堂的生生互动活动，是增强学生合作意识与团队精神的有效途径。它让学生们在实践中学会合作、学会团结，为他们的未来成长奠定了坚实的基础。

（二）提高学生的语言交际能力与社交技能

生生互动不仅能够极大地提升学生的语言交际能力，还能在潜移默化中锻炼他们的社交技能。生生互动，即学生与学生之间的互动交流，为英语学习营造了一个真实、自然的语言环境，使学生在轻松愉快的氛围中掌握英语，同时学会如何与人相处、合作与沟通。

语言交际能力是英语学习的核心目标之一。在传统的英语课堂上，学生通常更多的是听教师讲解，然后完成书面练习，这种单向的知识传授模式虽然有助于语法和词汇的学习，但在实际语言运用方面却显得力不从心。而生生互动则为学生提供了大量实践英语的机会。在小组讨论、角色扮演、伙伴对话等活动中，学生需要用英语来表达自己的观点，倾听他人的意见，这种双向或多向的交流方式极大地锻炼了他们的口语表达能力和听力理解能力。在生生互动中，学生不再是被动的知识接受者，而是成为积极的语言使用者。

他们需要在交流中不断尝试、修正自己的语言，这种即时的反馈机制有助于他们更快地掌握语言的运用规则，提高语言的准确性。同时，生生互动还能激发学生的创造力和想象力，使他们在交流中产生新的想法，用更丰富的语言来表达自己的思想。

除了语言交际能力的提升，生生互动还对学生的社交技能有着深远的影响。在互动过程中，学生需要学会如何与他人合作，如何尊重他人的观点，如何妥协和协商，这些都是社交中必不可少的技能。例如，在小组合作完成一个项目时，学生需要分配任务、协调时间、共享资源，这个过程中他们学会了团队合作和领导力；在伙伴对话中，学生需要倾听对方的讲述，给予积极的回应，这锻炼了他们的同理心和沟通能力。生生互动还能增强学生的自信心和自我效能感。当学生在互动中成功地用英语表达自己的想法，得到同伴的认可和鼓励时，他们会感到自己的努力是有价值的，这种正面的情感体验会激励他们更加积极地参与到英语学习中来。同时，通过与不同背景、不同性格的同学交流，学生还能拓宽自己的视野，学会欣赏和接纳不同的文化和观念，这对于培养他们的国际视野和跨文化交际能力也是大有裨益的。为了实现生生互动的最大化效益，教师需要精心设计互动活动，确保每个学生都有机会参与到交流中来。同时，教师还需要营造一个开放、包容的课堂氛围，鼓励学生勇于尝试、不怕犯错，让他们在错误中学习、在交流中成长。初中英语生生互动是一种极为有效的教学方式，它不仅能够提升学生的语言交际能力，还能锻炼他们的社交技能。教师应该充分利用这一教学方式，为学生创造一个充满活力、互动合作的英语学习环境，让他们在学习中成长、在交流中进步。

（三）激发学生的思维碰撞与创意火花

在英语课堂上，教师可以通过组织小组讨论、角色扮演、辩论赛等活动，为学生们搭建起生生互动的平台。在这些活动中，学生们需要用英语来表达自己的观点，倾听并回应他人的意见，这种交流过程本身就是一种思维的碰撞。不同的观点、不同的思路在交流中交汇，激发了学生们的思考，使他们的思维更加活跃、更加开放。例如，在小组讨论中，学生们围绕一个主题展开探讨，每个人都可以发表自己的见解，提出独特的观点。这种多元化的思维交汇，不仅让学生们对问题有了更深入的理解，还激发了他们的创意。有时候，一个学生的奇思妙想可能会启发另一个学生，产生出更多新颖的观点和想法。这种思维的碰撞与创意的火花，正是生生互动所带来的宝贵财富。

角色扮演也是激发学生思维碰撞与创意火花的有效方式。在角色扮演中，学生们需要扮演不同的角色，用英语进行对话和交流。这个过程不仅锻炼了他们的口语表达能力，还让他们在扮演角色的过程中，深入思考角色的性格、行为和心理，从而激发出更多的创意和灵感。辩论赛则是另一种能够激发学生思维碰撞的活动。在辩论赛中，学生们需要围绕一个辩题展开激烈的辩论，用英语来表达自己的观点，反驳对方的论点。这种辩论过程不仅锻炼了学生们的逻辑思维能力和口语表达能力，还让他们在辩论中不断碰撞思维，激发出更多的创意和想法。生生互动不仅能够激发学生的思维碰撞与创意火花，还能够培养他们的团队合作精神和沟通能力。在互动过程中，学生们需要学会如何与他人合作，如何倾听他人的意见，如何表达自己的观点。这些技能对于他们的未来发展和成长都是至关重要的。初中英语生生互动是一种能够激发学生思维碰撞与创意火花的有效教学方式。教师应该充分利用这一教学方式，为学生们提供更多的互动机会和平台，让他们在交流中成长、在碰撞中创新。相信在生生互动的熏陶下，学生们的英语水平和思维能力一定会得到全面的提升和发展。

二、生生互动活动的组织方式

（一）分组讨论：将学生分成小组，就特定话题进行讨论

生生互动分组讨论将学生分成若干小组，围绕特定的话题或主

题展开深入讨论，不仅能够有效提升学生的英语口语表达能力和思维活跃度，还能在合作与交流中培养他们的团队协作精神和社交技能。分组讨论的前提是话题的选择要具有吸引力和挑战性。教师应根据学生的兴趣、教材内容和教学目标，精心挑选那些能够引发学生思考、激发他们表达欲望的话题。这些话题可以是与日常生活紧密相关的，如"如何保持健康的生活方式""你最喜欢的节日及原因"；也可以是具有一定深度和思考性的，如"科技对人们生活的影响""环境保护的重要性"。这样的话题既能够让学生有话可说，又能够在讨论中拓展他们的视野和思维。

在分组时，教师应充分考虑学生的英语水平、性格特点、学习习惯等因素，力求使每个小组的成员都能够互补优势、相互促进。英语水平较高的学生可以在讨论中起到引领和带动的作用，而相对较弱的学生则可以在倾听和模仿中逐渐提高自己的口语表达能力。性格开朗、善于表达的学生可以活跃讨论氛围，而性格内向、不善言辞的学生则可以在小组内相对宽松的环境中逐渐克服胆怯，勇于发言。讨论过程中，教师应给予学生充分的自由和空间，让他们能够畅所欲言、各抒己见。同时，教师也要适时地介入和引导，确保讨论能够围绕话题深入进行，避免偏离主题或陷入无谓的争执。教师还可以鼓励学生用英语提出自己的观点，并用证据或理由来支持自己的观点，同时学会倾听和尊重他人的意见，培养思辨性思维和同理心。分组讨论的价值不仅仅体现在语言技能的提升上，更在于它对学生综合素质的全面发展有着深远的影响。在讨论中，学生需要学会如何与他人合作，如何协调不同意见，如何达成共识。这些过程都是对团队协作精神和社交技能的极好锻炼。此外，讨论还能够激发学生的创造力和想象力，让他们在交流中产生新的想法和观点，培养创新思维和问题解决能力。

为了进一步提高分组讨论的效果，教师还可以采用一些辅助手段，如提供相关的背景资料、展示相关的图片或视频、设计一些引导性的问题等。这些手段能够帮助学生更好地理解话题，拓宽他们的思路，使讨论更加深入和有趣。初中英语生生互动分组讨论是一种极富成效的教学方法，它不仅能够提升学生的英语口语表达能力和思维活跃度，还能在合作与交流中培养他们的团队协作精神和社交技能。教师应该充分利用这一教学方法，为学生创造更多的讨论机会和平台，让他们在交流中成长、在讨论中进步。

（二）伙伴互助：学生两两配对，相互帮助，共同进步

生生互动中的伙伴互助这种教学模式将学生两两配对，让他们在学习过程中相互帮助，共同进步，不仅提升了英语学习效率，还培养了学生们之间的友谊和合作精神。伙伴互助的核心在于"互助"二字。在英语学习这条漫长而曲折的道路上，每个学生都会遇到自己的难题和瓶颈。有的学生可能在语法理解上感到困惑，有的学生则在口语表达上缺乏自信。而当学生们两两配对，成为学习伙伴时，他们就可以相互扶持，共同面对这些挑战。英语水平较高的学生可以帮助伙伴解决难题，分享学习方法和技巧；而相对较弱的学生则可以在伙伴的帮助下，逐步克服自己的弱点，提高英语水平。

在伙伴互助的过程中，学生们不仅收获了知识，更学会了如何与他人合作。他们学会了倾听，懂得了尊重他人的意见和想法。当伙伴提出一个问题或观点时，另一方会认真倾听，给予积极的反馈和建议。这种相互尊重和理解的态度，是建立良好合作关系的基础。同时，学生们还学会了如何协调不同意见，寻求共识。在讨论和交流中，他们可能会遇到意见不合的情况，但正是通过这些分歧和讨论，他们学会了如何以开放的心态去接纳不同的观点，如何以理性的方式去表达自己的看法。伙伴互助还极大地激发了学生们的学习兴趣和积极性。当学生们知道自己的学习成果会直接影响到伙伴的进步时，他们会更加努力地投入到学习中去。他们不再是为了应付考试而学习，而是为了帮助伙伴、为了共同的进步而努力。这

种内在的学习动力，比任何外在的奖励和惩罚都要来得更加持久和有效。

此外，伙伴互助还为学生们提供了一个展示自己、锻炼自己的平台。在帮助伙伴的过程中，学生们需要用自己的语言去解释知识点，用自己的方式去阐述观点。这种过程不仅锻炼了他们的口语表达能力和思维逻辑能力，还增强了他们的自信心和自我效能感。当他们看到自己的努力能够真正帮助到伙伴时，那种成就感和满足感是无法用言语来表达的。当然，教师在伙伴互助的过程中也扮演着至关重要的角色。教师需要密切关注每对伙伴的学习情况，及时给予指导和帮助。当学生们遇到困难或分歧时，教师需要引导他们以正确的方式去解决问题；当学生们取得进步或成果时，教师需要给予肯定和鼓励，激发他们更大的学习热情。生生互动中的伙伴互助模式让学生们在学习过程中相互帮助、共同进步，不仅提升了英语学习效率，还培养了他们的合作精神、沟通能力和自信心。教师应该充分利用这一教学模式，为学生们创造更多的互助机会和平台，让他们在英语的海洋中携手前行、共同成长。

（三）小组竞赛：组织小组间的竞赛活动，激发学习动力

通过组织小组间的竞赛活动，不仅能够有效激发学生的学习热情，还能在竞争中培养他们的团队合作精神、竞争意识和集体荣誉感，使英语学习变得更加生动有趣。小组竞赛的核心在于"竞争"与"合作"的完美结合。在竞赛中，学生们以小组为单位，为了共同的荣誉和目标而努力拼搏。这种团队协作的模式，让学生们深刻体会到"众人拾柴火焰高"的道理，明白了个人的力量是有限的，只有团结一心，才能战胜对手，取得胜利。同时，竞赛也激发了学生们的竞争意识，让他们在学习上更加积极主动，不甘落后。

在初中英语的小组竞赛中，教师可以根据教学内容和目标，设计多种形式的竞赛活动。比如，可以进行词汇接龙比赛，看哪个小组能在规定时间内说出更多的相关词汇；或者进行情景对话表演，

评选出表现最自然、语言最流畅的小组；还可以进行阅读理解抢答赛，考验学生们的阅读速度和理解能力。这些竞赛活动既有趣味性，又有挑战性，能够充分激发学生的学习兴趣和参与度。小组竞赛不仅考验了学生们的英语知识水平，更锻炼了他们的应变能力和团队协作能力。在竞赛过程中，小组成员需要密切配合，分工明确，才能发挥出最大的战斗力。有的学生负责查找资料，有的学生负责整理思路，有的学生负责发言表达。这种分工合作的模式，让学生们在实践中学会了如何与他人有效沟通、如何协调不同意见、如何共同解决问题。

更重要的是，小组竞赛激发了学生们的学习动力。在竞赛中，学生们为了小组的荣誉而战，他们的学习热情被彻底点燃。那些平时对英语不太感兴趣的学生，也在小组的带动下，积极投入到学习中去。他们明白，自己的表现直接影响到小组的成绩和荣誉，因此不敢有丝毫的懈怠。这种内在的学习动力，比任何外在的鞭策和督促都要来得更加有效和持久。此外，小组竞赛还增强了学生们的集体荣誉感和归属感。当小组在竞赛中取得好成绩时，成员们会共同分享这份喜悦和荣耀。他们为小组的成功而自豪，为自己的努力而欣慰。这种集体荣誉感和归属感，让学生们更加珍惜小组间的友谊和合作，也让他们更加热爱英语学习。生生互动小组竞赛通过组织小组间的竞赛活动，激发了学生的学习动力，培养了他们的团队合作精神、竞争意识和集体荣誉感。教师应该充分利用这一教学方法，为学生们创造更多的竞赛机会和平台，让他们在竞争中成长、在合作中进步。

三、具体的生生互动活动设计

（一）观点交流：学生就某一话题发表自己的观点

当教师提出一个贴近学生生活、富有启发性的话题时，教室里的氛围瞬间变得活跃起来。学生们纷纷跃跃欲试，想要就这个话题发表自己的观点。这种话题可以是关于日常生活的，比如"网络对我们的生活带来了哪些影响?";也可以是具有社会意义的,如"我们应该如何保护环境?";或者是关于个人成长的,像"坚持梦想的重要性"。这些话题既贴近学生的实际,又能激发他们的思考。

在观点交流的过程中,每个学生都有机会成为课堂的"小老师"。他们用自己的语言,结合自身的经历和感受,阐述对话题的看法。有的学生可能从正面论述,列举网络带来的便利和信息获取的快捷;有的学生则可能从反面指出,网络过度使用对身心健康和人际交往的负面影响。关于环境保护,有的学生会强调个人的责任,提倡节约用水、用电,减少塑料使用;而有的学生则会从政府层面出发,讨论政策制定和执行的重要性。这种生生之间的互动,不仅锻炼了学生的口语表达能力,更重要的是培养了他们的思辨性思维和独立思考的能力。在听取其他同学的观点时,学生们需要学会辨别信息的真伪,判断观点的合理性与可行性。同时,他们也要学会尊重不同的意见,理解每个人都有自己的立场和视角。这种开放和包容的态度,是现代社会中极为重要的素养。

观点交流还促进了学生之间的情感交流和友谊的建立。在分享观点的过程中,学生们会更加了解彼此,发现彼此之间的共同点和不同点。这种相互了解和尊重,为建立深厚的友谊打下了坚实的基础。有时候,一个学生的观点可能会触动另一个学生的心弦。这种心灵的共鸣,让学生们在学习的道路上不再孤单,相互鼓励、共同进步。对于教师而言,生生互动的观点交流也是一次极好的教学机会。通过观察学生们的交流和讨论,教师可以更加深入地了解他们的思想动态和学习需求,从而调整教学策略,更好地满足学生的个性化需求。同时,教师还可以在学生的交流中发现亮点和不足,及时给予指导和帮助,提升学生的英语水平和综合素质。

(二) 合作创作:学生小组合作完成一项创作任务

通过小组合作完成一项创作任务,学生们不仅能够在实践中锻炼英语语言能力,还能在合作中学会团队协作、激发创新思维,共同探索知识的无限可能。当教师提出一项富有创意的创作任务时，教室里顿时充满了期待和兴奋。这项任务可以是制作一个英语短剧、编撰一份英文小报、创作一首英文诗歌，或者是设计一张英文海报。这些任务既贴近学生的生活实际，又能够充分发挥他们的想象力和创造力。

学生们被分成若干小组，每个小组都由不同英语水平、性格特点和兴趣爱好的学生组成。这样的分组方式确保了小组内部成员的多样性，为合作创作提供了丰富的思路和灵感。在小组中，每个学生都有机会发挥自己的长处，为团队的创作贡献自己的力量。合作创作的过程中，学生们首先需要共同确定创作的主题和方向。他们用英语进行讨论，交流彼此的想法和意见，最终达成一致。这个过程中，学生们不仅锻炼了英语口语表达能力，还学会了如何与他人有效沟通、协调不同意见。接着，小组成员开始分工合作，各自负责创作的不同部分。有的学生负责撰写剧本或文章，用英语编织出一个个生动有趣的故事；有的学生负责设计版面或绘制插图，用色彩和线条展现出创作的视觉魅力；还有的学生负责搜集资料和编辑内容，确保创作的准确性和完整性。在这个过程中，学生们相互学习、相互帮助，共同克服了创作中遇到的困难和挑战。

合作创作不仅让学生们在实践中锻炼了英语语言能力，更重要的是培养了他们的团队协作精神和创新意识。在小组中，每个学生都明白自己的责任和义务，他们相互支持、相互鼓励，共同为团队的创作目标而努力。这种团队协作的精神，让学生们在合作中学会了如何与他人相处、如何共同解决问题。同时，合作创作也激发了学生的创新思维。在创作的过程中，学生们需要不断尝试新的想法和方法，突破传统的思维框架。他们用英语去表达自己的想法，用创作去展现自己的才华。这种创新的思维和实践的能力，将对学生未来的学习和生活产生深远的影响。当小组的合作创作完成后，学生们会满怀成就感地展示自己的作品。他们用英语介绍创作的灵感来源、创作过程和最终成果，让其他同学和老师共同分享他们的喜悦和收获。这种展示和交流的方式，不仅增强了学生的自信心和表达能力，还让他们在实践中感受到了英语学习的乐趣和魅力。

（三）互评互改：学生相互评价作业或作品

互评互改是初中英语课堂生生互动活动中的另一种重要形式。在这种活动中，学生相互评价对方的作业或作品，提出改进意见和建议。这种活动不仅能够提高学生的评价能力和审美水平，还能够培养他们的思辨性思维和责任意识。

在互评互改活动中，教师需要先明确评价的标准和要求，让学生了解如何对作业或作品进行评价。评价标准可以包括语言运用的准确性、流畅性、逻辑性等方面，也可以根据具体的作业或作品类型进行定制。然后，学生被分成若干小组，每组负责评价其他小组的作业或作品。在评价过程中，学生需要认真阅读或观看被评价的作业或作品，根据自己的理解和评价标准，提出具体的评价意见和建议。被评价的学生需要认真倾听并接受其他同学的评价和建议，对作业或作品进行必要的修改和完善。通过互评互改活动，学生不仅能够了解自己的优点和不足，还能够学习其他同学的长处和经验，从而提高自己的作业或作品质量。同时，评价者也能够通过评价他人的作业或作品，锻炼自己的评价能力和审美水平，培养自己的思辨性思维和责任意识。

为了进一步丰富和完善初中英语课堂生生互动活动设计，教师还可以将观点交流、合作创作和互评互改等活动进行有机结合，形成一系列连贯的教学活动。例如，在教授一个单元的内容时，教师可以先组织学生进行观点交流活动，讨论与单元主题相关的话题，激发学生的学习兴趣和思考；然后，教师可以引导学生以小组为单位进行合作创作活动，根据讨论的话题或单元的主题创作一件作品；最后，教师可以组织学生进行互评互改活动，对创作的作品进行评价和修改，提高学生的评价能力和作品质量。

第三节　小组合作互动模式

小组合作互动模式强调以学生为主体，通过小组合作的形式，促进学生在互动交流中学习英语知识，提升语言运用能力。在这一模式下，学生不再是被动的接受者，而是积极的参与者，他们需要在小组内与其他同学共同探讨问题、分享观点、合作完成任务。这种教学方式不仅能够激发学生的学习兴趣和积极性，还能够培养他们的团队合作精神、沟通能力和思辨性思维。初中英语课堂小组合作互动模式的实施，对于提高学生的英语综合素养具有重要意义。在小组合作中，学生能够相互学习、相互帮助，共同克服学习中的困难。同时，通过小组讨论、角色扮演、合作创作等多种形式的互动活动，学生能够在实践中锻炼自己的口语表达、听力理解、阅读理解和写作能力，全面提升英语语言的综合运用能力。小组合作互动模式还能够促进学生的社会化发展，帮助他们学会如何在团队中发挥自己的优势，如何与他人协作共同完成任务，这对于学生未来的社会生活和职业生涯都具有重要的意义。

一、小组合作互动的优势

（一）充分发挥每个学生的优势与特长

在初中英语课堂中，小组合作是一种极具效力的教学方式，它不仅能够促进学生之间的交流与合作，还能够充分发挥每个学生的优势与特长。每个学生都是独一无二的个体，他们有着不同的学习风格、兴趣爱好以及擅长的领域。在小组合作中，这些差异成为宝贵的资源，为团队带来了多样性和活力。

在小组合作过程中，教师可以根据每个学生的特点进行合理分工。擅长语言表达的学生可以负责小组的口语展示或汇报工作，他们流利的口语和自信的表达能够为小组赢得更多的关注和认可。而擅长写作的学生则可以负责撰写小组的报告或总结，他们严谨的逻辑和精彩的文笔能够为小组的成果增添光彩。此外，对于那些对英语学习充满热情、但可能在传统课堂中难以充分展现自己的学生，小组合作也提供了广阔的舞台。他们可以在小组内发挥自己的特长，如制作英语小报、设计英语游戏等，为小组的学习增添乐趣。通过小组合作，学生不仅能够在自己擅长的领域得到锻炼和提升，还能够在与他人的合作中学习到新的知识和技能。他们学会了如何倾听他人的意见、如何协调不同的观点、如何共同解决问题。这些经历不仅对学生的英语学习有着积极的促进作用，还对他们的个人成长和未来发展有着深远的影响。因此，在初中英语课堂中，教师应该充分利用小组合作的优势，鼓励学生发挥自己的特长，相互学习、相互帮助。通过这样的教学方式，每个学生都能够在英语学习中找到属于自己的位置和价值，共同创造出更加丰富多彩的学习成果。

（二）培养学生的领导力与责任感

在初中英语课堂中，小组合作不仅是一种学习方式的创新，更是培养学生领导力与责任感的宝贵平台。在小组合作的过程中，每个学生都有机会扮演不同的角色，承担起相应的责任，从而在实践中锻炼和提升自己的领导力和责任感。

在小组中，学生可以轮流担任组长，负责协调组内成员的工作，确保任务的顺利进行。这一过程中，组长需要学会如何分配任务、如何激励团队成员、如何解决冲突，这些都是领导力的重要体现。通过担任组长，学生学会了如何带领团队朝着共同的目标努力，同时也深刻体会到了领导者的责任与担当。同时，小组内的每个成员也都有自己的职责和任务。无论是负责搜集资料、整理信息，还是参与讨论、提出观点，每个学生都需要认真对待自己的工作，为小组的贡献尽一份力。这种对团队任务的责任感和使命感，让学生更加明白个人与集体的关系，懂得了自己的行动会影响到整个团队的结果。通过小组合作，学生学会了相互信任、相互支持，也学会了如何对自己的行为负责、对团队的结果负责。这种责任感和领导力的培养，不仅对学生的英语学习有着积极的促进作用，更对他们的个人成长和未来的社会生活有着深远的影响。因此，在初中英语课堂中，教师应该充分利用小组合作的机会，鼓励学生积极参与、勇于担当，让他们在合作中学会领导、学会负责，为未来的成长和发展打下坚实的基础。

（三）提高任务完成的效率与质量

小组合作将学生们组织成一个个小团队，每个成员都发挥自己的长处，共同为完成学习任务而努力。在小组合作中，任务被细分为若干个小部分，每个成员负责其中的一部分。这种分工合作的方式，使得任务能够同时进行，大大缩短了完成时间。而且，由于每个成员都专注于自己擅长的部分，因此能够更高效地完成任务，提高了整体的工作效率。

小组合作促进了学生之间的交流与互助。在遇到难题时，成员们可以相互讨论，共同寻找解决方案。这种集思广益的方式，不仅拓宽了学生的思路，还使得问题能够得到更全面、更深入的解决，从而提高了任务完成的质量。此外，小组合作还培养了学生的责任感和团队意识。在小组中，每个学生的工作都直接关系到整个团队的成果。因此，学生们会更加认真地对待自己的任务，努力为团队做出贡献。这种责任感和团队意识，进一步保证了任务的高效高质量完成。初中英语课堂中的小组合作模式，通过分工合作、交流与互助以及培养责任感和团队意识等方式，显著提高了任务完成的效率与质量。这种教学模式不仅有助于提升学生的英语学习效果，还能培养他们的团队协作能力和解决问题的能力，为他们的全面发展奠定坚实的基础。因此，教师应该积极推广小组合作模式，让更多的学生在合作中学习、在合作中成长。

二、小组合作互动模式的构建要素

（一）明确小组目标与任务分工

在小组合作开始之前，教师首先要引导各小组明确共同的学习目标。这个目标应当具体、可衡量，并且与英语课程内容紧密相关。例如，可能是完成一篇英语短文的写作，或者是准备一个英语对话表演。明确的目标能够让小组成员有清晰的方向，知道他们需要共同努力达到什么成果。

目标确定之后，接下来就是任务分工。教师应根据每个学生的特长和能力，指导小组内进行合理的任务分配。擅长写作的学生可以负责文章的构思和撰写，口语表达能力强的学生则可以负责对话的练习和表演。同时，还要有学生负责资料的搜集和整理，确保小组工作有条不紊地进行。明确的任务分工不仅能让每个学生都发挥自己的长处，还能增强他们的责任感和参与感。每个学生都知道自己在小组中的角色和任务，就会更加积极地投入到学习中去。而且，在合作过程中，学生们还能相互学习、相互帮助，共同提升英语能力。因此，在初中英语课堂中，小组合作时明确小组目标与任务分工至关重要。它不仅能够提高小组合作的效率和质量，还能培养学生的团队协作能力和责任感。教师应该注重这一环节的实施，确保每个小组都能有序、高效地进行合作学习，让学生在合作中不断成长和进步。

（二）建立小组规范与合作机制

在初中英语课堂中，小组合作不仅是一种学习方式，更是一种培养学生团队协作能力的有效途径。为了确保小组合作的顺利进行，建立明确的小组规范与合作机制显得尤为重要。

小组规范是小组合作的基础，它规定了小组成员在合作过程中应遵循的行为准则。比如，每个成员都要积极参与讨论，尊重他人的观点，不打断别人的发言；任务分配要公平合理，每个人都要承担自己的责任；还要保持小组内的和谐氛围，相互支持，共同进步。这些规范的建立，有助于维护小组的秩序，促进成员之间的良好沟通。合作机制则是小组合作的保障，它确保了小组能够高效、有序地运作。在小组合作开始之前，成员们可以一起商定合作的具体流程，比如如何分工、如何汇报成果、如何解决分歧等。同时，还可以设立一些角色，如小组长、记录员等，来负责协调小组内的各项工作。这些机制的建立，使得小组合作更加有条不紊，提高了合作的效率。通过建立小组规范与合作机制，初中英语课堂中的小组合作变得更加有序、高效。学生们在合作过程中学会了相互尊重、相互理解，也学会了如何与他人有效沟通、协作解决问题。这些经验不仅对他们的英语学习有着积极的促进作用，还对他们的个人成长和未来的社会生活有着深远的影响。因此，教师应该注重小组规范与合作机制的建立，为学生的小组合作学习提供有力的支持。

（三）提供必要的支持与指导

在小组合作过程中，学生难免会遇到各种困难和挑战，这时教师的支持和指导就显得尤为重要。教师需要密切关注小组的合作进程，及时发现并解决可能出现的问题。例如，当小组内成员出现分歧时，教师可以引导他们通过讨论和协商来寻找解决方案；当小组遇到困难无法继续前进时，教师可以提供必要的提示和建议，帮助他们攻克难关。此外，教师还需要为学生提供必要的资源和材料，以支持他们的合作学习。这些资源和材料可以包括英语学习资料、合作工具（如小白板、马克笔等），以及必要的技术支持（如多媒体设备、网络资源等）。

在提供支持与指导的过程中，教师还需要注重培养学生的自主学习能力和思辨性思维。自主学习能力是小组合作互动模式的重要目标之一，它要求学生能够主动探索知识、独立思考问题，并在合作中发挥自己的作用。教师可以通过设定具有挑战性的任务、鼓励学生提出自己的观点和解决方案等方式来培养学生的自主学习能力。思辨性思维则是指学生能够对所学知识进行深入思考和分析，形成自己的见解和判断。教师可以通过引导学生对英语学习材料进行思辨性阅读、组织小组讨论和辩论等活动来培养学生的思辨性思维。为了更好地提供支持与指导，教师还需要不断提升自己的专业素养和教学能力。教师需要深入了解英语学科的特点和教学规律，掌握先进的教学理念和方法，以便更好地指导学生进行合作学习。同时，教师还需要具备良好的沟通能力和组织协调能力，以便有效地协调小组内成员的关系，解决合作过程中可能出现的问题。此外，教师还需要关注学生的学习需求和兴趣点，以便为他们提供个性化的支持和指导。

三、具体的小组合作互动模式设计

（一）项目式学习：小组共同完成一个项目

项目式学习是一种以学生为中心，通过完成一个具体项目来促进学习的教学方法。在初中英语课堂中，教师可以设计一个与英语学科相关的项目，让小组共同完成。项目的选择应紧密结合英语教学内容，同时考虑学生的兴趣和生活实际。例如，教师可以设计一个"制作英语旅游手册"的项目，要求小组选择一个国内或国外的旅游城市，搜集相关信息，并用英语编写一本旅游手册。

在项目开始阶段，教师需要明确项目的目标、要求和评价标准，确保每个小组都清楚自己的任务。随后，小组内进行分工，根据学生的特长和兴趣，分配如资料搜集、内容编写、图片设计、排版校对等具体任务。这一过程中，学生需要相互协作，共同解决问题，如如何用英语准确描述旅游景点、如何选择合适的图片来配合文字等。在项目执行过程中，教师应提供必要的支持和指导。例如，教师可以提供一些英语学习资源，如旅游词汇表、英语写作技巧指南等，帮助学生更好地完成项目。同时，教师应定期检查小组的进度，给予反馈和建议，确保项目按计划顺利进行。此外，教师还可以鼓励学生利用课外时间进行项目相关的学习和讨论，增强学习的自主性和延续性。项目完成后，每个小组需要在课堂上进行展示和分享。展示形式可以多样，如 PPT 演示、实物展示、视频介绍等。展示过程中，小组内成员可以轮流上台发言，介绍旅游手册的内容、制作过程和心得体会。其他小组和教师可以提问和给予评价，促进课堂互动和交流。通过项目式学习，学生不仅能够在实践中提升英语运用能力，还能培养团队协作、信息搜集、问题解决等多方面的能力。

（二）主题研究：小组选择感兴趣的主题进行深入研究

通过小组选择感兴趣的主题进行深入研究，学生们不仅能够在实践中深化对英语语言的理解和运用，还能激发探索未知的热情，培养独立思考和团队协作的能力。当教师提出主题研究的任务时，教室里瞬间沸腾起来。学生们纷纷议论，眼中闪烁着对未知世界的好奇与渴望。教师给出了多个富有启发性的主题供学生选择，如"环保与可持续发展""科技改变生活""世界文化多样性"以及"青少年心理健康"等。这些主题既贴近现实生活，又涵盖了社会、科技、文化、心理等多个领域，满足了学生们不同的兴趣和需求。

学生们根据自己的兴趣和特长，自愿结成小组，每个小组选择了一个感兴趣的主题进行深入研究。在这个过程中，学生们不再是被动接受知识的容器，而是成为主动探索知识的探险家。他们利用课余时间，通过查阅英文资料、观看相关视频、进行实地调研等多种方式，收集并整理了大量有价值的信息。在小组内部，学生们分工明确，各司其职。有的学生负责搜集资料，他们学会了如何高效地利用网络资源，筛选出有用的信息；有的学生负责撰写研究报告，他们用英语将研究成果条理清晰地呈现出来；还有的学生负责制作展示材料，如 PPT、海报等，以便在班级中进行成果展示。在这个过程中，学生们不仅锻炼了英语听说读写各方面的能力，还学会了如何与他人合作，共同完成任务。

主题研究的过程也是学生们思维碰撞、灵感迸发的过程。在小组讨论中，学生们就各自找到的信息进行交流，分享彼此的观点和看法。有时，他们会因为某个问题而争论得面红耳赤，但正是这种争论和讨论，让他们的思维更加活跃，对问题的理解更加深刻。通过深入研究，学生们对所选主题有了更加全面和深入的了解。他们不仅学到了很多与主题相关的英语知识，还拓宽了视野，增强了跨文化交流的能力。例如，在研究"世界文化多样性"这一主题时，学生们了解了不同国家的文化传统和习俗，学会了尊重和理解不同文化的差异。当小组们完成研究并在班级中进行展示时，教室里充满了热烈的掌声和赞叹声。学生们用英语自信地介绍自己的研究成果，展示着自己的才华和努力。这种展示不仅是对学生们研究成果的肯定，更是对他们英语能力和综合素质的全面提升。

（三）轮流发言：小组内成员轮流发言

在英语课堂上，教师可以设定一个话题或问题，让小组内成员轮流发言，表达自己的观点和想法。轮流发言可以促进学生之间的口语交流和思维碰撞，提升他们的英语口语表达能力和自信心。在实施轮流发言时，教师需要明确发言的规则和要求。例如，每个学生发言的时间应控制在一定范围内，以确保每个人都有机会发言；发言内容应与话题或问题紧密相关，避免偏离主题；其他学生应认真倾听并在发言后给予反馈和建议。这些规则有助于确保轮流发言的有序进行和有效性。轮流发言的话题或问题可以多种多样，既可以是与英语教材内容相关的讨论题，也可以是与学生生活实际相关的热点话题。例如，教师可以提出"你认为中学生应该如何使用手机？""你最喜欢的英语电影是哪部？为什么？"等话题，引发学生的思考和讨论。通过轮流发言，学生不仅能够锻炼英语口语表达能力，还能培养思辨性思维、倾听能力和尊重他人观点的品质。

为了增强轮流发言的互动性和趣味性，教师可以设计一些变体形式。例如，教师可以引入"接力发言"的规则，即每个学生需要在前一个学生发言的基础上补充或拓展自己的观点；或者设计"辩论式轮流发言"，让小组内成员分为正反两方，围绕一个争议性话题进行辩论。这些变体形式能够激发学生的参与热情和创造力，使轮流发言更加生动有趣。对于轮流发言等即时性的交流活动，教师可以采用即时反馈的方式，对学生的发言内容、语言表达和思维逻辑等方面给予及时的评价和建议。反馈应当是具体、有针对性的，既要肯定学生的优点和进步，也要指出存在的问题和不足，并提供改进的方向和方法。通过评价与反馈，学生可以了解自己的表现和学习成果，及时调整学习策略和方法，提升学习效果。

第七章 英语学习活动观与学生能力培养

英语学习不仅关乎学生的语言技能提升，更与他们的思维能力、跨文化交际能力，以及终身学习能力的发展紧密相连，构建科学的英语学习活动观，对于培养学生全面发展的能力具有至关重要的意义。在英语学习活动观这一观念指导下，英语教学不再仅仅是知识的传授，而是成为一种引导学生探索、实践、创新的过程。在英语学习活动中，学生不仅能够掌握语言的基本知识和技能，更重要的是，他们能够在实践中锻炼自己的思维能力，学会用英语去思考问题、表达观点。同时，通过参与跨文化交流活动，学生能够增进对不同文化的理解和尊重，培养跨文化交际能力，为未来的国际交流打下坚实的基础。在信息爆炸的时代，学会学习比掌握知识本身更为重要。通过参与各种英语学习项目、研究性学习等，学生能够学会如何自主学习、如何获取信息、如何解决问题，这些能力将伴随他们一生，成为他们不断进步的强大动力。

第一节 思维能力培养活动

思维能力培养活动是指通过一系列精心设计的活动和练习，引导学生学会思考、善于思考，培养他们的逻辑思维、思辨性思维、创新思维等多种思维能力。这些活动不仅关注学生的知识积累，更注重他们在思考过程中的方法、策略和态度，力求使学生在掌握知识的同时，学会如何运用知识去分析问题、解决问题。在这样的活动中，学生将面对各种挑战和问题，需要他们动脑筋、想办法，不断尝试、不断探索。这个过程不仅能够锻炼学生的思维能力，还能够激发他们的求知欲和好奇心，培养他们的自主学习能力和探索精神，同时，思维能力培养活动还注重培养学生的沟通能力和团队协作精神。在思考的过程中，学生需要与他人交流想法、分享观点，共同探讨问题的解决方案，这样的互动不仅能够促进学生的思维碰撞和灵感激发，还能够培养他们的沟通能力和团队协作精神，为他们的未来发展奠定坚实的基础。

一、思维能力培养的重要性

（一）促进学生的认知发展

认知发展是学生个体成长的核心过程，不仅关乎知识的积累，更涉及理解、分析、判断等高级心智活动的形成与提升。而思维能力，正是推动这一进程不断前行的强大动力。

思维能力使学生能够更加深入地理解世界。在学习过程中，学生接触到的知识通常是零散、片面的，而思维能力则帮助他们将这些碎片化的信息整合起来，形成系统的认知框架。通过比较、分类、归纳等思维活动，学生能够洞察事物之间的内在联系，把握本质规律，从而构建起更加完整、有序的知识体系。这种深层次的理解，不仅增强了学生的记忆效果，更提高了他们运用知识解决实际问题的能力。在快速变化的时代背景下，学生需要具备适应新环境、应对新挑战的能力。思维能力使他们能够灵活地调整自己的认知策略，根据不同情境选择最合适的思维方式。面对复杂问题时，学生能够迅速切换思维角度，从多个维度进行分析和思考，找到问题的突破口。这种认知灵活性，使学生在面对未知领域或新颖任务时，能够保持开放的心态，勇于探索，敢于创新。在认知发展过程中，学生不仅需要接受知识，更需要学会质疑。思维能力使他们能够客观地分析信息的可靠性和有效性，不盲目相信权威或传统观念。通过该思维，学生能够识别出信息中的偏见和误导，形成自己独立的见解和判断，不仅有助于学生在学术领域取得更高成就，更有助于他们在未来生活中成为有思想、有担当的公民。

（二）提高学生的问题解决能力

在学习的征途中，问题解决能力是一项至关重要的技能，它不仅是学生应对学业挑战的有力武器，更是他们未来生活和工作中不可或缺的能力。而思维能力，是问题解决能力的核心支撑，其重要性不言而喻。

1. 赋予学生分析问题、拆解复杂情境的能力

面对一个问题，拥有强大思维能力的学生不会急于求成，而是会首先运用逻辑思维，将问题拆分成若干个更小的、更易于管理的部分。这种拆解过程，不仅让学生能够更清晰地看到问题的全貌，还能够帮助他们找到问题的关键所在，从而有针对性地制定解决方案。

2. 培养学生的创新思维和发散性思维

在问题解决的过程中，通常需要跳出传统框架，寻找新的视角和思路。思维能力强的学生，能够不拘泥于常规，勇于尝试新的方法，提出独特的见解。他们能够从多个角度出发，探索问题的多种可能性，这种发散性思维极大地拓宽了问题解决的路径。

3. 提升学生的评估与决策能力

在找到多个可能的解决方案后，学生需要运用思辨性思维，对这些方案进行评估，选择最优解。这一过程要求学生能够权衡利弊，考虑各种因素，做出明智的决策。思维能力的培养，让学生更加擅长于这种评估与决策的过程，使他们在面对问题时能够更加从容不迫。

4. 增强学生的自我反思和调整能力

在问题解决的过程中，难免会遇到挫折和失败。思维能力强的学生，能够迅速从失败中吸取教训，调整策略，再次尝试。他们不会因为一时的挫败而气馁，而是会将每一次失败视为成长的机会，这种积极的心态和坚韧不拔的精神，是问题解决能力中极为宝贵的一部分。思维能力在提高学生问题解决能力方面发挥着至关重要的作用。它不仅让学生更加擅长于分析问题、寻找创新解决方案，还提升了他们的评估与决策能力，以及自我反思和调整能力。因此，

在教育实践中，我们应该注重培养学生的思维能力，通过设计具有挑战性的问题、鼓励学生的自主探究和合作交流、提供多样化的思维训练等方式，激发学生的思维潜力，提高他们的问题解决能力。

（三）增强学生的创新思维与思辨性思维

创新思维是推动社会进步与发展的重要引擎。它要求学生具备打破常规、勇于探索的精神，敢于质疑既有观念，敢于提出新颖见解。在教育过程中，教师应鼓励学生大胆设想，勇于尝试，不怕失败。通过设置开放性问题、开展探究性学习活动，激发学生的好奇心和求知欲，让他们在探索未知的过程中，不断锻炼和培养自己的创新思维。同时，教师还应注重培养学生的发散性思维，鼓励他们从多个角度思考问题，寻找多种可能的解决方案，从而培养他们的创新潜能。思辨性思维是学生形成独立见解、做出明智决策的基础。它要求学生具备客观分析、理性判断的能力，能够不盲从、不偏见，以事实为依据，以逻辑为准则，对事物进行深入剖析和判断。在教育实践中，教师应引导学生学会质疑，敢于对权威观点提出挑战，敢于对流行观念进行反思。通过组织辩论赛、开展思辨性阅读等活动，培养学生的思辨性思维，让他们学会用理性的眼光审视世界，用逻辑的力量说服他人。

为了增强学生的创新思维与思辨性思维，教育还需要注重培养学生的跨学科整合能力。在知识爆炸的时代，单一学科的知识已经难以满足解决问题的需求。学生需要具备跨学科的知识视野和整合能力，才能将不同领域的知识相互融合，产生新的创意和见解。因此，教育应鼓励学生跨越学科界限，进行跨学科学习和研究，培养他们的综合素养和创新能力。此外，教育还应注重营造开放、包容的学习氛围。创新思维与思辨性思维的培养需要自由的思想空间和宽松的学习环境。教师应尊重学生的个性和差异，鼓励他们大胆表达自己的想法和观点，即使这些想法和观点与传统观念不同。通过营造积极、健康的学习氛围，激发学生的创造力和思辨精神，让他们的思维在自由碰撞中绽放出璀璨的火花。

二、思维能力培养活动的设计原则

（一）启发性原则：通过设问引导等方式激发学生的思考

启发性原则强调通过设问引导等方式，激发学生的思考，促使他们在探索未知的过程中主动调动思维，寻找答案，设问是启发性原则的重要手段，其魅力在于能够引发学生的好奇心和求知欲。

一个好的问题，就像一把钥匙，能够打开学生思维的大门，引导他们深入思考、积极探索。教师在设计问题时，应注重问题的开放性和挑战性，既要确保问题能够引发学生的兴趣，又要保证问题具有一定的难度，需要学生通过思考才能找到答案。例如，在历史课上，教师可以提出这样的问题："如果你是当时的决策者，你会如何应对那场历史转折点的挑战？"这样的问题不仅要求学生了解历史事件的背景、经过和结果，还需要他们设身处地地思考，运用所学的历史知识和思维技能，提出自己的见解和方案。这样的设问，不仅能够激发学生的思考，还能够培养他们的历史思维能力和决策能力。

设问引导的方式多种多样，可以是直接提问，也可以是设置情境、提出任务，让学生在完成任务的过程中思考问题。无论采用哪种方式，教师都应注重问题的层次性和逻辑性，确保问题之间能够相互衔接，形成一个完整的问题链。这样的问题链能够引导学生逐步深入问题的核心，激发他们的探索欲望和思维活力。在设问引导的过程中，教师还应注重鼓励学生的主动性和创造性。当学生提出自己的见解和方案时，教师应给予充分的肯定和鼓励，即使他们的想法与传统观念不同，也应尊重他们的思考成果，鼓励他们大胆创新。这样的鼓励和支持，能够增强学生的自信心和动力，促使他们更加积极地参与思考活动。思维能力启发性原则强调通过设问引导等方式激发学生的思考，培养他们的思维能力和创新精神。教师在教育实践中应注重问题的设计和引导方式的选择，确保问题能够引发学生的兴趣和思考，促使他们在探索未知的过程中不断提升自己的思维能力。

（二）层次性原则：活动设计由易到难逐步深入

在培养学生的思维能力过程中，层次性原则是一项至关重要的教学原则，它要求在设计思维训练活动时，必须遵循由易到难、逐步深入的逻辑顺序，以确保学生能够稳步提升，逐步掌握更高级的思维技能。

活动设计的层次性，首先体现在内容的安排上。在初始阶段，我们应选择那些相对简单、易于理解的内容作为切入点，让学生先建立起对基本概念和原理的认知。这些内容通常是思维训练的基础，能够为学生后续的学习打下坚实的基础。通过这些基础性的活动，学生可以初步感受到思维的乐趣，激发他们进一步探索的欲望。随着学生思维的逐渐活跃和深入，可以逐渐增加活动的难度和复杂性。这一阶段的活动设计，应注重引导学生将所学知识应用于新的情境中，通过分析和解决具体问题，锻炼他们的思维灵活性和迁移能力。例如，在数学学习中，可以先让学生从解决简单的算术问题开始，然后逐渐过渡到解决包含多个变量的方程，再到应用数学知识解决实际问题的综合性题目。在活动的最高层次，应设计一些具有挑战性和创新性的任务，鼓励学生跳出常规思维框架，尝试新的解题思路和方法。这一阶段的活动，不仅要求学生运用所学知识和技能，还需要他们发挥创造力，提出独特的见解和方案。这样的活动设计，能够极大地激发学生的思维潜力，培养他们的创新思维和问题解决能力。

层次性原则的实施，需要教师对学生的认知水平和学习能力有准确的把握。教师应根据学生的实际情况，灵活调整活动的难度和进度，确保每个学生都能够在适合自己的水平上得到提升。同时，教师还应注重活动之间的衔接和过渡，确保学生能够顺利地从一个层次过渡到另一个层次，形成连贯的思维训练过程。思维能力层次性原则强调活动设计的由易到难、逐步深入。通过遵循这一原则，我们可以引导学生稳步提升思维水平，逐步掌握更高级的思维技能。这样的教学方式，不仅能够提高学生的思维能力，还能够培养他们的学习兴趣和自信心，为他们的全面发展奠定坚实的基础。

（三）实践性原则：结合实际生活或情境进行思维训练

实践性原则强调将思维训练与实际生活或具体情境紧密结合，使学生在解决实际问题的过程中锻炼和提升思维技能。这一原则不仅增强了学习的趣味性和实用性，也促进了知识的内化和迁移。实际生活是思维训练的天然土壤。生活中的各种问题、挑战和机遇，都是锻炼思维的绝佳素材。例如，在家庭财务管理中，学生可以学习如何规划预算、合理分配资源，这个过程涉及分析、比较、决策等多种思维活动。通过参与家庭财务的管理，学生不仅能够掌握实用的生活技能，还能在实践中锻炼逻辑思维和经济管理思维。

在教育实践中，教师应积极创设与现实生活紧密相关的情境，为学生提供思维训练的平台。比如，在环境科学课程中，教师可以设计一个关于社区垃圾分类的调查项目。学生需要走出教室，深入社区，观察垃圾分类的实际情况，收集数据，分析问题，并提出改进建议。这样的活动不仅让学生了解了垃圾分类的重要性，还让他们在实践中锻炼了观察、分析、解决问题和创新思维的能力。结合情境的思维训练，还能够激发学生的学习兴趣和动力。当学生意识到所学知识能够解决实际问题时，他们会更加积极地投入到学习中去。例如，在物理学习中，通过设计简单的物理实验，如制作简易电路或探究物体运动的规律，学生可以在动手操作的过程中直观感受物理原理，加深对知识的理解和记忆。此外，实践性原则还强调思维的灵活性和创新性。在解决实际问题的过程中，学生需要灵活运用所学知识，尝试不同的解决方案，甚至创新方法和技术。这种实践中的探索和创新，不仅能够提升学生的思维能力，还能够培养他们的实践智慧和创造力。思维能力实践性原则强调将思维训练与实际生活或具体情境相结合，通过实践中的问题解决和情境模拟，锻炼学生的思维技能。这样的教学方式不仅能够提高学生的思维能力，还能够增强他们的学习兴趣和动力，促进知识的内化和迁移，为他们的全面发展提供有力的支持。

三、具体的思维能力培养活动

（一）思维导图绘制：引导学生用思维导图整理英语知识

思维导图绘制是一种有效的思维工具，能够帮助学生整理和梳理英语知识。在英语学习中，学生需要掌握大量的词汇、语法规则和表达方式。这些知识点之间通常存在复杂的联系和层次关系，如果仅仅通过死记硬背的方式，学生很难形成系统的知识框架。而思维导图则能够以一种直观、清晰的方式展示这些知识点之间的联系，帮助学生构建知识网络。

在思维导图绘制活动中，教师可以先向学生介绍思维导图的基本原理和绘制方法。然后，教师可以选择一个主题，如"英语时态"或"英语词汇分类"，引导学生围绕这个主题进行思维导图的绘制。在绘制过程中，学生需要思考哪些知识点与主题相关，它们之间的逻辑关系是什么，如何以图形的方式表达出来。通过这个过程，学生不仅能够加深对英语知识的理解，还能锻炼他们的分类思维、逻辑思维和创造性思维。例如，在"英语词汇分类"的思维导图绘制中，学生可以先将词汇分为名词、动词、形容词等大类，然后再进一步细分。在名词类中，学生可以根据词义将词汇分为人、物、地点等小类；在动词类中，学生可以根据动词的时态、语态等特性进行分类。通过这样的分类和整理，学生能够更加清晰地掌握英语词汇的体系和规律，提高词汇记忆和运用的效率。

（二）辩论活动：组织学生进行英语辩论

组织学生进行英语辩论，不仅能够锻炼他们的英语口语表达能力和逻辑思维能力，还能激发他们对社会热点问题的关注和思考，培养思辨性思维和团队合作精神。当教师宣布将开展英语辩论活动时，教室里瞬间充满了期待和兴奋。学生们纷纷议论，有的跃跃欲试，有的则略显紧张，但无疑都对这一新颖的学习方式充满了好奇。教师精心挑选了辩题，既确保了辩题的趣味性，又兼顾了其教育意义和学生的英语水平，如"网络社交是否拉近了人与人之间的距离""学生应不应该穿校服"等。

在准备阶段，学生们被分成正反两方，每方都由若干名学生组成。小组成员们紧密合作，共同搜集资料、整理观点、撰写辩词。在这个过程中，学生们不仅学会了如何用英语准确表达自己的观点，还学会了如何倾听他人的意见，从中汲取灵感，完善自己的论据。他们深入探讨辩题的各个方面，从事实依据到逻辑推理，都力求做到严谨有力。辩论活动正式开始后，教室里弥漫着紧张而热烈的气氛。正方和反方的代表们轮流上台，用英语展开激烈的交锋。他们或引经据典，或举例论证，用流利的英语和严密的逻辑阐述自己的观点，反驳对方的论点。观众们则聚精会神地听着，时而点头赞同，时而皱眉思考，完全被辩论的魅力所吸引。在辩论过程中，学生们不仅锻炼了英语口语表达能力，还学会了如何在有限的时间内组织语言、突出重点。他们学会了如何用证据支持自己的观点，如何用反问质疑对方的论据，如何在压力下保持冷静和自信。这些技能对于他们未来的学习和生活都将产生深远的影响。

更重要的是，英语辩论活动激发了学生们对社会热点问题的关注和思考。他们开始主动关注新闻时事，了解不同观点背后的原因和逻辑。在辩论中，他们学会了尊重不同的意见，理解了多元文化的价值。这种开放和包容的态度，对于他们成为具有全球视野和跨文化交流能力的人才至关重要。此外，英语辩论活动还培养了学生们的团队合作精神。在准备阶段，小组成员们共同努力，相互支持，共同面对挑战。在辩论中，他们相互配合，协同作战，共同为团队的胜利而努力。这种团队合作的精神和经验，将对他们未来的职业生涯和人生道路产生积极的影响。

（三）问题解决任务：设计具有挑战性的问题

在英语教学中，教师可以设计一些具有开放性和探究性的问题，让学生运用所学的英语知识和思维技能去解决问题。这些问题可以涉及英语语言的运用、文化背景的理解、跨文化交际的能力等方面。例如，教师可以设计一个关于跨文化交际的问题："假设你要去一个国家进行文化交流，你需要了解这个国家的哪些文化习俗和礼仪？如何用英语与当地人进行有效的沟通？"这个问题要求学生不仅具备英语语言能力，还需要了解不同文化之间的差异和相似之处，具备跨文化交际的意识和能力。

在解决这个问题的过程中，学生需要先进行信息检索和收集，了解目标国家的文化习俗和礼仪。然后，他们需要运用所学的英语知识，如词汇、语法、表达方式等，来构建与当地人进行沟通的话语。同时，他们还需要考虑如何适应不同文化背景下的交际规则，如何尊重和理解当地人的文化习俗。这个过程不仅能够锻炼学生的信息检索能力、语言运用能力和跨文化交际能力，还能培养他们的探究性思维、创新性思维和问题解决能力。为了进一步提高问题解决任务的挑战性和趣味性，教师还可以设计一些模拟情境或角色扮演的活动。例如，教师可以模拟一个国际会议的场景，让学生扮演不同国家的代表，用英语就某个议题进行讨论和协商。在这个过程中，学生不仅需要运用英语语言进行表达和交流，还需要考虑如何阐述自己的观点、如何回应他人的意见、如何达成共识和妥协等。这样的活动不仅能够锻炼学生的英语语言能力和思维能力，还能培养他们的团队合作精神和国际视野。

第二节　自主学习能力提升活动

面对浩如烟海的知识海洋和快速变化的社会环境，仅仅依靠传统的课堂教学和被动接受知识的方式，已难以满足个人全面发展和终身学习的需求。因此，提升自主学习能力，成为每个人适应未来社会、实现自我价值的必由之路。自主学习能力，是指个体能够独立地确定学习目标、选择学习方法、监控学习过程并评估学习成果的能力。这种能力不仅关乎知识的获取，更在于培养一种主动探索、持续求知的学习态度和精神。具备自主学习能力的个体，能够根据自身兴趣和需求，灵活地调整学习路径，高效地吸收新知识，不断拓宽视野，提升自我。这些活动旨在通过实践性的学习任务、探究性的学习项目、合作式的学习模式等多种方式，激发学习者的内在动力，培养他们的学习自主性和主动性。在活动中，学习者将学会如何设定合理的学习目标，如何选择适合自己的学习策略，如何有效地管理学习时间，以及如何评估自己的学习成果，从而全面提升自主学习的能力。

一、自主学习能力提升的意义

（一）为学生的终身学习奠定基础

随着知识的不断更新和社会的快速发展，终身学习已成为现代人不可或缺的能力。而自主学习能力的提升，正是为这场旅程奠定坚实基础的关键所在。自主学习能力，是指个体能够独立地确定学习目标、选择学习方法、监控学习过程并评估学习成果的能力。这种能力不仅关乎学生当前的学习成效，更对他们未来的终身学习产生深远影响。当学生具备了自主学习能力，他们就如同掌握了一把开启知识宝库的钥匙，可以随时随地根据自己的需求和兴趣，探索未知的领域，汲取新的知识。

在学生的学习生涯中，自主学习能力是他们适应未来社会变化的重要法宝。随着科技的飞速发展和信息时代的到来，知识的更新速度日益加快。许多今天看似前沿的知识，明天可能就已经过时。因此，学生必须学会如何自主学习，如何快速适应新知识、新技术，才能在未来的竞争中立于不败之地。自主学习能力的提升，还有助于培养学生的学习兴趣和动力。当学生能够根据自己的兴趣和需求选择学习内容和方法时，他们更容易投入到学习中去，感受到学习的乐趣和成就感。这种内在的动力和兴趣，是推动学生持续学习、不断探索的重要力量。更为重要的是，自主学习能力为学生的终身学习提供了可能。终身学习不仅仅意味着持续不断地学习新知识，更意味着学会如何学习，如何适应变化，如何不断创新。具备自主学习能力的学生，能够在未来的学习和工作中，不断拓宽视野，深化理解，保持对新知识、新技能的好奇心和求知欲。他们懂得如何利用资源，如何自我管理，如何面对挑战和困难，这些都是终身学习中不可或缺的能力。因此，提升学生的自主学习能力，不仅是为了他们当前的学习成绩和未来的职业发展，更是为了他们整个人生的成长和进步。教育者和家长应该重视培养学生的自主学习能力，为他们提供必要的学习支持和引导，让他们学会如何学习，如何适应变化，如何不断创新。只有这样，学生才能在未来的学习生涯中，不断前行，不断探索，不断超越自我，为终身学习奠定坚实的基础。

（二）提高学生的学习效率和效果

自主学习能力的强弱，直接影响着学生学习效率的提升和效果的显现。当学生具备了较强的自主学习能力，他们便能在学习的道路上更加游刃有余，取得事半功倍的效果。自主学习能力使学生能够更加主动地掌控自己的学习过程。在传统的教学模式中，学生通常处于被动接受知识的地位，缺乏主动性和选择性。而具备自主学习能力的学生，则能够根据自己的学习特点和需求，制定合理的学习计划，选择适合自己的学习方法。他们能够根据学习内容的难易程度和重要性，灵活安排学习时间，将精力集中在关键知识点上，从而提高学习的针对性。

自主学习能力的提升，有助于学生形成良好的学习习惯。良好的学习习惯是提高学习效率的重要保障。自主学习能力强的学生，通常能够自觉遵守学习计划，按时完成学习任务，避免拖延和浪费时间。他们懂得如何合理利用碎片时间，进行有效的复习和预习，使学习成为一种连续不断的过程，从而提高学习的连贯性和效率。同时，自主学习能力还能够激发学生的学习兴趣和动力。当学生能够自主选择学习内容和方法时，他们更容易找到与自己兴趣相契合的学习点，从而更加投入地学习。这种内在的兴趣和动力，能够促使学生更加积极地探索未知领域，拓宽知识视野，提高学习效果。此外，自主学习能力还培养了学生的问题解决能力和创新思维。在自主学习的过程中，学生需要独立思考、自主探索，面对问题时能够主动寻求解决方案。这种过程不仅锻炼了学生的问题解决能力，还培养了他们的创新思维和实践能力。这些能力的提升，反过来又促进了学生学习效率的提高和效果的显现。自主学习能力的提高对于学生的学习效率和效果具有显著的促进作用。教育者应该重视培养学生的自主学习能力，为他们提供必要的学习支持和引导。通过培养学生的自主学习能力，我们可以帮助他们更加高效地获取知识，更加深入地理解学习内容，为未来的学习和生活奠定坚实的基础。

（三）培养学生的自我管理和自我激励能力

自主学习能力不仅关乎知识的获取，更在于塑造学生的内在品质，尤其是自我管理和自我激励能力，这两种能力对于学生的个人发展和未来成功至关重要。自主学习能力首先培养了学生的自我管理能力。在自主学习的过程中，学生需要独立制定学习计划，合理安排时间，确保学习任务的顺利完成。这一过程中，学生学会了如何对自己的行为负责，如何根据目标的轻重缓急来分配精力和资源。他们开始懂得，时间管理不仅仅是安排日程表，更是一种对自我价值的认知和尊重。通过自主学习，学生逐渐学会了如何平衡学习与休息，如何高效利用每一分每一秒，这种自我管理的能力将伴随他们一生，成为他们面对未来挑战的重要武器。

同时，自主学习能力也极大地激发了学生的自我激励能力。在自主学习的环境下，学生不再是被动接受知识的容器，而是主动探索知识的探险者。他们根据自己的兴趣和需求选择学习内容，这种主动性本身就是一种强大的内在动力。当学生在自主学习中取得进步，解决难题，或是发现新知识时，那种成就感和满足感会成为他们继续前行的强大激励。这种自我激励不仅限于学习领域，更会渗透到学生生活的方方面面，使他们在面对困难和挑战时，能够保持积极乐观的态度，勇往直前。自主学习能力还教会学生如何设定目标并为之努力。在自主学习的过程中，学生需要明确自己的学习目标，这既是对自己能力的挑战，也是对自我激励的一种锻炼。他们学会了如何将长远目标分解为短期目标，每达成一个小目标都是对自我的一次肯定，这种正向反馈机制极大地增强了学生的自信心和自我激励能力。自主学习能力是学生自我管理和自我激励能力培养的沃土。它让学生学会了如何掌控自己的时间，如何根据自己的兴趣和需求进行学习，如何在挑战面前保持坚韧不拔。这些能力不仅对学生的学业成绩有着直接的影响，更对他们的人格塑造、未来职业发展以及人生道路的选择产生着深远的影响。因此，教育者应高度重视学生自主学习能力的培养，为他们提供广阔的学习空间和多样的学习资源，让他们在自主学习的实践中不断成长，最终成为具备自我管理和自我激励能力的优秀人才。

二、自主学习能力提升活动的设计策略

（一）目标设定：引导学生设定学习目标

在自主学习的过程中，目标设定是学生学习的指南针，更是推动他们持续前进的动力源泉。引导学生设定学习目标，是培养其自主学习能力的关键一步，对于提升学生的学习效率、增强学习动力以及促进个人成长具有深远的意义。

设定明确的学习目标，能够帮助学生清晰地认识到自己学习的方向和目的。在学习的过程中，学生通常会遇到各种诱惑和干扰，如果没有明确的目标是指引，他们很容易迷失方向，浪费时间和精力。而一旦设定了具体、可衡量的学习目标，学生就能更加专注地投入到学习中，将有限的精力集中在最重要的任务上，从而提高学习的效率和效果。引导学生设定学习目标，还能激发他们的学习动力。目标本身具有一种激励作用，它能够让学生看到自己的未来可能性，产生对未来的期待和憧憬。这种期待和憧憬会转化为内在的学习动力，驱使学生不断前进。同时，当学生在实现目标的过程中取得进步和成就时，他们会获得满足感和自信心，这种积极的情感体验会进一步增强他们的学习动力，形成良性循环。

此外，设定学习目标还有助于培养学生的自我管理和自我监控能力。在设定目标的过程中，学生需要对自己的学习状况进行全面的分析和评估，明确自己的优势和不足，从而制定出切实可行的学习计划。这一过程本身就是一种自我管理和自我监控的训练。而在实现目标的过程中，学生还需要不断地对自己的学习进展进行监测和调整，确保自己始终沿着正确的方向前进。这种自我管理和自我监控的能力，对于学生未来的学习和生活都具有重要的意义。是教师或教育者，我们应该重视引导学生设定学习目标。我们可以通过课堂讲解、案例分析、小组讨论等方式，帮助学生理解目标设定的重要性，掌握目标设定的方法和技巧。同时，我们还可以鼓励学生根据自己的兴趣和需求，设定个性化的学习目标，让他们在学习的过程中更加主动、更加积极。相信在我们的引导下，学生一定能够设定出更加明确、更加切实可行的学习目标，为他们的自主学习之路奠定坚实的基础。

（二）资源提供：为学生提供丰富的学习资源和工具

丰富的学习资源和工具可以为学生提供多样化的学习途径和方式，满足他们不同的学习需求。在设计活动时，教师应充分考虑学生的学习特点和兴趣，为他们提供包括图书、网络课程、学习软件、实验设备等在内的多种资源。这些资源不仅可以帮助学生获取知识，还可以激发他们的学习兴趣和动力。

在提供资源的过程中，教师需要注意资源的适用性和有效性。适用性指的是资源要与学生的学习目标和内容相匹配，能够真正帮助他们解决问题和提高能力。有效性则指的是资源要具有科学性和权威性，能够确保学生获取到准确和可靠的知识。为了确保资源的适用性和有效性，教师可以事先对资源进行评估和筛选，或者引导学生学会如何评估和选择资源。除了传统的学习资源外，教师还可以利用现代信息技术为学生提供更加便捷和高效的学习工具。例如，教师可以利用在线学习平台为学生创建个性化的学习路径，提供定制化的学习资源和练习；还可以利用智能教学系统为学生的学习提供即时的反馈和指导。这些工具不仅可以提高学生的学习效率，还可以培养他们的信息技术素养和自主学习能力。

（三）反馈机制：建立及时的反馈机制

反馈机制在自主学习能力提升活动中同样具有不可替代的作用。及时的反馈可以帮助学生了解自己的学习进展和存在的问题，以便他们及时调整学习策略和方法。在设计活动时，教师应建立一种多元化的反馈机制，包括教师反馈、同伴反馈、自我反馈等。

教师反馈是反馈机制中的重要组成部分。教师可以通过批改作业、评阅论文、课堂提问等方式为学生提供及时的反馈。在给予反馈时，教师应注重具体性和针对性，明确指出学生的优点和不足，并提出具体的改进建议。这样的反馈可以帮助学生更加清晰地了解自己的学习状况，从而有针对性地改进和提高。同伴反馈也是一种有效的反馈方式。通过小组合作或同伴互评等活动，学生可以相互学习和借鉴，发现自己的不足之处。同伴反馈不仅可以提高学生的参与度和积极性，还可以培养他们的合作精神和思辨性思维。为了确保同伴反馈的有效性，教师需要事先对学生进行培训，让他们了解如何给予和接受反馈。自我反馈是自主学习能力提升的关键环节。通过自我反思和评估，学生可以更加深入地了解自己的学习过程和学习效果，从而调整自己的学习策略和方法。教师可以引导学生建立学习日记或学习档案，记录自己的学习过程和成果，定期进行自我反思和评估。此外，教师还可以教授学生一些自我反馈的技巧和方法，如如何设定评价标准、如何分析自己的学习数据等。

三、具体的自主学习能力提升活动

（一）自学报告：要求学生就自学内容进行总结报告

在自主学习的过程中，自学报告是一项重要的环节，要求学生就自学内容进行总结与汇报。这一活动不仅是对学生学习成果的检验，更是对他们自主学习能力和信息整合能力的锻炼。

自学报告要求学生在完成自学任务后，对所学内容进行系统、全面的回顾与总结。学生需要仔细梳理所学知识点的内在逻辑，明确各个概念之间的联系与区别，确保自己对知识有深入、准确的理解。这一过程不仅有助于学生巩固记忆，加深印象，还能促使他们对知识进行再加工，形成自己的见解和观点。在撰写自学报告时，学生需要运用清晰、准确的语言来表述自己的观点和想法。他们需要将复杂的理论知识以简洁明了的方式呈现出来，使读者能够迅速抓住重点，理解核心思想。这种语言表达能力的训练，对于学生未来的学术研究和职业发展都具有重要意义。同时，自学报告还要求学生对自己的学习过程进行反思和评价。学生需要思考自己在自学过程中遇到的问题和困难，分析原因，总结经验教训。这种自我反思的能力是自主学习不可或缺的一部分，它有助于学生不断调整学习策略，提高学习效率。

自学报告还是一种有效的学习激励机制。当学生看到自己的学习成果以文字的形式呈现出来时，他们会感到一种成就感和满足感。这种积极的情感体验会激发他们的学习动力，促使他们更加努力地投入到后续的学习中。对于教师而言，自学报告也是了解学生学习状况的重要途径。通过批阅学生的自学报告，教师可以及时了解学生对知识的掌握情况，发现他们在学习过程中存在的问题和不足。这有助于教师针对性地调整教学计划，提供个性化的指导和帮助。自学报告是自主学习过程中一项重要而有意义的活动。它不仅有助于学生深化对知识的理解，提升信息整合和语言表达能力，还能激发他们的学习动力，促进自我反思和成长。同时，它也为教师提供了了解学生学习状况的有效途径，有助于教学质量的提升。因此，我们应该重视自学报告在自主学习中的作用，鼓励学生认真撰写自学报告，培养他们的自主学习能力和综合素质。

（二）时间管理训练：通过时间管理工具或游戏合理安排时间

时间管理工具是辅助学生规划、分配和监控时间的有效手段。这些工具形式多样，可以是简单的待办事项清单，也可以是功能复杂的时间管理应用程序。通过使用这些工具，学生可以清晰地列出自己需要完成的任务，设定完成时间，并实时跟踪进度。这样，他们就能更好地了解自己的时间分配情况，避免拖延和浪费时间。例如，一个学生可以利用时间管理应用程序来规划一天的学习计划。他可以将学习任务分解成若干个小目标，为每个目标设定具体的时间段，并设置提醒功能。这样，在学习的过程中，他就能时刻清楚自己接下来需要做什么，从而保持高效的学习状态。

除了时间管理工具，时间管理游戏也是一种寓教于乐的训练方式。这些游戏通常设计得既有趣又富有挑战性，能够让学生在游戏中体验到时间管理的重要性。通过玩游戏，学生可以学会如何在有限的时间内完成更多任务，如何优先处理重要且紧急的事情，以及如何避免时间陷阱和干扰。比如，有一款时间管理游戏要求学生扮演一名项目经理，在限定的时间内完成多个项目任务。学生需要合理安排时间，分配资源，协调团队成员，确保项目按时完成。这样的游戏不仅能锻炼学生的时间管理能力，还能提升他们的团队协作和决策能力。通过时间管理训练，学生可以逐渐养成良好的时间管理习惯。他们会学会提前规划，避免临时抱佛脚；会学会优先处理重要任务，确保学习的高效性；会学会拒绝无关紧要的干扰，保持专注和集中精力。这些习惯一旦养成，将对学生未来的学习和生活产生深远的影响。自主学习时间管理训练是提升学生自主学习能力的重要途径。通过时间管理工具或游戏，学生可以学会合理安排时间，提高学习效率，掌握自己的学习节奏。我们应该鼓励学生积极参与时间管理训练，帮助他们成为时间的主人，主宰自己的学习和生活。

（三）自主学习项目：鼓励学生自主选择学习项目

鼓励学生自主选择学习项目，是培养学生自主学习能力、创新思维和实践能力的重要途径。自主学习项目的核心在于"自主"二字。它不同于传统的课堂教学，不是由教师单方面灌输知识，而是由学生根据自己的兴趣、爱好和需求，自主选择想要探究的学习内容。这种选择权交还给学生的做法，极大地激发了他们的学习热情和积极性。学生不再是被动的接受者，而是成为自己学习旅程的主导者。

鼓励学生自主选择学习项目，有助于发掘和培养学生的潜能。

每个学生都是独一无二的个体，他们有着不同的兴趣点、优势领域和发展方向。通过自主选择学习项目，学生可以深入探索自己感兴趣的领域，充分发挥自己的特长和才能。这种个性化的学习方式，不仅能让学生在自己擅长的领域里大放异彩，还能帮助他们发现新的兴趣点和潜能所在。自主选择学习项目还能增强学生的责任感和自律性。当学生自己选择了学习项目后，他们就会更加珍惜这次机会，更加认真地对待学习任务。他们会主动规划学习时间，合理安排学习进度，努力克服学习中遇到的困难和挑战。这种自律性和责任感的培养，对学生未来的学习和生活都将产生积极的影响。此外，自主学习项目还能促进学生的合作与交流。在选择和实施学习项目的过程中，学生需要与同学、老师甚至校外专家进行沟通和协作。这种合作与交流的过程，不仅能提高学生的沟通能力和团队协作精神，还能拓宽他们的视野和思路，让他们学会从不同的角度思考问题和解决问题。鼓励学生自主选择学习项目是一种富有成效的教育方式。它不仅能激发学生的学习热情和积极性，还能发掘和培养学生的潜能，增强他们的责任感和自律性，促进他们的合作与交流，我们应该大力推广这种教育方式，让更多的学生享受到自主学习的乐趣和成果。

（四）同伴互评与互助：学生之间相互评价学习成果

同伴互评是一种基于平等、尊重和理解的评价方式。在学生完成自主学习任务后，他们不再是被动接受教师的单一评价，而是有机会听到来自同伴的声音。这种评价方式鼓励学生从多个角度审视自己的学习成果，不仅关注答案的正确性，更重视思路过程、创新点和可改进之处。通过同伴互评，学生学会了如何客观、公正地看待他人的工作，如何提出建设性的意见和建议。这种能力的培养，对于他们未来无论是学术研究还是职场发展，都至关重要。同伴互助，则是自主学习过程中不可或缺的一环。在学习的道路上，每个人都会遇到难题和困惑。此时，同伴之间的互助就如同一盏明灯，照亮前行的方向。学生可以在小组内或班级中寻求帮助，与同伴共同探讨问题、分享资源、交流心得。这种互助不仅解决了学习上的实际困难，更增进了学生之间的友谊和信任，营造了一个和谐、积极的学习氛围。

同伴互评与互助的结合，极大地丰富了自主学习的方式和内容。它使学生不再孤立地学习，而是成为一个学习共同体的一部分。在这个共同体中，每个人都可以是老师，也可以是学生；每个人都可以贡献自己的智慧，也可以汲取他人的力量。这种互动式的学习方式，激发了学生的学习动力和创造力，使他们在相互评价中不断进步，在互助合作中共同成长。此外，同伴互评与互助还培养了学生的责任感和担当精神。是评价者，他们需要认真对待每一次评价，确保自己的意见既中肯又有建设性；是被评价者，他们需要虚心接受他人的意见，勇于改进自己的不足。同时，在互助过程中，每个学生都承担着帮助他人、共同进步的责任，这种责任感促使他们更加努力地学习，更加积极地参与集体活动。

第三节　文化意识培养活动

　　文化意识是个体对不同文化的认知、理解和尊重的能力，是跨文化交流与合作的基础。它不仅仅是对文化知识的简单积累，更是一种深层次的思维方式和行为习惯。培养文化意识，意味着我们要学会从多元文化的视角去审视世界，去理解不同文化背景下的行为模式和思维方式，去欣赏和尊重文化的多样性。本节文化意识培养活动，旨在通过一系列精心设计的活动，引导学生走出自己的文化舒适区，去接触、了解和体验不同的文化。我们将通过文化讲座、文化交流会、文化体验工作坊等多种形式，让学生近距离地感受不同文化的魅力，激发他们的文化好奇心和探索欲。相信通过这些活动，学生不仅能够拓宽视野，增长见识，更能够学会在多元文化环境中自如地交流和合作。他们将学会如何以开放的心态去接纳不同的文化观念，如何以尊重的态度去对待不同的文化习俗，如何以平等的姿态去参与跨文化的对话与交流。

一、文化意识培养的价值

（一）拓宽学生的国际视野

　　一个拥有广阔国际视野的学生，不仅能够更好地理解世界多元文化的交融与碰撞，还能在未来的国际竞争中占据有利地位，而文化意识的培养，正是拓宽学生国际视野的有效途径。

　　文化意识是对不同文化背景、价值观念和生活方式的认知与理解。通过培养文化意识，学生能够跳出自身文化的局限，以更加开放和包容的心态去审视和接纳其他文化。这种跨文化的认知和理解能力，是拓宽国际视野的基础。在培养文化意识的过程中，学生有机会接触到世界各地的文化精髓。无论是通过课堂学习、课外阅读，还是参与国际交流活动，学生都能深入了解不同国家的历史渊源、风俗习惯、宗教信仰和艺术成就。这些知识的积累，不仅丰富了学生的文化素养，还让他们对世界有了更加全面和深入的认识。

文化意识的培养还有助于学生形成全球性的思维方式。在了解不同文化的过程中，学生会逐渐意识到，世界是多元共存的，每种文化都有其独特的价值和魅力。这种认识促使他们学会从多个角度思考问题，不再局限于自身的文化视角。这种全球性的思维方式，使学生在面对国际问题时，能够更加客观、全面地分析和判断，为未来的国际交流与合作打下坚实的基础。此外，文化意识的培养还能增强学生的国际竞争力。在全球化的时代背景下，具备跨文化交流能力的人才更受欢迎。通过培养文化意识，学生能够提高自己的语言能力和非语言沟通能力，更好地适应不同文化背景下的交际环境。这种能力的提升，使他们在未来的国际职场中更具竞争力，能够更好地融入全球化的工作环境。文化意识的培养对于拓宽学生的国际视野具有重要意义。它不仅丰富了学生的文化素养，还让他们对世界有了更加全面和深入的认识；它不仅促使学生形成全球性的思维方式，还增强了他们的国际竞争力。因此，我们应该重视文化意识的培养，通过多种形式的教育活动，引导学生走出自身的文化局限，去接触、了解和欣赏世界多元文化的魅力。

（二）增强学生的跨文化交际能力

跨文化交际能力不仅是个人在国际交流中展现自我、实现价值的桥梁，也是国家间合作与发展的重要基石。而文化意识的培养，正是增强学生跨文化交际能力的有效途径。当学生具备了一定的文化意识时，他们便能够更好地适应和融入不同的文化环境，从而在跨文化交流中表现出更加得体、恰当的行为。这种能力的提升，对于学生在国际舞台上的发展具有至关重要的意义。

通过培养文化意识，学生能够更加敏锐地察觉到不同文化之间的差异。他们开始学会从对方的文化视角去思考问题，理解对方的行为和表达方式。这种换位思考的能力，是跨文化交流中的核心要素。它帮助学生避免由于文化差异而产生的误解和冲突，促进双方之间的有效沟通。同时，文化意识的培养还能够增强学生的语言能力和非语言沟通能力。语言是跨文化交流的主要工具，但仅仅掌握语言并不足以保证交流的顺利进行。学生还需要了解不同文化中的语言习惯、表达方式和交际礼仪。通过培养文化意识，学生能够更加准确地运用语言，同时学会通过肢体语言、面部表情等非语言方式来表达自己的意图和情感。此外，文化意识的培养还能够激发学生的文化好奇心和探索欲。当他们对不同文化产生浓厚的兴趣时，便会更加主动地去了解、学习和体验这些文化。这种积极的学习态度，不仅有助于提升学生的跨文化交际能力，还能够拓宽他们的视野，丰富他们的人生经历。文化意识的培养对于增强学生的跨文化交际能力具有至关重要的作用。它不仅帮助学生更好地适应和融入不同的文化环境，还能够提升他们的语言能力和非语言沟通能力，激发他们的文化好奇心和探索欲。因此，我们应该高度重视文化意识的培养，通过多种形式的教育活动，引导学生深入了解不同文化的精髓和特色，为他们的跨文化交流之路铺就坚实的基石。

（三）促进学生对多元文化的理解和尊重

文化意识的培养有助于促进学生对多元文化的理解和尊重。多元文化是指世界上存在着多种不同的文化形态和文化传统。每种文化都有其独特的价值和魅力，都是人类文明的重要组成部分。然而，由于历史、政治和经济等原因，不同文化之间存在着一定的差异和隔阂。文化意识的培养，可以帮助学生打破这种隔阂，以更加平等和尊重的态度去看待不同文化。通过学习不同文化的历史渊源、宗教信仰、艺术风格和民俗习惯，学生可以更加深入地了解文化的多样性和丰富性，从而增强对多元文化的认同感和归属感。同时，文化意识的培养还能帮助学生树立文化相对主义的观念，即认识到每种文化都有其存在的合理性和价值，没有一种文化是绝对优越或劣等的。这种观念的树立，有助于培养学生的文化包容性和文化自觉性，使他们在面对不同文化时能够保持开放的心态和尊重的态度。

文化意识的培养在拓宽学生国际视野方面发挥着至关重要的作用。国际视野的拓宽不仅意味着学生对世界地理、政治、经济等基本知识的了解，更重要的是，它要求学生具备一种全球性的思维方式和认知框架。这种思维方式的形成，离不开对不同文化的深入了解和体验。通过文化意识的培养，学生可以接触到更多元化的文化视角和思想观念，从而拓宽他们的认知边界和思维空间。例如，在学习国际关系时，学生不仅需要了解不同国家的政治制度和外交政策，还需要深入理解这些政策背后的文化逻辑和价值观念。这种深入的理解，有助于学生形成更加全面和客观的国际视野，为他们在未来的国际事务中发挥积极作用奠定坚实的基础。在文化意识的熏陶下，学生的跨文化交际能力将得到显著提升。跨文化交际不仅仅是语言层面的交流，更是文化层面的互动。它要求交流双方不仅要具备语言沟通能力，还要了解对方的文化背景、交际习惯和思维方式。文化意识的培养，正是为了帮助学生更好地适应这种跨文化的交际环境。通过学习不同文化的交际规则和礼仪习俗，学生可以更加自如地参与到国际交流中去，避免由于文化差异而产生的误解和冲突。同时，文化意识的培养还能提高学生的文化敏感性和文化适应性，使他们能够在不同文化背景下迅速调整自己的交际策略和行为方式，从而实现有效的跨文化沟通。

文化意识的培养对于促进学生对多元文化的理解和尊重具有深远的意义。在多元化的社会环境中，不同文化之间的交流和融合已成为一种必然趋势。然而，由于文化差异带来的误解和冲突也时有发生。因此，培养学生的文化意识和文化包容性显得尤为重要。通过文化意识的培养，学生可以更加深入地了解不同文化的历史渊源、发展轨迹和独特魅力，从而增强对多元文化的认同感和欣赏力。同时，文化意识的培养还能帮助学生树立正确的文化价值观和文化自觉意识，使他们在面对不同文化时能够保持开放的心态和尊重的态度，促进不同文化之间的和谐共处和相互发展。

二、文化意识培养活动的设计思路

（一）融入课堂教学：在英语课堂中融入文化元素

在当今全球化的教育背景下，英语是国际通用语言，其教学已不仅仅局限于语言技能的传授，更承载着文化意识培养的重任。将文化元素融入英语课堂教学，不仅能够丰富学生的语言学习体验，还能有效提升他们的跨文化交际能力，为未来的国际交流打下坚实基础。

英语课堂中融入文化元素，首先意味着教师要在教学内容上做出拓展。除了基本的语法、词汇和句型练习，还应引入与英语国家文化相关的知识，如历史背景、风俗习惯、节日庆典、社交礼仪等。这些文化知识的介绍，能够让学生在学习语言的同时，深入了解英语国家的文化内涵，从而增强他们的文化感知力。在教学过程中，教师可以通过多种教学手段来呈现文化元素。例如，利用多媒体展示英语国家的风景名胜、生活场景和传统节日，让学生仿佛身临其境；通过角色扮演活动，让学生模拟英语国家的社交场合，实践所学的交际礼仪和表达方式；还可以组织文化专题讲座，邀请有国际交流经验的人士分享他们的文化体验，拓宽学生的视野。融入文化元素的英语课堂教学，还能够激发学生的学习兴趣和积极性。传统的语言教学通常侧重于机械的记忆和练习，容易让学生感到枯燥乏味。而文化元素的加入，使得课堂内容更加生动有趣，能够吸引学生的注意力，提高他们的学习参与度。此外，文化意识的培养还有助于提升学生的跨文化交际能力。通过了解英语国家的文化，学生能够更好地理解英语表达中的文化内涵和隐喻意义，避免在跨文化交流中产生误解和冲突。同时，他们也能够更加自信地运用英语进行国际交流，展现自己的文化素养和国际视野。将文化元素融入英语课堂教学，是培养学生文化意识的有效途径。它不仅能够丰富教学内容，激发学生的学习兴趣，还能够提升学生的跨文化交际能力，为他们的未来发展奠定坚实基础。因此，英语教师应该注重文化意识的培养，将文化元素有机地融入课堂教学中，让学生在学习语言的同时，也能够领略到英语国家的文化魅力。

（二）实践活动体验：组织学生进行文化实践活动

为了让学生更直观地感受和理解不同文化的魅力，组织学生进行文化实践活动是一种极为有效的教学方式。通过亲身参与和体验，学生们能够在实践中深化对文化的认知，增强跨文化交流的能力。

组织文化实践活动，首先需要精心策划活动内容和形式。我们可以根据学生的学习兴趣和认知水平，选择具有代表性的文化活动是实践主题。比如，可以举办一次"国际美食文化节"，让学生们亲手制作并品尝来自世界各地的特色美食；或者开展一次"传统服饰秀"，让学生们穿上不同国家的传统服饰，亲身体验不同文化的服饰魅力。在活动准备过程中，学生们需要查阅资料、学习相关文化知识，这个过程本身就是一种文化学习。他们需要了解每种美食的历史渊源、制作方法和文化背景，或者研究不同国家传统服饰的款式、材质和象征意义。这种自主学习的过程，不仅增强了学生的学习动力，也培养了他们的信息检索和整合能力。

实践活动的高潮莫过于亲身体验环节，当学生们亲手制作出异国美食，或者穿上传统服饰走在舞台上时，他们仿佛穿越时空，亲身体验了那种文化的独特韵味。这种身临其境的感受，是任何课堂讲解都无法替代的。学生们在实践中感受到了文化的多样性，也学会了尊重和理解不同文化的差异。此外，文化实践活动还为学生们提供了跨文化交流的机会。在活动中，他们可以与其他文化背景的同学一起合作，共同完成任务。这种合作过程不仅增进了同学之间的友谊，也让他们在实践中锻炼了跨文化沟通的能力。组织学生进行文化实践活动是一种生动、有效的文化意识培养方式。它让学生们在实践中感受文化、学习文化、传播文化，不仅增强了他们的文化自信心，也提升了他们的跨文化交际能力。这样的实践活动，无疑为学生们的全面发展提供了更加广阔的空间和机会。

（三）多媒体资源利用：利用视频、音频等多媒体资源

为了让学生更加直观、生动地了解和感受不同文化的魅力，利用多媒体资源，如视频、音频等，成为一种高效且受欢迎的教学方法。视频资源以其直观、形象的特点，在文化意识培养中发挥着重要作用。通过播放介绍各国风土人情、历史遗迹、传统节日的视频，学生们可以仿佛身临其境，亲身体验那些遥远而神秘的文化。比如，一段关于印度恒河祭祀的仪式视频，可以让学生们深刻感受到印度教文化的庄严与神圣；一段展示非洲鼓乐演奏的视频，则能让学生们领略到非洲音乐的节奏与激情。这些视频资源不仅丰富了课堂内容，也激发了学生们对未知文化的好奇心和探索欲。

音频资源同样不可或缺。通过聆听不同语言的歌曲、故事、对话，学生们可以学习到各语言的发音特点、语调变化，进而更深入地理解语言背后的文化内涵。一首西班牙语的民谣，可能蕴含着西班牙人民的热情与奔放；一段法语的对话，可能展现了法国人的优雅与浪漫。音频资源的利用，让学生们在享受音乐、故事的同时，也潜移默化地提升了他们的语言感知能力和文化理解力。多媒体资源的优势在于其多样性和互动性。教师可以根据教学需求，灵活选择适合的视频、音频材料，甚至可以结合在线互动平台，让学生们在观看、聆听后进行讨论、分享，形成师生互动、生生互动的良好氛围。这种教学方式不仅增强了课堂的趣味性，也提高了学生们的学习积极性和参与度。此外，多媒体资源的利用还打破了时间和空间的限制。学生们可以在课后随时随地通过网络观看视频、聆听音频，进行自主学习。这种灵活的学习方式，不仅满足了学生们个性化的学习需求，也促进了他们自主学习能力的提升。利用多媒体资源进行文化意识培养，是一种创新且有效的教学方法。它让学生们在视觉、听觉的全方位感受中，更加深入地了解和体验不同文化，为他们的跨文化交流打下了坚实的基础。

三、具体的文化意识培养活动

（一）文化讲座与交流：邀请外籍教师或留学生进行文化讲座

为了增强学生的文化意识，拓宽他们的国际视野，学校常常会邀请外籍教师或留学生进行文化讲座，为学生们带来一场场别开生面的文化交流盛宴。当外籍教师或留学生走进校园，他们不仅带来了异国他乡的语言，更带来了那片土地上的文化、风俗和思维方式。在讲座中，他们以自己的亲身经历为线索，生动地讲述着各自国家的历史渊源、文化特色、社会习俗以及日常生活点滴。这些鲜活的讲述，让学生们仿佛穿越时空，亲身体验了一次异国之旅。

外籍教师的讲座，通常以其深厚的学术底蕴和独特的文化视角，为学生们打开了通往世界知识宝库的大门。他们不仅传授语言知识，更在讲座中穿插着对文化现象的深入剖析，引导学生们思考文化差异背后的历史、地理、宗教等多方面因素。这种深入浅出的讲解方式，极大地激发了学生们对未知文化的好奇心和探索欲。而留学生的讲座，则更加贴近学生们的实际生活。他们以同龄人的身份，分享了自己在异国他乡的学习、生活经历，以及在与不同文化背景的人交往中所遇到的趣事和挑战。这些真实的故事，让学生们感受到了跨文化交流的魅力和挑战，也激发了他们勇敢走出国门、去亲身体验不同文化的决心。在讲座之后，学生们还有机会与外籍教师或留学生进行面对面的交流。他们可以就讲座中的内容提问，也可以就自己对异国文化的兴趣点进行深入探讨。这种互动式的交流方式，不仅锻炼了学生们的口语表达能力和跨文化交际能力，也让他们在实践中学会了如何尊重和理解不同文化的差异。邀请外籍教师或留学生进行文化讲座，是一种极具价值的文化交流方式。它不仅让学生们在轻松愉快的氛围中了解了异国文化，也激发了他们对跨文化交流的热情和兴趣。这样的活动，无疑为学生们的全面发展提供了更加广阔的空间和机遇。

（二）国际节日庆祝：组织学生庆祝国际节日

在多元文化的交融中，国际节日成为连接不同国家和民族的桥梁，它们不仅承载着各自独特的文化内涵，也为全球的文化交流提供了宝贵的契机。为了增强学生的文化意识，拓宽他们的国际视野，学校积极组织学生庆祝各种国际节日，让校园成为一个五彩斑斓的文化舞台。

庆祝国际节日，首先是对学生文化多样性的一种认可和尊重。无论是热闹非凡的圣诞节，还是充满浪漫气息的情人节，抑或是寓意团圆的感恩节，每一个节日都蕴含着丰富的文化意义和历史传承。通过组织庆祝活动，学生们能够深入了解这些节日的由来、习俗和庆祝方式，从而感受到不同文化的独特魅力。在庆祝过程中，学生们积极参与，亲手制作节日装饰品、准备特色美食、表演传统节目，全身心地投入到节日的氛围中。比如，在圣诞节时，学生们可以动手制作圣诞树挂饰、编写圣诞贺卡，体验西方节日的温馨与欢乐；在万圣节时，他们可以化妆成各种鬼怪，参加化装舞会，感受节日的神秘与趣味。这些实践活动不仅锻炼了学生的动手能力，也让他们在实践中更加深入地理解了节日的文化内涵。

此庆祝国际节日还是一次难得的跨文化交流机会。在活动中，学生们可以与来自不同文化背景的同学一起分享节日的快乐，交流彼此的文化习俗。这种互动不仅增进了同学之间的友谊，也让他们学会了尊重和理解不同文化的差异，培养了跨文化沟通的能力。更重要的是，通过庆祝国际节日，学生们能够拓宽国际视野，增强全球意识。他们开始关注世界各地的文化动态，对不同国家的文化产生浓厚的兴趣。这种对未知文化的好奇心和探索欲，将激励他们不断学习、不断进步，为未来的国际交流打下坚实的基础。组织学生庆祝国际节日是一种有效的文化意识培养方式。它让学生们在欢乐的氛围中感受不同文化的魅力，增进了对文化多样性的认识和尊重，也为他们的跨文化交流提供了宝贵的实践机会。

（三）跨文化对比研究：引导学生对不同国家的文化进行对比研究

为了引导学生更好地认识和欣赏世界文化的多样性，学校积极组织跨文化对比研究活动，鼓励学生们走出自己的文化圈，去探索、去对比、去理解那些既熟悉又陌生的异国文化。在跨文化对比研究中，学生们首先被引导去选择两个或多个自己感兴趣的国家，是研究的对象。他们需要通过查阅资料、观看纪录片、阅读相关书籍等多种方式，深入了解这些国家的历史背景、宗教信仰、社会习俗、价值观念以及艺术形式等各个方面。这个过程不仅锻炼了学生的信息检索和整合能力，也激发了他们对未知文化的好奇心和探索欲。

在收集到足够的信息后，学生们开始进行对比分析。他们从不同文化的角度出发，去审视和比较这些国家在礼仪、饮食、节日、教育等方面的异同。例如，通过对比中日两国的茶道文化，学生们可以发现，虽然两国都讲究茶道的精神内涵和仪式感，但在茶具的选择、泡茶的方式、品茶的礼仪等方面却存在着明显的差异。这种对比研究不仅让学生们更加深入地了解了两种文化的特点，也让他们学会了从多个角度去看待和分析问题。跨文化对比研究还鼓励学生们进行跨文化的交流与讨论。在课堂上或小组活动中，学生们可以分享自己的研究成果，与其他同学一起探讨不同文化之间的相似性和差异性。这种互动式的交流方式不仅增强了学生的口语表达能力和团队协作能力，也让他们在实践中学会了如何尊重和理解不同文化的观点。通过跨文化对比研究，学生们不仅拓宽了自己的国际视野，也增强了文化自觉和文化自信。他们开始更加珍惜和尊重自己的文化传统，同时也更加开放和包容地看待其他国家的文化。这种跨文化的理解和尊重，将为他们未来的国际交流打下坚实的基础，也让他们成为更加具有全球意识和文化素养的公民。

第八章 活动观引领下的初高中英语教学衔接

随着英语教育的不断深化改革，初高中英语教学的衔接问题日益凸显。如何确保学生在完成初中学业后，能够顺利过渡到高中阶段的英语学习，成为每一位英语教师必须面对的重要课题。本章在探讨活动观引领下的初高中英语教学衔接策略，通过分析初高中英语知识体系的差异、学生学习方法的变化以及教学节奏的调整，提出一系列切实可行的活动设计方案，将从知识体系衔接、学习方法过渡和教学节奏适应三个方面入手，通过多样化的活动形式，如知识回顾与梳理、学习方法介绍与培训、教学节奏感知与体验等，帮助学生逐步适应高中英语学习的新要求，提升他们的自主学习能力和综合语言运用能力。

第一节 知识体系衔接活动设计

在初高中英语教学衔接中，融入活动观不仅能够帮助学生顺利跨越学习阶段的鸿沟，还能促进他们英语学习能力的持续提升。本节深入探讨活动现在初高中英语教学衔接中的应用与实践，将从教学理念、教学内容、教学方法、评价体系等多个维度出发，分析初高中英语教学存在的差异与联系，提出针对性的教学衔接策略，通过丰富多样的教学活动设计，如角色扮演、小组讨论、项目式学习等，引导学生在实践中学习，在学习中实践，实现知识的有效迁移和能力的逐步提升，共同推动初高中英语教学衔接工作的深入开展，为学生的全面发展奠定坚实的基础。

一、知识体系衔接的重要性

（一）确保学生知识结构的连贯性

在初中阶段，学生已经掌握了一定的英语基础知识，包括词汇、语法、句型等。这些知识是高中英语学习的基础，也是学生进一步拓展英语能力的前提。然而，初高中英语在知识难度、深度和广度上存在差异，如果衔接不当，容易导致学生知识结构的断裂。因此，确保学生知识结构的连贯性成为初高中英语教学衔接的重要任务。活动观引领下的初高中英语教学，通过设计一系列具有内在逻辑联系的教学活动，有效地解决了这一问题。这些活动不仅回顾和巩固了初中已学知识，还为高中新知识的学习做了铺垫和引导。例如，在词汇教学方面，教师可以设计词汇串联活动，将初中已学词汇与高中新词汇相结合，通过语境创设、句子构建等方式，帮助学生理解和记忆新词汇，同时巩固旧词汇。这种教学方式既复习了旧知识，又引入了新知识，确保了词汇知识的连贯性。

在语法教学方面，活动观同样发挥了重要作用。初中阶段学生学习了基本的句型结构和语法规则，但高中阶段需要更深入地理解和运用这些规则。通过设计语法实践活动，如句型转换、语法填空等，教师可以引导学生在实践中掌握语法知识，同时巩固和拓展初中已学语法点。这种教学方式使学生能够在实践中逐步深化对语法知识的理解，确保语法知识的连贯性。此外，活动观还强调听、说、读、写等语言技能的全面发展。通过设计综合性的语言实践活动，如角色扮演、情景对话、阅读讨论、写作练习等，教师可以帮助学生在实践中综合运用所学知识，提高他们的语言运用能力。这些活动不仅巩固了学生的基础知识，还培养了他们的语言实际应用能力，为高中英语学习打下了坚实的基础。

（二）为学生高中英语学习打下坚实基础

活动观引领下的初高中英语教学，注重将知识的学习与实际应用相结合。在初中阶段，学生通过一系列丰富多样的实践活动，如角色扮演、情景模拟、小组讨论等，不仅掌握了基础的英语词汇、语法和句型，更重要的是培养了英语学习的兴趣和自信心。这些实践活动强调学生的主体参与，使他们在实践中感受英语的魅力，逐渐形成积极的学习态度。

进入高中阶段，英语学习的难度和深度都有所增加。此时，学生在初中阶段通过活动观培养起来的英语学习兴趣和自信心成为他们面对挑战的重要支撑。由于已经在实践中积累了一定的英语应用经验，学生能够更快地适应高中英语的学习节奏，更主动地探索新的知识领域。同时，活动观引领下的初高中英语教学还注重学生英语学习能力的培养。通过设计具有挑战性和实践性的活动，如英语演讲、辩论赛、英语写作工作坊等，不仅锻炼了学生的口语表达、思维逻辑和书面表达能力，还培养了他们的自主学习和合作学习的能力。这些能力在高中英语学习中至关重要，能够帮助学生更好地应对复杂的学习任务，提高学习效率。此外，活动观还强调跨学科融合和文化意识的培养。在初高中英语教学活动中，教师可以引入其他学科的知识，如历史、地理、科学等，通过英语这一媒介进行跨学科的学习和交流。同时，通过介绍和探讨不同国家的文化习俗、价值观念等，增强学生的国际视野和文化包容性，为他们在高中及未来的英语学习中提供更广阔的空间和视角。

（三）促进初高中英语教学的顺利过渡

初高中阶段的教学目标、教学内容、教学方法都存在差异，如果衔接不当，容易导致学生学习兴趣的下降和学习动力的丧失。活动观通过实践活动促进知识的内化与应用，这使得学生在初高中阶段的过渡中能够保持学习的连续性和稳定性。

在教学目标上，初中阶段注重基础知识的掌握和基本技能的训练，高中阶段则更加注重知识的深化和拓展以及综合能力的培养。活动观引领下的教学衔接，通过设计具有层次性和递进性的实践活动，使得学生在从初中到高中的学习过程中，能够逐步适应教学目标的变化，保持学习的积极性和主动性。在教学内容上，初中阶段的知识相对基础且具体，高中阶段的知识则更加抽象和复杂。活动观指导下的衔接教学，可以设计一些过渡性的实践活动，如主题研究项目、跨学科融合活动等，让学生在实践中逐步接触和理解高中阶段的知识内容，减少学习上的陌生感和恐惧感。在教学方法上，初中阶段的教学方法相对单一且直观，高中阶段的教学方法则更加多样化和灵活。活动观强调通过实践活动促进知识的内化与应用，这使得学生在初高中阶段的过渡中能够逐渐适应不同的教学方法，提高自主学习的能力和合作学习的精神。例如，可以设计小组合作学习活动，让学生在合作中相互学习、相互帮助，培养他们的团队协作能力和沟通能力，也可以设计自主探究学习活动，让学生在探究中发现问题、解决问题，培养他们的创新思维和实践能力。

二、知识体系衔接活动的设计原则

（一）系统性原则：全面梳理初高中英语知识体系，确保衔接的完整性

为了确保学生能够从初中阶段平稳过渡到高中阶段，并在英语学习上取得持续进步，活动观引领下的英语教学强调系统性原则，即全面梳理初高中英语知识体系，确保衔接的完整性。

系统性原则要求我们在设计初高中英语教学活动时，必须充分考虑两个阶段的知识体系的内在联系和逻辑顺序。初中阶段是英语学习的基础阶段，学生在此阶段掌握了基本的词汇、语法、句型和语言技能。而高中阶段则是在此基础上进行深化和拓展，要求学生具备更强的语言运用能力和综合素养。因此，必须对初高中的英语知识体系进行全面梳理，明确各个阶段的教学重点和难点，确保学生在衔接过程中不会遗漏任何关键知识点。

在活动观的教学理念下，通过设计一系列具有层次性和递进性的实践活动，来实现知识体系的衔接。这些活动不仅涵盖了初中已学的知识点，还巧妙地引入了高中的新知识点，使学生在复习旧知

识的同时，能够逐步接触和理解新知识。例如，在词汇教学方面，我们可以设计词汇拓展活动，通过语境创设、词汇联想等方式，引导学生将初中已学词汇与高中新词汇相结合，形成词汇网络，从而加深记忆和理解。同时，系统性原则还要求我们在教学过程中注重知识的整合和融通。初高中的英语知识并不是孤立的，而是相互关联、相互支撑的。因此在设计教学活动时，要注重知识的跨模块、跨领域融合，使学生在实践中综合运用所学知识，提高他们的语言运用能力和解决问题的能力。此外，系统性原则还强调评价的连续性和一致性。在初高中英语教学的衔接过程中，要建立科学的评价体系，对学生的学习情况进行全面、客观的评价。通过评价可以及时了解学生的学习状况，发现他们在衔接过程中存在的问题和不足，从而采取有针对性的教学措施，确保衔接的顺利进行。

（二）渐进性原则：按照知识难度和深度，逐步引导学生过渡

在初高中英语教学的衔接过程中，遵循渐进性原则是至关重要的。活动观按照知识的难度和深度，逐步引导学生从初中阶段过渡到高中阶段，确保他们在英语学习上能够稳步前进，避免知识断层或学习挫败感。渐进性原则要求在设计英语教学活动时，充分考虑学生的认知发展规律和语言习得过程。初中阶段，学生已经掌握了一定的英语基础知识和基本技能，但进入高中阶段后，知识的难度和深度都会有所提升。因此必须精心设计教学活动，使学生能够在已有知识的基础上，逐步接触和理解新的知识内容。

在活动观的教学理念下，注重通过一系列由浅入深、由易到难的实践活动，引导学生逐步过渡。例如，在语法教学方面，可以先从初中已学的简单句型入手，通过复习和巩固，帮助学生打好基础。然后，逐步引入高中阶段的复杂句型结构和语法规则，通过对比分析、例句讲解等方式，引导学生逐步理解和掌握。这样，学生就能够在已有知识的基础上，逐步拓展和深化自己的语法知识。同

时，渐进性原则还要求我们在词汇教学、听力训练、口语表达、阅读理解和书面表达等方面都要遵循由易到难、逐步深入的原则。在词汇教学方面，可以先教授与学生日常生活和兴趣相关的词汇，然后逐步引入更高级、更专业的词汇。在听力训练和口语表达方面，我们可以先从简单的对话和短文入手，逐步提高学生的听力理解能力和口语表达能力。在阅读理解和书面表达方面，可以先从短篇文章和简单写作任务开始，逐步提高学生的阅读速度和写作水平。此外，渐进性原则还强调在教学过程中要关注学生的个体差异，因材施教。不同学生的英语基础和学习能力存在差异，因此我们在设计教学活动时，要根据学生的实际情况，灵活调整教学难度和进度，确保每个学生都能够在适合自己的学习节奏下逐步过渡。

（三）实践性原则：通过实践活动，加深学生对知识的理解和应用

实践性原则的核心在于"做中学"。在初高中英语课堂上，不再仅仅是教师讲、学生听的传统模式，而是鼓励学生积极参与各种实践活动，如角色扮演、情景对话、小组讨论、项目制作等。这些活动不仅让课堂氛围变得生动有趣，更重要的是，它们为学生提供了将理论知识转化为实际技能的机会。以词汇教学为例，传统的记忆背诵方式通常让学生感到枯燥乏味，且容易遗忘。而在实践性原则的指导下，教师可以通过设计词汇游戏、词汇接龙、语境造句等活动，让学生在游戏中学习，在运用中记忆。这样的实践活动不仅激发了学生的学习兴趣，还使他们在不知不觉中加深了对词汇的理解和记忆。

在语法教学中，实践性原则同样发挥着重要作用。通过设计语法实践活动，如编写小故事、改写句子、进行语法辩论等，学生可以在实践中探索和发现语法的规则，而不是仅仅依靠教师的讲解。这种探索式的学习方式不仅增强了学生的自主学习能力，还使他们

对语法的理解更加深入透彻。此外实践性原则还强调听说读写技能的全面发展。通过组织英语角、演讲比赛、写作工作坊等实践活动，学生可以在真实的语言环境中锻炼自己的口语表达、听力理解、阅读理解和书面表达能力，这些实践活动不仅提高了学生的语言技能，还培养了他们的跨文化交际能力和团队合作精神。

三、具体的知识体系衔接活动设计

（一）知识回顾与梳理

在初中阶段，学生已经积累了一定的英语词汇、语法和听说读写技能。然而，由于时间间隔、学习内容的多样性以及学生个体差异等因素，这些知识在学生头脑中可能呈现出零散、不系统的状态。因此，进入高中阶段之初，教师有必要组织一系列的知识回顾与梳理活动，帮助学生重新整合这些知识，形成清晰、完整的知识框架。词汇是英语学习的基石，在知识回顾与梳理阶段，教师可以通过词汇分类、词汇游戏、词汇测试等多种形式，引导学生回顾初中阶段的重点词汇。这些活动不仅可以帮助学生巩固记忆，还可以激发他们的学习兴趣，使他们在轻松愉快的氛围中重温旧知。同时，教师还可以结合高中阶段的词汇要求，适当引入一些新词汇，为后续的词汇学习打下基础。

语法是英语学习的骨架。在回顾与梳理语法知识时，教师可以采用对比分析、例句讲解、语法练习等多种方法。通过对比分析初中和高中语法知识的异同点，学生可以更加清晰地理解语法规则的演变和拓展。例句讲解和语法练习则可以帮助学生将抽象的语法规则转化为具体的语言运用，提升他们的语法运用能力。除了词汇和语法，听说读写技能也是知识回顾与梳理的重要内容。教师可以通过听力训练、口语表达、阅读理解、写作练习等多种活动，引导学生回顾和提升自己的语言技能。这些活动不仅可以帮助学生巩固初中阶段的技能基础，还可以为高中阶段的技能学习做好准备。

（二）知识拓展与深化

在知识拓展与深化阶段，教师的目标是引导学生逐步接触和理解高中新知识，拓宽他们的知识视野。这一阶段的活动设计应注重知识的层次性和递进性，确保学生能够在已有知识的基础上，逐步拓展和深化自己的英语知识体系。例如，在词汇教学方面，教师可以引入一些高中阶段的词汇，通过词汇讲解、例句分析等方式，帮助学生理解这些词汇的含义和用法。同时，教师还可以设计词汇拓展活动，如词汇联想、词汇造句等，引导学生在实践中运用所学词汇，加深记忆。

在语法教学方面，教师可以逐步引入高中阶段的语法规则，通过对比分析、例句讲解等方式，引导学生理解和掌握这些规则。为了加深学生对语法知识的理解，教师可以设计语法实践活动，如编写小故事、改写句子等，让学生在实践中运用语法规则，提升语法运用能力。此外，教师还可以结合高中阶段的阅读材料，引导学生深入分析文章结构、语言特点等，以提升他们的阅读分析能力和思辨性思维能力。听力理解和口语表达也是知识拓展与深化阶段的重要内容。教师可以选取一些高中阶段的听力材料，如新闻报道、学术讲座等，让学生聆听并尝试总结大意、抓取细节信息。通过口语表达活动，教师可以引导学生就特定话题进行讨论、辩论等，提升他们的口语表达能力和逻辑思维能力。

（三）知识运用与实践

在知识运用与实践阶段的活动设计应注重知识的实用性和创新性，确保学生能够在实践中不断巩固和提升自己的英语素养。例如，教师可以组织一次英语写作活动，让学生就特定主题撰写文章，并鼓励他们运用所学词汇、语法等知识进行表达。通过写作活动的反馈和修改过程，学生可以进一步提升自己的写作能力和语言运用能力。

为了提升学生的口语表达能力，教师可以设计角色扮演、情景对话等活动。在这些活动中，学生需要运用所学英语知识进行交流和沟通，从而在实践中锻炼自己的口语表达能力和交际能力。此外，教师还可以结合高中阶段的英语教材或课外读物，组织学生进行阅读分享、书评撰写等活动。通过这些活动，学生可以深入理解文章内容、表达自己的观点和感受，并提升阅读理解和书面表达能力。

为了将知识运用与实践阶段的活动与现实生活紧密结合，教师可以设计一些跨学科的英语实践活动。例如，结合历史、地理等学科内容，教师可以引导学生进行英语研究项目或制作英语多媒体作品。在这些活动中，学生需要运用所学英语知识进行资料搜集、信息整理和成果展示等，从而在实践中提升自己的综合素养和创新能力。在知识体系衔接活动的实施过程中，教师需要充分发挥引导作用，确保活动的顺利进行和有效实施。首先，教师需要精心准备活动材料，确保活动的针对性和实效性。同时，教师还需要关注学生的学习需求和兴趣点，以激发学生的学习兴趣和积极性。在活动过程中，教师需要密切观察学生的表现，及时给予反馈和指导，帮助学生克服困难和挑战。此外，教师还需要鼓励学生积极参与活动、勇于尝试和创新，以培养他们的自主学习能力和合作精神。

第二节　学习方法过渡活动

在初高中英语学习的过渡阶段，学习方法的转变是至关重要的一环，初中阶段，学生可能更多地依赖于教师的讲解和指导，而高中阶段则要求学生具备更强的自主学习能力和问题解决能力。因此，设计一系列科学合理的学习方法过渡活动，引导学生逐步适应高中阶段的学习要求，显得尤为重要。本节通过实践活动，帮助学生实现从被动接受到主动探索的学习方式的转变，将结合初高中英语教学的实际，设计一系列既有趣又富有挑战性的活动，如角色扮演、情景模拟、项目式学习等，让学生在实践中运用英语、体验英语，从而培养他们的语言运用能力、思维能力和创新能力。

一、学习方法过渡的必要性

（一）帮助学生适应高中英语学习的新要求

高中英语学习相较于初中，不仅在知识难度上有所提升，更在学习方法、思维模式和能力要求上提出了新的挑战。为了帮助学生顺利适应高中英语学习的新要求，活动观教学理念为我们提供了有力的支撑。

高中英语学习要求学生具备更强的自主学习能力、思辨性思维和解决问题的能力。因此，教师需要设计一系列有针对性的活动，引导学生在实践中逐步适应这些新要求。为了适应高中英语学习对自主学习能力的更高要求，教师可以组织一些自主学习活动。例如，设置英语学习角，鼓励学生自主选择阅读材料进行阅读，并分享自己的阅读心得；或者开展英语研究项目，让学生围绕特定主题进行资料搜集、分析和总结，培养他们的信息获取和处理能力。这些活动能够激发学生的内在学习动力，使他们逐渐学会如何独立地学习英语。同时，高中英语学习也注重培养学生的思辨性思维和解决问题的能力。教师可以通过辩论赛、角色扮演等活动，引导学生对英语文化、社会现象进行深入思考和讨论，培养他们的思辨性思维和口头表达能力。此外，还可以设计一些问题解决任务，如英语写作中的议论文写作，让学生在实践中锻炼自己的逻辑思维和问题解决能力。

在活动观的引领下，教师还可以结合多媒体技术和网络资源，创新英语教学方式。例如，利用在线学习平台进行互动式教学，让学生在课外时间也能进行英语学习；或者通过观看英语原声视频、参与在线英语角等方式，提高学生的英语听力和口语表达能力。活动观引领下的初高中英语教学注重通过实践活动来帮助学生适应高中英语学习的新要求。通过设计有针对性的自主学习活动、思辨性思维和问题解决任务以及创新教学方式，教师可以引导学生在实践中逐步适应高中英语学习的新挑战，为他们的全面发展奠定坚实的基础。

（二）提高学生的自主学习能力和学习效率

在初高中英语教学的过渡阶段，学生面临着学习内容的深化、学习方式的转变以及学习压力的增大。为了帮助学生更好地适应这些变化，提高他们的自主学习能力和学习效率，活动观教学理念为我们提供了新的思路和方法。

活动观强调通过实践活动来激发学生的学习兴趣，培养他们的自主学习能力。在初高中英语教学中，这意味着教师要设计一系列富有挑战性、趣味性和实用性的活动，让学生在实践中学习英语、运用英语。这些活动不仅可以帮助学生巩固语言知识，还可以提高他们的学习策略和技巧，从而增强他们的自主学习能力。为了提高学生的自主学习能力，教师可以组织一些自主探究性的学习活动。例如，可以设置一些与课文内容相关的研究项目，让学生自主选择研究方向，进行资料搜集、分析和总结。这样的活动可以激发学生的学习兴趣，促使他们主动探索、积极思考，从而培养他们的自主学习意识和能力。

在初高中英语教学中，教师可以通过设计一些高效的学习活动和任务，帮助学生更好地掌握学习方法和技巧。例如，可以进行快速阅读训练，提高学生的阅读速度和理解能力；或者组织一些英语写作工作坊，让学生在实践中学习写作技巧，提高写作效率。此外，教师还可以利用多媒体技术和网络资源，创新英语教学方式，提高学生的学习效率。通过在线学习平台、英语学习 APP 等工具，学生可以随时随地进行英语学习，不受时间和地点的限制。这种灵活的学习方式不仅可以提高学生的学习效率，还可以培养他们的自主学习习惯和能力。通过组织自主探究性的学习活动、设计高效的学习活动和任务以及创新教学方式，教师可以帮助学生在实践中掌握英语学习的方法和技巧，提高他们的自主学习意识和能力，为他们的终身学习和发展奠定坚实的基础。同时，这也有助于激发学生的学习兴趣和积极性，使他们在英语学习中取得更好的成绩和进步。

（三）促进学生的全面发展与个性化学习

在初高中英语教学的实践中，每个学生都是独一无二的个体，他们有着不同的兴趣、特长和学习方式。因此，设计的教学活动总是力求多样化、层次化，以满足不同学生的需求。通过小组讨论、角色扮演、项目式学习等活动，学生们可以在实践中运用英语，体验英语的魅力，同时也在合作与交流中锻炼了自己的沟通能力、团队协作能力和解决问题的能力。活动观引领下的英语教学，注重培养学生的综合素质。不仅仅关注学生的语言技能，更重视他们的思维能力、创新能力和跨文化交际能力。通过设计一些具有挑战性的任务，如英语演讲、辩论赛、国际文化交流活动等，可以引导学生在实践中探索、在挑战中成长，从而培养他们的思辨性思维、创新精神和国际视野。

同时，活动观也强调个性化学习的重要性，尊重每个学生的学习节奏和方式，鼓励他们根据自己的兴趣和需求选择适合自己的学习路径。通过提供丰富的学习资源和个性化的学习支持，可以帮助每个学生发挥自己的优势，弥补自己的不足，实现个性化的发展。在初高中英语教学的过渡阶段，更是注重活动的连贯性和递进性，确保学生能够平稳过渡，持续进步。通过设计一系列衔接紧密、层层递进的活动，可以引导学生在实践中逐步深化对英语的理解和运用，为他们的全面发展奠定坚实的基础，只有让每个学生在实践中探索、在体验中成长，才能真正激发他们的学习热情，挖掘他们的潜能，让英语成为他们通往更广阔世界的桥梁。

二、学习方法过渡活动的设计思路

（一）引导性原则：通过教师引导，帮助学生掌握新的学习方法

在初高中英语教学的实践中，活动观通过丰富多样的实践活动来促进学生的语言学习和全面发展，当学生面临新的学习方法时，教师的适时、适度引导能够成为学生掌握新技能的关键。

初高中英语学习阶段，学生需要适应更加深入、系统的语言知识体系，同时也需要掌握更为高效、自主的学习方法。然而，新的学习方法对于学生来说通常是陌生且具有挑战性的。这时，教师就需要充当引路人的角色，通过精心设计的活动和适时的指导，帮助学生逐步熟悉并掌握这些新方法。教师引导的作用首先体现在对新学习方法的介绍和示范上。教师可以通过课堂讲解、示例演示等方式，让学生对新学习方法有一个初步的了解和认识。同时，教师还可以结合自己的教学经验，分享一些实用的学习技巧和策略，帮助学生更好地理解和应用新方法。除了介绍和示范，教师还需要通过实践活动来引导学生逐步掌握新学习方法。在活动观的教学理念下，教师可以设计一系列与新方法相关的实践活动，让学生在实践

中尝试和运用新方法。例如，教师可以组织小组合作学习活动，引导学生通过合作与交流来掌握协作学习的技巧；或者设计一些自主探究性的学习任务，鼓励学生在探索中学会自主学习和思考。

在引导过程中，教师还需要注重个体差异，因材施教。每个学生都有自己独特的学习方式和节奏，教师需要根据学生的实际情况，给予个性化的指导和支持。对于学习困难的学生，教师可以提供更多的帮助和鼓励；对于学习能力较强的学生，则可以给予更高的挑战和更深入的指导。活动观引领下的初高中英语教学强调教师的引导作用，通过教师的精心设计和适时指导，帮助学生掌握新的学习方法。这不仅能够提高学生的语言学习效率，还能够培养他们的自主学习能力和创新思维，为他们的终身学习和发展奠定坚实的基础。

（二）实践性原则：鼓励学生在实践中尝试和运用新的学习方法

英语的本质在于交流与应用，在初高中英语教学中，不能仅仅满足于学生掌握语法规则、词汇搭配等基础知识，更要引导他们将这些知识运用到实际情境中，通过实践来加深理解、提高能力，新的学习方法，如项目式学习、合作学习、翻转课堂等，正是为了实现这一目标而诞生的。为了鼓励学生在实践中尝试和运用新的学习方法，教师需要精心设计教学活动，创设真实或模拟的语言环境。例如，可以组织学生进行英语角活动，让他们在轻松愉快的氛围中练习口语；或者开展英语戏剧表演，让学生在角色扮演中体会语言的魅力和运用技巧。这些实践活动不仅能够激发学生的学习兴趣，还能够让他们在实践中逐渐掌握并熟练运用新的学习方法。

在实践中，学生会遇到各种挑战和困难，这正是他们成长和进步的契机。教师应该鼓励学生勇于尝试、敢于犯错，从错误中吸取教训、总结经验。同时，教师还要及时给予反馈和指导，帮助学生调整学习策略、改进学习方法。此外教师还可以利用现代信息技术手段，如在线学习平台、英语学习 APP 等，为学生提供更多实践机会和资源。这些工具不仅能够丰富学生的学习方式，还能够让他们在实践中更加自主地探索和学习，通过精心设计的教学活动、创设真实的语言环境、鼓励勇于尝试和及时给予反馈指导，可以帮助学生在实践中不断成长和进步，为他们的英语学习之路铺就坚实的基石。

（三）反馈性原则：及时给予学生反馈，调整和优化学习方法

反馈性原则是活动观教学的重要一环，强调在教学过程中及时给予学生反馈，帮助他们认识自己的学习状况，调整和优化学习方法，从而不断提升英语学习效果。英语学习是一个复杂而漫长的过程，每个学生都有自己的学习节奏和方式。在活动观引领下的英语教学中，教师不再是单纯的知识传授者，而是学生学习的引导者和伙伴，教师需要密切关注学生的学习动态，及时捕捉他们在学习过程中的闪光点和不足，通过反馈的方式，帮助学生清晰地认识到自己的学习状况。

及时反馈是调整和优化学习方法的前提。当学生在实践中尝试新的学习方法时，他们可能会遇到困惑和挑战。这时，教师的反馈就如同指南针，指引他们找到正确的方向。对于学生在学习中表现出的优点和进步，教师要给予充分的肯定和鼓励，增强他们的自信心和学习动力。同时，对于学生在学习中存在的问题和不足，教师也要坦诚地指出，并提供具体的建议和指导，帮助他们及时纠正错误，调整学习策略。反馈不仅仅是单向的，还应该是双向的。教师在给予学生反馈的同时，也要鼓励学生主动反馈自己的学习感受和需求。通过师生的互动交流，教师可以更加全面地了解学生的学习状况，更加准确地把握他们的学习脉搏，从而更加有针对性地调整和优化教学方法。在实践中，反馈性原则的实施需要教师的敏锐洞

察力和高度责任心。教师要时刻关注学生的学习动态，及时发现并解决问题。同时，教师还要不断学习和探索新的反馈方式和方法，以适应不断变化的教学需求和学生学习特点。活动观引领下的初高中英语教学反馈性原则强调及时给予学生反馈，帮助他们调整和优化学习方法。通过师生的互动交流和共同努力，我们可以不断提升英语学习的效果和质量，为学生的全面发展奠定坚实的基础。

三、具体的学习方法过渡活动设计

（一）学习方法介绍与培训

在初高中英语学习的起始阶段，学生通常对新的学习方法感到陌生和不适应，因此教师需要首先向学生介绍一系列有效的英语学习方法，并通过培训帮助他们初步掌握这些方法。

教师可以利用课堂时间，向学生详细阐述不同学习方法的特点和适用场景，例如可以介绍记忆单词的策略，如联想记忆法、词根词缀法等；讲解阅读理解的技巧，如快速浏览、定位信息、推理判断等；以及介绍写作构思的方法，如头脑风暴、提纲撰写等。在介绍过程中，教师应结合具体的例子，使学生更加直观地理解这些方法的应用。为了加深学生对新方法的理解和记忆，教师可以组织一些互动式的培训活动。例如，可以设计记忆单词的小组竞赛，让学生在比赛中运用联想记忆法或词根词缀法记忆新单词；或者开展阅读理解的模拟练习，引导学生运用所学技巧快速准确地完成阅读任务，还可以组织写作构思的头脑风暴活动，鼓励学生在小组中集思广益，共同构思一篇作文。在介绍和培训过程中，教师应注重激发学生的兴趣和积极性。可以通过设置悬念、提出问题、展示成果等方式，引导学生主动参与活动，积极思考并尝试运用新方法，同时教师还应及时给予学生反馈和指导，帮助他们纠正错误，巩固所学内容。

（二）学习方法实践与体验

在学生对新的学习方法有了初步了解并掌握了一定技巧后，教师需要设计一系列实践活动，让学生在实践中进一步体验和运用这些方法。教师可以结合教材内容，设计一系列与课文主题相关的实践活动。例如，在学习一篇关于环保的课文时，教师可以组织学生开展一次环保主题的调研活动。学生可以运用所学阅读理解技巧查阅相关资料，了解环保的现状和问题；运用记忆单词的策略记忆与环保相关的词汇；并运用写作构思的方法撰写一篇关于环保的倡议书。通过这样的实践活动，学生可以在真实情境中运用所学方法，加深对其的理解和掌握。

除了结合教材内容的实践活动外，教师还可以设计一些拓展性的实践活动。例如，可以组织学生进行英语角活动，让他们在轻松愉快的氛围中运用所学口语交流技巧进行实际对话；或者开展英语演讲比赛，引导学生运用所学写作构思和表达技巧准备演讲稿并进行演讲。这些拓展性的实践活动不仅可以丰富学生的学习经历，还可以帮助他们在实践中不断提升自己的英语综合能力。在实践活动中，教师应充分发挥学生的主体作用，鼓励他们主动参与、积极尝试。同时，教师还应密切关注学生的表现，及时给予指导和支持。对于学生在实践中遇到的问题和困难，教师要耐心解答、积极帮助；对于学生在实践中表现出的优点和进步，教师要及时肯定、给予鼓励。

（三）学习方法评估与调整

经过一段时间的实践后，教师需要对学生的学习方法进行评估，了解他们掌握和运用新方法的情况，并根据评估结果对教学方法和活动进行调整和优化。教师可以设计一系列评估任务，对学生的学习方法进行全面、客观的评估。例如，可以设计一份关于记忆单词策略的测试卷，考查学生运用联想记忆法或词根词缀法记忆新单词的能力，或者设置一篇阅读理解文章并配以相关问题，检验学生运用所学技巧完成阅读任务的效果，还可以布置一篇作文题目，要求学生运用所学写作构思方法撰写作文，并对其进行评分和评价。

在评估过程中，教师应注重评估的多样性和全面性。除了传统的笔试和口试外，还可以采用观察、记录、访谈等多种方式收集学生的信息和数据。同时，教师还应注重评估的客观性和公正性，避免主观臆断和偏见对学生的影响。根据评估结果，教师需要对教学方法和活动进行调整和优化。对于学生在掌握和运用新方法方面存在的共性问题，教师可以通过集体讲解、示范演示等方式进行针对性教学；对于个别学生存在的特殊问题，教师可以采用个别辅导、差异化教学等方式进行个性化指导。同时，教师还可以根据评估结果对实践活动进行调整和改进，使其更加符合学生的学习需求和特点。在调整和优化过程中，教师应注重创新性和实效性。可以尝试引入新的教学方法和技术手段，如多媒体教学、网络教学等，以丰富教学形式和内容；同时还应注重教学效果的实时监测和反馈，及时调整教学策略和活动方案，确保教学质量的持续提升。教师还应鼓励学生进行自我评估和反思，可以引导学生对自己的学习方法进行总结和归纳，分析自己在掌握和运用新方法方面的优势和不足；并鼓励他们根据自己的实际情况制定改进计划和目标，不断提升自己的英语学习能力和水平。

第三节　教学节奏适应活动

随着学生由初中升入高中，他们不仅面临着知识内容的深化和拓展，更需适应教学节奏、学习方式以及思维模式的转变。在初高中英语教学节奏适应的过程中，活动观的应用显得尤为重要，它不仅能够激发学生的学习兴趣，提高他们的课堂参与度，还能够帮助学生在实践中逐步适应高中英语的教学节奏，培养他们的自主学习能力和思辨性思维，本节引导学生积极参与，主动探索，从而在实践中逐步适应高中的英语教学节奏。这些活动既注重知识的传授，又强调技能的培养，更注重学生情感、态度和价值观的塑造，将深入分析初高中英语教学节奏的差异，探讨活动观在英语教学中的应用策略，以及如何通过活动设计来促进学生的适应和发展，通过活动观的引领，学生将能够在轻松愉快的氛围中，逐步适应高中的英语教学节奏，提高他们的语言运用能力，为未来的学习和生活打下坚实的基础。

一、教学节奏适应的意义

（一）帮助学生适应高中英语教学节奏的变化

随着学生由初中步入高中，他们不仅踏入了一个全新的学习阶段，也面临着诸多挑战，其中最为显著的就是英语教学节奏的变化。高中英语教学内容更加深入、广泛，教学节奏也相应加快，这对学生来说无疑是一大考验。

在活动观的引领下，初高中英语教学可以设计一系列与高中英语教学内容紧密相关的实践活动。这些活动既可以是课堂内的互动讨论、角色扮演，也可以是课外的英语角、英语演讲比赛等。通过这些活动，学生可以在轻松愉快的氛围中，逐渐熟悉高中的英语教学方式，提高他们的英语听说读写能力。同时，活动观还注重培养学生的自主学习能力和思辨性思维。在高中英语教学中，学生需要更加主动地参与学习过程，学会独立思考和解决问题。因此，在设计活动时，教师可以引导学生自主探索、合作学习，鼓励他们提出自己的观点和见解。这种学习方式不仅能够提高学生的自主学习能力，还能够培养他们的思辨性思维，使他们更好地适应高中的英语教学节奏。此外活动观还强调教学的个性化和差异化，每个学生都有自己的学习特点和节奏，因此在设计活动时，教师需要充分考虑学生的个体差异，因材施教，通过设计不同层次、不同类型的活动，满足不同层次学生的需求，使每个学生都能够在活动中找到自己的位置，发挥自己的优势。

（二）提高学生的课堂参与度和学习积极性

在初高中英语教学的实践中，提高学生的课堂参与度和学习积极性是提升教学效果的关键，传统的填鸭式教学通常忽视了学生的主体地位，导致学生在课堂上被动接受知识，缺乏主动性和积极性，而活动观的引入，为改变这一现状提供了新的思路和方法。

活动观强调通过实践、参与和体验来激发学生的学习兴趣，使他们在课堂上更加活跃、主动。在初高中英语教学中，教师可以根据教学内容设计一系列丰富多样的实践活动，如角色扮演、小组讨论、情景模拟等。这些活动不仅能够吸引学生的注意力，还能够让他们在实践中运用所学知识，加深理解和记忆。通过角色扮演，学生可以亲身体验课文中的角色，感受人物的情感和思想，从而更加深入地理解课文内容。小组讨论则能够促进学生之间的交流与合作，让他们在互相启发中拓宽思路，提高思维能力。情景模拟则能够让学生将所学知识应用于实际情境中，培养他们的语言运用能力和解决问题的能力。这些实践活动的开展，极大地提高了学生的课堂参与度。他们不再是被动接受知识的容器，而是成为课堂的主体，积极参与各种活动，发表自己的观点和见解。这种参与感的增强，使得学生对英语学习产生了浓厚的兴趣，学习积极性也得到了极大的提高。

活动观的实施还能够培养学生的自主学习能力和创新精神。在实践活动中，学生需要主动探索、合作学习，这种学习方式能够锻炼他们的自主学习能力和团队协作能力。而面对各种问题和挑战，学生也需要发挥创新精神，寻找新的解决方案。在实践活动中，学生可以放松心情，积极参与，这种氛围有利于激发学生的学习兴趣和积极性。同时，教师也可以通过观察学生在活动中的表现，及时了解他们的学习情况和需求，从而调整教学策略和方法，更好地满足学生的学习需求。

（三）促进课堂教学的顺利进行和教学效果的提升

在初高中英语教学的广阔天地里，促进课堂教学的顺利进行，并实现教学效果的显著提升，一直是教育工作者们孜孜以求的目标，活动观的引入，为这一目标的实现注入了新的活力与可能。

活动观通过设计丰富多样的实践活动，激发学生的学习兴趣，引导他们积极参与课堂，从而在实践中掌握知识，提升能力。在初高中英语教学中，这一理念的应用显得尤为重要。英语是一门语言学科，其学习过程本就需要大量的实践与交流，而活动观正是提供了这样一个平台，让学生在活动中用英语、学英语，使英语学习变得更加生动有趣。在活动观的引领下，教师可以根据教学内容和学生的实际情况，设计一系列与英语学习紧密相关的实践活动。这些活动既可以是角色扮演、情景对话，也可以是小组讨论、辩论赛等。通过这些活动，学生不仅能够在实践中锻炼自己的英语听说读写能力，还能够培养自己的思维能力和团队协作能力。这些实践活动的开展，极大地促进了课堂教学的顺利进行。在活动中，学生成为课堂的主体，他们积极参与，踊跃发言，课堂氛围变得活跃而有序。这种氛围有利于激发学生的学习兴趣，使他们更加专注于课堂学习，从而提高了教学效果。

活动观的实施还有助于提升教学效果。通过实践活动，学生能够将所学知识应用于实际情境中，加深了对知识的理解与记忆。而且，活动中的互动与交流也让学生有机会发现自己的不足，从而及时调整学习策略，提高学习效率。活动观还鼓励教师创新教学方法，不断探索适合学生的教学模式。这种探索与创新不仅提升了教师的教学能力，也为课堂教学注入了新的元素，使教学更加生动有趣，进一步促进了教学效果的提升。

二、教学节奏适应活动的设计策略

（一）渐进性调整原则：逐步加快教学节奏，让学生逐渐适应

教学节奏过快，可能导致学生跟不上进度，产生挫败感，教学节奏过慢，则可能让学生感到乏味，缺乏挑战性，遵循教学节奏的渐进性调整原则，逐步加快教学节奏，让学生逐渐适应，是提升教学效果的关键。

渐进性调整原则强调在教学过程中，教师应根据学生的实际情况和学习进度，适时地调整教学节奏。在初高中英语教学的初期，由于学生刚从初中升入高中，对高中的英语学习内容和方式可能还不太适应，因此教师需要适当放慢教学节奏，给学生足够的时间和空间去熟悉和适应。在这个阶段，教师可以采用更加细致、深入的讲解方式，帮助学生打好基础。同时，通过设计一些相对简单的实践活动，让学生在实践中逐渐找回自信，激发学习兴趣。这样的教学方式，既能够让学生感受到英语的魅力，又能够为他们后续的学习打下坚实的基础。随着学生逐渐适应高中的英语学习，教师可以逐步加快教学节奏。在这个阶段，教师可以增加教学内容的广度和深度，提高学生的思维能力和语言运用能力。同时，通过设计更加具有挑战性的实践活动，让学生在实践中不断挑战自我，提升自己的英语水平。

逐步加快教学节奏，并不意味着一味地追求速度。教师需要根

据学生的反馈和学习情况，适时地调整教学节奏，确保学生能够跟上进度。同时，教师还需要关注学生的学习状态，及时发现并解决他们在学习过程中遇到的问题，确保他们能够顺利地适应教学节奏的变化。遵循教学节奏的渐进性调整原则，不仅能够让学生逐渐适应高中的英语学习，还能够提升他们的学习能力和自我适应能力。通过逐步加快教学节奏，学生能够在不断挑战中成长为更加优秀、自信的英语学习者。同时，这种教学方式也能够激发学生的学习兴趣和积极性，让他们在英语学习的道路上走得更远、更稳。因此，在初高中英语教学中，我们应该始终坚持教学节奏的渐进性调整原则，为学生的全面发展保驾护航。

（二）多样性教学原则：采用多种教学方法和手段，保持课堂活力

在初高中英语教学的广阔舞台上，教学节奏的把握是关乎学生学习兴趣与效果的关键，教学节奏的多样性教学原则，是为这一舞台注入了源源不断的活力与色彩，这一原则强调，教师应采用多种教学方法和手段，以保持课堂的生动、有趣，让学生在轻松愉快的氛围中掌握知识，提升能力。

多样性教学原则的实施，首先体现在教学方法的丰富性上。传统的讲授式教学固然有其优势，但长期单一的教学方法容易使学生产生厌倦感。因此，教师应根据教学内容和学生的实际情况，灵活运用讨论式、探究式、合作式等多种教学方法。在讨论式中，学生可以畅所欲言，表达自己的观点；在探究式中，学生可以主动探索，寻找问题的答案；在合作式中，学生可以携手共进，共同完成学习任务。这些教学方法的交替使用，不仅使课堂更加生动有趣，也激发了学生的学习兴趣和积极性。多样性教学原则还体现在教学手段的多样性上，随着科技的发展，多媒体教学手段日益成为课堂教学的重要组成部分。教师可以通过 PPT、视频、音频等多种媒体

形式，将抽象的知识形象化、具体化，使学生更加直观地理解掌握。此外，教师还可以利用网络资源，拓展学生的视野，丰富他们的知识面。这些教学手段的运用，不仅使课堂更加丰富多彩，也提高了教学的效率和效果。

采用多种教学方法和手段，还可以有效地调节课堂节奏。当课堂氛围过于沉闷时，教师可以通过引入有趣的讨论话题或互动游戏，来活跃课堂气氛；当学生学习疲劳时，教师可以通过播放一段轻松的音乐或视频，来缓解他们的压力。这种灵活多变的教学节奏，既保持了课堂的活力，也提高了学生的学习效率。教学节奏的多样性教学原则是实现高效课堂教学的重要途径。通过采用多种教学方法和手段，教师可以保持课堂的生动、有趣，激发学生的学习兴趣和积极性；同时，也可以有效地调节课堂节奏，提高教学的效率和效果。因此，在初高中英语教学中，应该始终坚持多样性教学原则，为课堂的活力与魅力保驾护航。

（三）互动性教学原则：增加师生互动和生生互动，提高课堂参与度

在初高中英语教学的实践中，教学节奏的把握不仅关乎知识的传递效率，更影响着学生的学习体验和课堂参与度，互动性教学原则是提升课堂氛围、激发学生兴趣的关键，强调通过增加师生互动和生生互动，让课堂焕发出生机与活力。

互动性教学原则的核心在于"互动"。在课堂上，教师不再是单纯的知识传授者，而是学生学习的引导者和伙伴。通过提问、讨论、小组合作等多种形式，教师可以与学生建立起紧密的联系，引导学生主动思考、积极发言。这种师生互动不仅能够帮助教师及时了解学生的学习情况，还能激发学生的学习兴趣，使他们在参与中感受到学习的乐趣。同时，生生互动也是互动性教学原则的重要组成部分。在小组合作学习、角色扮演、辩论赛等活动中，学生之间

可以相互交流、合作，共同完成任务。这种互动不仅能够培养学生的团队协作能力和沟通能力，还能让他们在交流中相互启发，拓宽思路。

增加师生互动和生生互动，对于提高课堂参与度具有显著效果。当学生在课堂上被赋予更多的话语权和表达机会时，他们会更加积极地参与到课堂活动中来。无论是回答问题、提出观点，还是与同学合作完成任务，都能让学生感受到自己的存在感和价值感，从而增强他们的学习动力和自信心。互动性教学还能促进知识的内化和应用。在互动过程中，学生需要通过思考、表达和交流来深化对知识的理解，这将有助于他们将所学知识应用于实际情境中。这种知识的内化和应用过程，不仅提高了学生的学习效果，还培养了他们的思维能力和解决问题的能力。通过增加师生互动和生生互动，教师可以营造一个积极、活跃的课堂氛围，激发学生的学习兴趣和积极性；同时，还能促进知识的内化和应用，提高学生的学习效果和综合能力。因此，在初高中英语教学中，我们应该始终坚持互动性教学原则，让课堂成为师生共同探索、共同成长的乐园。

三、具体的教学节奏适应活动设计

（一）教学节奏感知与体验

在初高中英语教学的殿堂里，教学节奏不仅仅是一种时间上的安排，更是一种情感的流转、知识的脉动，教学节奏的感知与体验，对于学生而言，是一场身心俱全的沉浸式学习之旅。教学节奏的感知，始于教师对课堂氛围的精心营造。一堂好课，如同一首优美的乐章，有起承转合，有高潮低谷。教师是指挥家，通过语言的抑扬顿挫、表情的丰富多变、肢体的恰当运用，引导学生进入一个个学习情境。学生在这样的氛围中，能够敏锐地感知到教学的节奏，跟随教师的引导，一步步深入知识的海洋。

教学节奏的体验是学生主体性的充分展现，在快节奏的教学环节中，如快速问答、限时阅读等，学生需要迅速反应，锻炼思维的敏捷性和语言的流畅性。这种紧张而刺激的体验，让学生感受到学习的挑战和乐趣。在慢节奏的教学环节中，如深度讨论、情感分享等，学生则有更多的时间和空间去思考、去感悟，这种宁静而深邃的体验，让学生感受到学习的深度和广度。教学节奏的感知与体验，还体现在师生之间的互动中。当教师适时地提出问题，引导学生思考，学生积极回应，课堂就形成了一种良好的互动节奏。这种节奏让学生感受到自己的参与和贡献，增强了学习的主动性和积极性。同时，学生之间的互动也构成了教学节奏的一部分。小组合作、角色扮演等活动，让学生在交流中碰撞思想，在合作中共同成长。良好的教学节奏，还能够调节学生的情绪，保持学习的持久动力。当课堂节奏过于紧张时，教师可以通过适当的放松活动，如小游戏、轻松的音乐等，来缓解学生的压力；当课堂节奏过于松散时，教师可以通过提问、讨论等方式，来激发学生的兴趣和注意力。教学节奏的感知与体验让学生在学习的过程中，既能够感受到知识的魅力，又能够享受到学习的乐趣，教师应该根据教学内容和学生的实际情况，精心设计和调整教学节奏，打造一场场沉浸式的学习之旅，让学生在英语的世界里自由翱翔。

（二）教学节奏适应与训练

教学节奏的适应与训练，不仅是教师教学艺术的体现，更是学生学习能力提升的关键环节。教学节奏的适应，对学生而言，是一个从陌生到熟悉，从被动到主动的过程。初入新的学习环境，学生可能会对教学节奏感到不适应，有的觉得太快，难以跟上；有的觉得太慢，缺乏挑战。这时，教师需要充当引路人，通过逐步调整教学节奏，引导学生慢慢融入其中。教师可以通过课前预热、课中互动、课后总结等方式，让学生逐渐感知并适应教学的节奏，找到属于自己的学习步调。

　　教学节奏的训练是进一步提升学生学习效率和适应能力的必要途径。教师可以通过多样化的教学活动，如快速阅读、限时写作、小组讨论等，训练学生的反应速度、思维敏捷性和团队协作能力。在快节奏的训练中，学生学会迅速抓住重点，高效处理信息；在慢节奏的训练中，学生则有机会深入思考，培养思辨性思维和创新能力。同时，教学节奏的适应与训练也是师生相互磨合、共同成长的过程。教师需要不断观察学生的学习状态，根据他们的反馈和表现，灵活调整教学节奏。当学生表现出疲惫或困惑时，教师可以适当放慢节奏，给予更多的引导和支持；当学生表现出兴奋和积极时，教师则可以加快节奏，提出更高的要求，激发学生的潜能。此外教学节奏的适应与训练还需要注重个体差异，每个学生都有自己的学习节奏和偏好，教师需要尊重这种差异，因材施教。对于适应能力强、学习速度快的学生，教师可以提供更多的挑战和拓展；对于适应能力较弱、学习速度较慢的学生，教师则需要给予更多的耐心和鼓励，帮助他们逐步跟上教学的节奏。

　　例如，在某中学初三年级的英语课堂上，教师发现部分学生在适应较快的教学节奏方面存在困难，导致他们在课堂上难以跟上进度，影响学习效果。为了帮助学生更好地适应中学英语的教学节奏，提高他们的英语综合能力，教师可以实施一系列教学节奏适应与训练措施。教师首先通过课堂观察、小测验和与学生的一对一交流，了解学生在不同教学环节（如听力、口语、阅读、写作）中的适应情况。发现学生在快速听力理解和即时口语表达方面尤为吃力，而在阅读和写作方面相对较好。针对学生在听力方面的困难，教师设计了"逐步加快听力训练"计划。起初，使用语速较慢、内容简单的材料，逐渐过渡到语速正常、内容稍复杂的材料，最后使用接近或达到正常英语语速的材料。在口语方面，教师组织了"快速反应口语练习"，如快速问答、即兴演讲等，要求学生在短时间内组织语言并作出回答，逐渐提高他们的口语反应速度。在课堂上，教师按照适应训练计划，有步骤地加快教学节奏。在听力环节，先播放慢速材料，让学生逐渐习惯并理解内容，然后逐渐提高语速，要求学生适应并捕捉关键信息。在口语环节，教师设置时间限制，要求学生在规定时间内完成口语任务，如描述图片、讲述故事等，逐渐培养他们的快速思维能力和口语表达能力。教师利用多媒体教学资源，如英语原声视频、音频材料，为学生提供更真实、更生动的语言输入，同时控制播放速度，帮助学生逐渐适应不同的语速和语调。教师定期收集学生的反馈意见，了解他们在适应教学节奏方面的进展和困难。根据学生的反馈，教师适时调整教学节奏和训练难度，确保学生能够稳步前进，避免过度压力。经过几个月的教学节奏适应与训练，学生逐渐适应了较快的教学节奏，他们的听力理解能力和口语表达能力得到了显著提升。在课堂上，学生能够更积极地参与讨论，更自信地表达自己的观点。同时，他们的阅读速度和写作效率也有所提高，英语综合能力得到了全面提升。此案例说明，通过有针对性的教学节奏适应与训练，中学生可以逐渐适应并跟上英语课堂的教学节奏，提高他们的英语综合能力。这也为教师在教学设计中提供了有益的参考，即应根据学生的实际情况和学习需求，科学安排教学节奏，注重学生的适应性和训练效果。

（三）教学节奏反馈与调整

教学节奏的反馈与调整确保了教学的顺利进行，也促进了学生的有效学习。教学节奏的反馈，是教师对课堂教学效果的即时捕捉和深入洞察。在课堂上，学生的表情、反应、参与度都是教学节奏反馈的重要信号。当教师发现学生眼神迷茫、反应迟缓时，这可能是教学节奏过快，学生难以跟上的信号；当学生表现出兴奋、积极，甚至有些躁动时，这可能是教学节奏过慢，学生渴望更多挑战的体现。这些反馈如同乐谱上的音符，为教师提供了调整教学节奏的依据。

基于这些反馈，教师需要灵活地进行教学节奏的调整。当察觉到学生跟不上节奏时，教师可以适当放慢速度，通过重复讲解、举例说明等方式，帮助学生更好地理解和掌握知识。同时，也可以增加一些互动环节，如提问、讨论等，以激发学生的兴趣和参与度，使课堂氛围更加活跃。相反，当学生表现出对知识的渴望和追求时，教师可以加快教学节奏，引入更多拓展性的内容，满足学生的求知欲。此时，教师可以采用更加灵活多样的教学方法，如小组合作学习、角色扮演等，让学生在实践中探索和学习，进一步提升他们的语言运用能力和团队协作能力。

教学节奏的反馈与调整是一个动态平衡的过程，教师需要时刻保持对课堂的敏锐感知，及时捕捉学生的反馈信号，并做出相应的调整。这种调整不仅体现在教学速度上，还体现在教学内容、教学方法等多个方面。通过不断的反馈与调整，教师可以更好地把握教学的节奏和力度，使课堂既不过于紧张也不过于松散，既充满挑战又充满乐趣。总之，教学节奏的反馈与调整是初高中英语教学中至关重要的环节。它要求教师具备敏锐的洞察力和灵活的应变能力，以确保教学的顺利进行和学生的有效学习。通过不断的反馈与调整，教师可以构建出更加和谐、动人的学习乐章，让学生在英语的海洋中畅游，享受学习的快乐与成就。

第九章 英语学习活动观的未来展望与挑战

　　随着科技的飞速发展、国际交流的日益频繁，英语学习活动观也在不断地演变与深化，探讨英语学习活动观的未来展望与挑战这一主题，不仅关乎个体语言能力的提升，更关系到国家文化的传播与国际竞争力的增强。回顾过去，英语学习活动经历了从传统的课堂教学到多媒体辅助教学，再到如今线上线下融合的多元化学习模式。这一过程中，学习者的主体地位逐渐凸显，个性化学习、互动式学习成为新趋势。然而，面对未来，英语学习活动观仍面临着诸多挑战与机遇。未来展望方面，随着人工智能、大数据等技术的不断成熟，英语学习将更加智能化、个性化。智能学习系统能够根据学习者的水平、兴趣和学习习惯，提供定制化的学习路径和资源，极大地提高学习效率。同时，跨文化交流的需求日益增长，英语学习将更加注重培养学习者的跨文化交际能力，使其能够在国际舞台上自信地表达与交流。探讨英语学习活动观的未来展望与挑战，不仅是对当前学习模式的反思，更是对未来学习路径的规划与展望。我们期待通过本主题的探讨，能够激发更多关于英语学习的新思考、新理念，共同推动英语学习活动向更加高效、多元、人性化的方向发展。

第一节 英语学习活动观的发展趋势

　　英语学习活动观的发展趋势，是与时代的发展紧密相连的。随着科技的进步和信息化的普及，英语学习已经不再局限于传统的课堂教学，而是呈现出多元化、个性化的发展趋势。在线学习、移动学习、混合式学习等新型学习方式如雨后春笋般涌现，为学习者提供了更加便捷、灵活的学习途径。在这一趋势下，英语学习活动更加注重学习者的主体性和参与性。学习者不再是被动的接受者，而是成为学习过程的积极参与者和创造者。他们可以根据自己的兴趣、需求和学习风格，选择适合自己的学习内容和方式，实现个性化学习。同时，英语学习活动也越来越注重实践性和应用性。通过模拟真实场景、进行语言实践、参与跨文化交流等活动，学习者能够在实践中提高语言运用能力，增强跨文化交际能力。展望未来，英语学习活动观将继续沿着多元化、个性化、实践性的方向发展。随着技术的不断进步和教育理念的不断更新，未来的英语学习活动将更加丰富多彩、更加贴近学习者的实际需求。

一、活动设计更加多元化与个性化

（一）融合多种教学元素，创新活动形式

融合多种教学元素，意味着英语学习活动不再仅仅局限于语言知识的传授，而是将文化、艺术、科技等多领域的内容融入其中。例如，在英语阅读活动中，教师可以选取富含文化特色的英文原著或短篇小说，让学生在阅读的过程中不仅提升语言技能，还能领略异国风情，拓宽国际视野。同时，结合音频、视频等多媒体资源，使阅读活动更加生动有趣，激发学生的阅读兴趣。

在创新活动形式方面，英语学习活动设计应打破传统课堂的束缚，采用更加灵活多样的教学方式。比如，可以组织英语角、英语演讲比赛、英语戏剧表演等活动，为学生提供语言实践的平台，让他们在实际交流中锻炼口语表达能力。此外，还可以利用现代信息技术，如在线学习平台、虚拟现实技术等，创设虚拟的语言学习环境，使学生在身临其境中感受语言的魅力。特别值得一提的是，项目式学习（Project-Based Learning，PBL）是一种新型的教学模式，也为英语学习活动设计提供了新思路。教师可以围绕一个主题或问题，引导学生开展跨学科的合作探究，如"探索英语国家的节日文化""研究全球气候变化对英语国家的影响"等。在这样的活动中，学生不仅需要运用英语进行信息检索、交流讨论，还需要跨学科的知识和技能，从而培养他们的综合素养和创新能力。融合多种教学元素，创新活动形式，不仅丰富了英语学习活动的内容，也提高了活动的趣味性和实效性。它使学生在轻松愉快的氛围中学习英语，激发了他们的学习兴趣和积极性。同时，通过跨学科的合作探究，培养了学生的团队协作能力和解决问题的能力。这样的英语学习活动设计，更符合现代教育的理念，也更能满足学生全面发展的需求。

（二）关注学生个体差异，实施差异化教学

在英语学习活动中，每个学生都是独一无二的个体，他们拥有不同的学习风格、兴趣爱好、认知水平和语言基础。因此，英语教学活动设计必须充分考虑学生的个体差异，实施差异化教学，以满足不同学生的需求，促进他们的全面发展。

差异化教学的核心在于尊重和理解每个学生的独特性。在英语学习活动中，教师应首先对学生的英语水平、学习习惯、兴趣爱好等进行全面了解，以便为每个学生量身定制适合他们的学习计划。对于英语基础薄弱的学生，教师可以设计一些基础性的练习活动，如词汇记忆、语法讲解等，帮助他们巩固基础，提高语言运用能力。而对于英语水平较高的学生，则可以安排一些拓展性的学习活动，如阅读英文原著、撰写英语小论文等，以激发他们的学习潜能，提升他们的语言综合素养。在实施差异化教学的过程中，教师还可以采用多样化的教学方法和手段。例如，对于喜欢听觉学习的学生，教师可以利用音频资料、英语歌曲等，通过听力训练来提高他们的语言感知能力。对于视觉学习者，则可以借助图片、视频等多媒体资源，使英语学习更加直观、生动。此外，教师还可以组织小组讨论、角色扮演等活动，为喜欢交际互动的学生提供更多的语言实践机会。

差异化教学还强调对学生的个性化评价，在传统的英语教学评价中，通常只注重学生的考试成绩，而忽视了他们在学习过程中的努力和进步。因此，教师应采用多元化的评价方式，如口头评价、同伴评价、自我评价等，全面、客观地反映学生的学习情况。同时，评价还应注重激励和引导，鼓励学生发挥自己的优势，克服自己的不足，不断提高英语学习效果。通过全面了解学生、采用多样化的教学方法和手段、实施个性化评价等措施，可以满足不同学生的需求，激发他们的学习兴趣和积极性，这样的英语教学活动设计，不仅能够提高学生的语言运用能力，还能够培养他们的自主学习能力和创新思维，为他们的全面发展奠定坚实的基础。

（三）利用现代技术手段，丰富活动载体

随着科技的飞速发展，现代技术手段正以前所未有的速度渗透到教育领域，为英语学习活动的设计提供了无限可能。在英语学习活动观中，充分利用现代技术手段，丰富活动载体，已成为提升教学效果、激发学生学习兴趣的重要途径。

现代技术手段如多媒体技术、网络技术和智能设备等，为英语学习活动提供了多样化的呈现方式和互动平台。通过多媒体技术，教师可以将枯燥的文字信息转化为生动的图像、动画和视频，使英语学习内容更加直观、形象，易于学生理解和记忆。例如，在英语阅读教学中，教师可以利用电子绘本、在线阅读平台等，为学生提供丰富的阅读材料，同时配以音频朗读和互动问答，使阅读过程更加生动有趣。网络技术则打破了时间和空间的限制，为英语学习活动提供了广阔的在线空间。教师可以利用网络平台组织在线讨论、协作学习等活动，让学生在家中也能与同伴进行英语交流，共同完成任务。此外，网络上的海量资源也为英语学习提供了丰富的素材，如英语新闻、电影、音乐等，这些都可以成为英语学习活动的有效载体。

智能设备的普及更为英语学习活动带来了个性化的学习体验。通过智能手机、平板电脑等设备，学生可以随时随地进行英语学习，根据自己的水平和兴趣选择适合的学习内容和方式。同时，智能设备上的各种英语学习应用也为学生提供了便捷的学习工具，如词典查询、语音识别、在线翻译等，这些工具的使用极大地提高了英语学习的效率和便利性。利用现代技术手段丰富英语学习活动的载体，不仅使学习内容更加生动有趣，也使学习方式更加灵活多样。这样的活动设计能够激发学生的学习兴趣和积极性，让他们在轻松愉快的氛围中学习英语。同时，现代技术手段的运用还能够提高英语教学的针对性和实效性，帮助教师更好地了解学生的学习情况，为他们提供个性化的学习建议和指导。因此，在英语学习活动的设计中，我们应充分利用现代技术手段，不断丰富活动载体，为学生的学习和发展创造更加优越的条件。

二、活动目标更加明确与全面

（一）聚焦核心素养，培养综合能力

英语学习活动的设计，不仅要传授语言知识，更要聚焦学生的核心素养，培养他们的综合能力，以适应未来社会的需求。核心素养是指学生在接受相应学段的教育过程中，逐步形成的适应个人终身发展和社会发展需要的必备品格和关键能力。在英语学习活动中，这主要体现在语言运用能力、思维品质、文化意识和学习能力等方面。因此，活动目标的设计应紧紧围绕这些核心素养，通过多样化的活动形式，促进学生的全面发展。

语言运用能力是英语学习的基础，但仅仅掌握语言规则并不足以应对复杂的交流情境。因此，英语学习活动应注重培养学生的实际运用能力，让他们在真实的语境中练习听、说、读、写等技能。通过模拟对话、角色扮演、演讲辩论等活动，学生可以锻炼自己的口语表达能力和交际策略，提高语言运用的灵活性和准确性。思维

品质是核心素养的重要组成部分，它关系到学生如何思考问题、解决问题。在英语学习活动中，教师应引导学生进行分析、综合、评价等高阶思维训练，培养他们的思辨性思维和创新能力。例如，通过阅读英文文章并讨论其观点、撰写英语小论文等活动，学生可以学会独立思考，形成自己的观点和见解。文化意识是跨文化交际的基础，也是英语学习活动不可忽视的一环。通过介绍英语国家的文化习俗、历史背景等活动，学生可以增进对不同文化的理解和尊重，培养国际视野和跨文化交际能力。学习能力则是学生终身发展的关键。在英语学习活动中，教师应注重培养学生的学习策略、自主学习能力和合作精神。通过小组合作、项目式学习等活动，学生可以学会如何与他人合作，如何自主地获取信息和解决问题。英语学习活动的目标应聚焦核心素养，培养综合能力，通过多样化的活动形式，学生可以不仅掌握语言知识，还能提升思维品质、增强文化意识、培养学习能力，为未来的学习和生活打下坚实的基础。这样的英语学习活动观，才能真正满足学生全面发展的需求，培养出适应未来社会的人才。

（二）强调语言运用，提升实际交流能力

不仅是学术交流的桥梁，也是国际商务、文化旅游等领域不可或缺的沟通工具，英语学习活动的设计与实施，应当紧密围绕强调语言运用，提升实际交流能力这一目标，旨在培养学习者在真实情境中有效使用英语的能力。

英语学习活动观的核心在于实践性。传统的英语教学通常侧重于语法讲解和词汇记忆，而忽视了语言的实际应用。然而，真正的语言学习应当是一个动态的、互动的过程，学习者需要通过听、说、读、写等多种方式，将语言知识转化为交流技能。为此，英语学习活动应设计得贴近生活实际，模拟真实交流场景，如角色扮演、情景对话、小组讨论等，让学习者在实践中学习英语，用英语解决问题，从而增强语言的实际运用能力。

提升实际交流能力，还意味着要注重跨文化交际能力的培养。英语不仅是语言符号的堆砌，更是文化的载体。在学习英语的过程中，了解并尊重不同文化的习俗和价值观，对于提高交流的有效性和得体性至关重要。因此，英语学习活动应融入文化教学元素，如通过观看英文电影、阅读英文原著、参与国际文化交流项目等方式，拓宽学习者的国际视野，增强其跨文化交际的敏感性和适应性。利用现代科技手段也是提升英语实际交流能力的有效途径。互联网、智能手机、在线学习平台等技术的普及，为英语学习提供了丰富多样的资源和便捷的学习方式。通过参与在线英语角、使用语言交换应用、观看英语直播或短视频等，学习者可以随时随地进行语言实践，与来自世界各地的人进行交流，这种即时反馈和互动极大地提高了学习效率，也激发了学习者的学习兴趣。强调语言运用，提升实际交流能力的英语学习活动观，要求我们在教学设计上注重实践性、文化性和科技融合性，让英语学习不再局限于教室之内，而是融入学习者的日常生活中，成为其探索世界、沟通思想的强大工具。通过这样的学习方式，学习者不仅能够掌握英语这门语言，更能具备跨文化交流的能力，为未来的学习、工作和生活打下坚实的基础。

（三）注重文化意识，拓宽国际视野

在英语学习的过程中，文化意识的培养和国际视野的拓宽是至关重要的。英语学习活动观不仅仅是语言技能的掌握，更是对语言背后所承载的文化的理解和尊重，以及通过语言这一窗口，去窥探和理解世界的多元性和复杂性。因此，注重文化意识，拓宽国际视野，应成为英语学习活动的核心目标之一。

文化意识的培养，是英语学习不可或缺的一部分。语言是文化的镜像，每一种语言都蕴含着其独特的文化背景、历史传统、思维方式和价值观念。在学习英语的过程中，我们不仅要学习语法、词汇等语言基础知识，更要深入了解英语国家的文化习俗、社会规范、节日庆典等，理解并尊重这些文化差异。通过英语阅读、听力、口语和写作等多方面的练习，我们可以接触到丰富的英语文化材料，如英文文学作品、电影、音乐、新闻等，这些都是培养文化意识的宝贵资源。拓宽国际视野，则是英语学习活动的另一重要目标。在全球化日益加深的今天，具备国际视野已经成为衡量一个人综合素质的重要标准之一。通过英语学习，我们可以跨越地域和语言的界限，与世界各地的人进行交流，了解不同国家的历史、政治、经济、文化等方面的情况。这种跨文化的交流和学习，不仅能够帮助我们更好地认识世界，还能够激发我们的好奇心和探索欲，促使我们不断拓宽自己的知识领域和视野范围。为了实现这一目标，英语学习活动应该注重多样性和开放性。学校可以组织国际文化交流活动，如邀请外国友人举办讲座、举办国际文化节等，让学生有机会亲身体验不同文化的魅力。同时，教师还可以利用网络资源，引导学生参与在线国际交流项目，与世界各地的学生进行互动和学习。此外，鼓励学生阅读国际新闻、关注全球热点问题，也是拓宽国际视野的有效途径。

在英语学习活动中，注重文化意识和拓宽国际视野的培养，不仅有助于提高学生的语言运用能力，还能够促进他们的全面发展。通过了解不同文化，学生可以学会尊重和理解差异，增强跨文化交际能力；通过拓宽国际视野，学生可以更好地适应全球化时代的发展需求，具备更强的国际竞争力。注重文化意识，拓宽国际视野应该通过多样化的学习方式和活动设计，引导学生在学习英语的同时，深入了解英语国家的文化，拓宽自己的国际视野，为成为具有全球意识和跨文化交际能力的人才打下坚实的基础。这样，我们的英语学习才能真正做到学以致用，为未来的国际交流和合作做好充分的准备。

三、活动实施更加灵活与高效

（一）采用线上线下结合模式，拓宽学习空间

在当今信息化、数字化的时代，英语学习活动正经历着一场深刻的变革，传统的线下教学模式虽然具有其独特的优势，如面对面的互动、即时的反馈等，但随着互联网技术的飞速发展，线上学习平台如雨后春笋般涌现，为英语学习提供了全新的可能。因此，采用线上线下结合的模式，拓宽英语学习空间，已成为英语学习活动观的一大新趋势。

线上线下结合的模式就是将线上学习的便捷性与线下学习的深度互动性有机融合。在线上，学习者可以利用各种英语学习 APP、在线课程、电子书籍等资源，随时随地进行自主学习。无论是基础知识的巩固，还是听说读写技能的提升，都能找到适合自己的学习内容和方式。这种灵活多样的学习方式，不仅打破了时间和空间的限制，还让学习变得更加高效和个性化。而线下学习，则更加注重师生之间的互动和合作。在教室里，老师可以针对学生的实际情况，进行有针对性的指导和辅导。通过小组讨论、角色扮演、情景模拟等活动，学生可以更加深入地理解和运用英语知识，同时培养自己的交际能力和团队协作精神。线下学习还为学习者提供了一个展示自己、锻炼口语的平台，让英语学习更加贴近实际生活。

线上线下结合的模式，正是将这两种学习方式的优势充分发挥出来，实现了互补共赢。在线上，学习者可以自主安排学习时间和进度，根据自己的兴趣和需求选择学习内容；在线下，学习者可以在老师的引导下，进行更加深入和系统的学习，同时与其他同学进行交流和合作。这种模式的出现，不仅拓宽了英语学习的空间，还让学习变得更加灵活和多样。此外，线上线下结合的模式还为英语学习带来了更多的创新和可能性。比如，通过虚拟现实技术，学习

者可以身临其境地体验英语国家的文化和生活；通过在线互动平台，学习者可以与世界各地的学习者进行实时交流和合作；通过大数据分析，教师可以更加准确地了解学习者的学习情况和需求，为教学提供更加个性化的指导和建议。线上线下结合的模式不仅拓宽了学习的空间和时间，还让学习变得更加灵活、多样和个性化。在未来的英语学习活动中，我们应该继续探索和创新线上线下结合的模式，为学习者提供更加优质、高效和便捷的英语学习体验。

（二）引入项目式学习，增强实践性与探究性

在当今英语教育改革的浪潮中，项目式学习是一种创新的教学模式，正逐渐被引入到英语学习活动中，以增强学习的实践性与探究性。项目式学习围绕一个具体的项目或主题，引导学生进行深入探究和实践，通过自主学习、合作交流、问题解决等过程，达到掌握知识、提升能力、培养素养的目标。

将项目式学习引入英语学习活动，无疑为传统的语言教学注入了新的活力。传统的英语教学通常侧重于语法讲解、词汇记忆和句型练习，而项目式学习则强调学生在真实或模拟的情境中运用语言，解决实际问题。这种教学模式的转变，不仅提高了英语学习的实用性，也激发了学生的学习兴趣和探究欲望。在项目式学习中，学生可以围绕一个与他们生活紧密相关或他们感兴趣的主题进行探究。比如，他们可以选择研究一个英语国家的文化习俗、历史事件、科技发展或环保问题。在项目的实施过程中，学生需要自主查阅资料、分析信息、整理思路、撰写报告或制作展示作品。这一系列的过程，不仅锻炼了他们的英语听说读写能力，也培养了他们的信息素养、思辨性思维和创新能力。

项目式学习还强调团队合作和交流沟通，在项目中，学生需要分组合作，共同完成任务。他们需要学会倾听他人的意见、表达自己的观点、协调分歧、达成共识。这种团队合作的经验，对于培养

他们的社交能力和团队协作精神至关重要。而且，在项目的展示和交流环节，学生还需要用英语进行口头或书面的汇报，这进一步锻炼了他们的英语口语和写作能力。此外，项目式学习还注重评价的多元化和过程性。在项目式学习中，评价不再仅仅关注学生的学习结果，更关注他们的学习过程和学习表现。教师可以通过观察、记录、反馈等方式，对学生的学习态度、合作能力、创新思维等方面进行全面评价。这种评价方式的转变，不仅更加公正、客观，也更能反映学生的真实学习水平和进步情况。将项目式学习引入英语学习活动，增强了学习的实践性与探究性，提高了英语学习的实用性和趣味性。它不仅锻炼了学生的英语语言能力，也培养了他们的信息素养、思辨性思维、创新能力和团队协作精神。在未来的英语教育中，我们应该继续探索和完善项目式学习模式，为英语学习活动注入更多的活力和创新元素，让英语学习更加贴近学生的生活实际和未来发展需求。

（三）加强家校合作，形成教育合力

在当今英语教育领域中，加强家校合作，形成教育合力，已成为提升英语学习效果、促进学生全面发展的关键路径。英语学习不仅仅是学校课堂内的任务，它更需要家庭环境的熏陶和支持，家校双方携手并进，共同为孩子的英语学习之路铺设坚实的基石。

家校合作的重要性在于，它能够打破学校与家庭之间的壁垒，实现教育资源的共享和优化配置。学校是专业教育机构，拥有系统的教学体系、丰富的教学资源和专业的师资力量。而家庭则是孩子成长的摇篮，家长对孩子的了解无微不至，能够提供个性化、情感化的支持。当学校与家庭紧密合作，将两者的优势相结合，就能为孩子的英语学习创造一个更加全面、立体的教育环境。在英语学习活动中，家校合作可以体现在多个方面。首先，家长可以积极参与孩子的学习计划制定。与学校老师沟通，了解孩子的学习进度、难点和兴趣点，共同制定符合孩子实际情况的学习计划，确保学习既有针对性又有趣味性。其次，家长可以为孩子营造良好的英语学习氛围。在家中设置英语学习角，放置英文书籍、音频资料等，鼓励孩子在日常生活中多接触、多使用英语，让英语学习成为生活的一部分。此外，家校合作还体现在对孩子学习过程的共同监督和激励上。家长可以定期与学校老师沟通，了解孩子在校表现，及时给予肯定和鼓励，同时也对存在的问题进行及时纠正和引导。这种家校共育的方式，能够让孩子感受到来自两方面的关爱和支持，增强他们的学习动力和自信心。

家校合作还能够促进教育理念的共识和统一，家长和学校老师通过交流，可以更加深入地理解彼此的教育观念和方法，形成教育合力。在共同的教育目标下，家校双方可以相互支持、相互补充，共同为孩子的英语学习和发展贡献力量。加强家校合作，形成教育合力，是提升英语学习效果、促进学生全面发展的重要途径。家校双方应该建立密切的沟通机制，共同关注孩子的学习成长，为孩子的英语学习提供全方位、多层次的支持。只有这样，我们才能真正实现英语教育的目标，培养出具备国际视野和跨文化交际能力的新时代人才。家校合作，让英语教育更加有力量，让孩子的未来更加光明。

第二节　英语学习活动观面临的挑战及应对策略

随着教育环境的不断变化和科技的飞速发展，英语学习活动面临着诸多挑战，这些挑战不仅来自学生个体差异的日益凸显，还源于教学方法的陈旧滞后，以及教育资源分配的不均衡等问题。如何有效应对这些挑战，创新英语学习活动模式，提升学生的学习效果和兴趣，已成为教育界亟待解决的重要课题。英语学习活动的挑战首先体现在学生个体差异上。每个学生都有其独特的学习风格、兴趣点和认知能力，传统的"一刀切"教学模式难以满足学生的个性化需求。此外，教学方法的陈旧也是一大难题。传统的填鸭式教学方式通常忽视了学生的主体性和创造性，难以激发学生的学习兴趣和动力。同时教育资源的不均衡分配也使得部分学生在英语学习上处于劣势地位，影响了教育的公平性和质量。面对这些挑战，必须积极寻求应对策略，一方面需要创新教学方法，倡导以学生为中心的教学理念，注重培养学生的自主学习能力和思辨性思维，通过引入项目式学习、翻转课堂等新型教学模式，让学生在实践中学习英语，增强学习的实践性和探究性。另一方面要充分利用现代科技手段，如人工智能、大数据等，为英语学习提供个性化、智能化的支持，打破时间和空间的限制，让英语学习更加便捷和高效。面对英语学习活动面临的挑战需要勇于创新、积极应对，共同探索适合时代发展的英语学习新路径。

一、面临的挑战

（一）学生英语基础水平参差不齐

在当今的英语教育实践中，英语学习活动观以学生为中心，注重培养学生的语言运用能力、思维品质和文化意识。然而在实施这一理念的过程中，我们不得不面对一个现实的问题：学生英语基础水平参差不齐。

　　学生英语基础水平的差异，是英语教育中一个普遍存在的现象。有的学生从小就接受了良好的英语启蒙教育，具备了一定的英语听说读写能力；而有的学生则可能因为种种原因，如教育资源不均、家庭背景差异等，导致英语基础相对薄弱。这种差异给英语教学带来了不小的挑战。首先，学生英语基础水平的参差不齐增加了教学难度。教师需要在教学过程中兼顾不同水平的学生，既要满足基础较好的学生的需求，又要帮助基础薄弱的学生跟上进度。这要求教师具备高度的教学智慧和灵活性，能够根据学生的实际情况调整教学策略和方法。学生英语基础水平的差异也可能影响学习效果和积极性。基础较好的学生可能会觉得课堂内容过于简单，缺乏挑战性，从而失去学习的兴趣和动力；而基础薄弱的学生则可能因为跟不上进度而感到沮丧和焦虑，甚至产生厌学情绪。

　　为了应对这一挑战，需要采取一系列有效的措施。首先教师可以采用分层教学的方法，根据不同学生的英语基础水平，将他们分为不同的层次，制定相应的教学计划和目标。这样既可以满足基础较好的学生的需求，又可以帮助基础薄弱的学生逐步提升。教师可以充分利用现代科技手段，如在线学习资源、智能教学软件等，为学生提供个性化的学习支持。学生可以根据自己的实际情况，选择适合自己的学习内容和方式，进行自主学习和提升。同时教师还可以加强与学生的沟通和交流，了解他们的学习需求和困难，给予及时的帮助和指导。通过建立良好的师生关系，增强学生的学习信心和积极性，让他们在英语学习中不断取得进步。面对学生英语基础水平参差不齐这一挑战，需要采取有效的措施，兼顾不同水平的学生，为他们提供个性化的学习支持，只有这样才能真正实现英语学习活动观的理念，培养学生的语言运用能力、思维品质和文化意识，为他们的未来发展奠定坚实的基础。

（二）传统教学观念与模式难以转变

英语学习活动观注重培养学生的语言实践能力、思维品质和文化素养，可以通过丰富多样的学习活动，激发学生的学习兴趣，提高英语教学的有效性。传统英语教学通常以教师为中心，注重知识的传授和灌输，而忽视了学生的主体性和创造性。课堂上，教师讲、学生听，这种单一的教学模式使得学生处于被动接受的状态，难以积极参与到学习活动中来。同时，传统教学观念强调应试能力，注重语法、词汇等语言知识的掌握，而忽视了学生语言运用能力的培养。

这种传统的教学观念和模式与英语学习活动观存在明显的冲突。英语学习活动观倡导的是以学生为中心，通过多样化的学习活动，如角色扮演、小组讨论、项目式学习等，让学生在实践中掌握语言，提高语言运用能力。然而，由于传统教学观念根深蒂固，许多教师难以摆脱其束缚，导致英语教学改革进展缓慢。要转变传统教学观念与模式，首先需要教师更新教育理念，树立以学生为中心的教学观念。教师需要认识到，英语教学不仅仅是知识的传授，更是学生语言运用能力、思维品质和文化素养的培养。因此，教师需要从传统的"教书匠"转变为学生学习的引导者和促进者，关注学生的需求和兴趣，为学生提供个性化的学习支持。教师需要积极探索和实践新的教学模式和方法。例如，可以引入项目式学习，让学生在完成具体项目的过程中，运用英语进行交流、合作和解决问题；可以开展小组讨论，鼓励学生积极参与，发表自己的观点和见解；还可以利用现代信息技术手段，如在线学习平台、多媒体教学资源等，丰富教学手段，提高教学效果。学校和教育部门也需要为教师提供必要的培训和支持。通过组织教师培训、教学研讨等活动，帮助教师更新教学理念，掌握新的教学方法和技术；同时，鼓励教师进行教学创新和实践，为他们的教学改革提供必要的支持和保障。传统教学观念与模式的难以转变是英语学习活动观实施过程中的一大挑战，要克服这一挑战，需要教师、学校和教育部门共同努力，更新教学理念，探索新的教学模式和方法，为英语教学的改革和创新注入新的活力。

（三）教育资源分配不均，影响活动实施效果

教育资源分配不均体现在多个方面，包括师资力量、教学设施、教学材料以及信息技术支持等。在一些发达地区，学校拥有优秀的英语教师队伍，先进的教学设备和丰富的教学资源，能够为学生提供高质量的英语学习活动。而在一些偏远或经济欠发达地区，由于教育资源匮乏，学校难以开展多样化的英语学习活动，学生的语言实践能力得不到有效提升。

这种教育资源分配不均的现象，直接导致了英语学习活动实施效果的差异。在资源充足的学校，学生能够参与到各种有趣的英语学习中，如角色扮演、模拟对话、英语角等，这些活动不仅锻炼了学生的口语表达能力，还激发了他们的学习兴趣。而在资源匮乏的学校，学生可能只能接受传统的填鸭式教学，缺乏实践机会，英语学习效果大打折扣。要解决这个问题，需要从多个层面入手。政府应加大对教育资源的投入，特别是向偏远和经济欠发达地区倾斜，确保这些地区的学生也能享受到优质的英语教育资源。这包括派遣优秀的英语教师、提供先进的教学设备和丰富的教学材料。学校应充分利用现有资源，创新英语教学方式。例如，可以通过网络课程、远程教育等手段，将优质的教育资源引入课堂，让学生不受地域限制地接触到地道的英语和学习方法。同时，学校还可以鼓励教师开发校本教材，结合当地文化和特色，设计符合学生实际的英语学习活动。社会各界也应积极参与到教育资源的均衡分配中来。企业可以捐赠教学设备、资助贫困学生；公益组织可以开展英语支教活动，为偏远地区的学生提供英语辅导。教育资源分配不均是影响

英语学习活动实施效果的重要因素，要解决这个问题，需要政府、学校和社会各界的共同努力。只有确保每个学生都能享受到优质的教育资源，才能真正实现英语学习活动观的理念，培养学生的语言实践能力、思维品质和文化素养，为他们的未来发展奠定坚实的基础。

二、应对策略

（一）实施分层教学，满足不同学生需求

学生之间的英语基础、学习兴趣和学习能力存在差异，这就要求在实施英语学习活动观时，必须采取分层教学的策略，以满足不同学生的需求。分层教学就是根据学生的英语水平、学习能力和兴趣等因素，将学生分为不同的层次，然后针对不同层次的学生设计相应的教学内容和活动。这种教学策略能够确保每个学生都能在适合自己的学习环境中得到充分的发展和提升。

在实施分层教学时，首先需要对学生进行全面的评估，了解他们的英语水平、学习风格和兴趣点。这可以通过课堂观察、测试、问卷调查等方式进行。评估的结果将是我们分层教学的依据，帮助我们更准确地划分学生的层次。针对不同层次的学生，应该设计不同的教学内容和活动。对于英语基础较好的学生，可以提供更具挑战性的学习内容，如高级阅读材料、复杂的口语表达任务等，以进一步提升他们的语言运用能力。对于英语基础较弱的学生则应该注重基础知识的巩固和基本技能的培养，如词汇记忆、语法练习、简单对话等，帮助他们打下坚实的英语基础。同时还可以采用小组合作的学习方式，将不同层次的学生组合在一起，让他们在完成共同任务的过程中相互学习、相互帮助。这种学习方式不仅能够促进学生的交流与合作，还能够让不同层次的学生在互动中相互启发，共同提高。除了教学内容和活动的分层，还应该关注学生的学习进度和反馈，及时调整教学策略。对于进步较快的学生，可以适当提高他们的学习难度，以保持他们的学习动力；对于遇到困难的学生，应该给予更多的关注和支持，帮助他们克服学习障碍。通过分层教学，我们能够更好地满足不同学生的需求，让每个学生都能在适合自己的学习环境中得到充分的发展和提升。同时，分层教学还能够促进学生的个性化发展，培养他们的自主学习能力和创新思维，因此应该在英语教学中积极推广和实施分层教学策略，为学生的全面发展创造更好的条件。

（二）加强教师培训，更新教学观念与方法

教师培训是提升教学质量的关键环节。在传统的英语教学模式中，教师通常扮演着知识传授者的角色，而忽视了学生的主体性和创造性。英语学习活动观则要求教师转变为学生学习的引导者和促进者，关注学生的个体差异，激发学生的学习兴趣和动力。因此，教师必须通过培训，更新自己的教学观念，从以教师为中心转向以学生为中心，注重培养学生的综合能力和素质。

在培训内容方面，应重点加强教师对英语学习活动观的理解和应用。培训可以包括理论学习、案例分析、教学观摩等多种形式，帮助教师深入理解英语学习活动观的内涵和实质，掌握其在教学实践中的具体应用方法。同时，还应引导教师积极探索和创新教学活动，根据学生的实际需求和兴趣，设计符合学生特点的英语学习活动，提高教学的针对性和实效性。除了更新教学观念，教师还需要通过培训掌握现代的教学方法和手段。随着信息技术的不断发展，多媒体教学、网络教学等新型教学方式逐渐兴起，为英语教学提供了新的可能性和途径。教师应通过培训，学习如何运用这些现代教学方法和手段，丰富教学手段，提高教学效果。例如，教师可以利用多媒体教学资源，创设生动有趣的英语学习情境，激发学生的学习兴趣；还可以利用网络平台，开展在线互动教学，拓宽学生的学习渠道和空间。此外，教师培训还应注重教师的专业发展和持续学习。英语是一门不断发展和变化的语言，要求教师不断更新自己的语言知识和教学技能。因此，培训应鼓励教师积极参与学术研究和实践探索，不断提升自己的专业素养和教学能力。同时，学校和教育部门也应为教师提供必要的支持和保障，如提供培训经费、建立培训机制等，促进教师的专业发展和成长。通过培训，教师可以深入理解英语学习活动观的内涵和实质，掌握其在教学实践中的具体应用方法；同时，还可以掌握现代的教学方法和手段，丰富教学手段，提高教学效果。这将为英语教育的改革与发展注入新的活力。

（三）优化资源配置，促进教育公平发展

教育资源的配置直接关系到英语教育的质量和效果，在一些地区，由于经济、地理等条件的限制，教育资源相对匮乏，导致英语教学条件落后，学生难以接触到优质的英语学习资源和活动。这种资源的不均衡分配，不仅影响了学生的英语学习效果，也加剧了教育不公平的现象。

为了优化资源配置，促进教育公平发展，需要采取一系列有效措施。首先，政府应加大对英语教育的投入，特别是向农村和边远地区倾斜。通过建设现代化的教学设施，提供丰富的教学资源，改善英语教学环境，让每一个学生都能享受到优质的英语教育。同时，政府还应鼓励和支持社会力量参与英语教育，形成多元化的教育投入机制，共同推动英语教育的均衡发展。学校应合理配置英语教育资源，确保每个班级、每位学生都能得到充分的关注和支持。在英语教学活动中，教师应根据学生的实际情况和需求，设计多样化的学习活动，激发学生的学习兴趣和积极性。同时，学校还应加强英语教师队伍建设，提高教师的专业素养和教学能力，为英语教育的质量提供有力保障。还可以利用现代信息技术手段，优化英语教育资源的配置。通过建立英语学习平台、在线课程等，打破地域和时间的限制，让更多学生接触到优质的英语学习资源和活动。同时，我们还可以利用大数据、人工智能等技术，对学生的学习情况进行精准分析，为教师提供个性化的教学建议，提高英语教学的针对性和实效性。

在优化资源配置的过程中，应注重教育公平的实现。教育公平是社会公平的重要基础，也是英语教育发展的必然要求。我们应通过政策引导、资金投入等方式，确保每个学生都能享受到平等的英语教育机会，不让任何一个学生因为经济、地理等条件的限制而失去学习英语的机会。优化资源配置，促进教育公平发展是实现英语学习活动观的重要保障，应通过政府投入、学校配置、信息技术等手段，不断优化英语教育资源，提高英语教育的质量和效果，为每一个学生的全面发展创造更加公平、优质的教育环境。

三、具体实践举措

（一）开展英语基础水平摸底调查，制定个性化教学计划

英语学习活动观强调以学生为中心，通过丰富多样的学习活动来培养学生的语言实践能力、思维品质和文化素养，要真正实现这一理念，就必须充分了解学生的英语基础水平，因为每个学生的英语能力和学习需求都是独一无二的。因此，开展英语基础水平摸底调查，并制定个性化教学计划，成为提升英语教学效果的关键举措。

英语基础水平摸底调查是实施个性化教学的前提。通过调查，教师可以全面了解学生的英语听、说、读、写等各方面的能力，以及他们对英语学习的态度和兴趣。这一过程可以通过问卷调查、口头测试、书面测试等多种形式进行，确保数据的全面性和准确性。调查的结果将为教师制定个性化教学计划提供有力的依据。在掌握了学生的英语基础水平后，教师需要根据每个学生的实际情况，制定个性化的教学计划。个性化教学计划应充分考虑学生的英语能力、学习风格、兴趣爱好以及学习目标，确保教学内容和方法的针

对性和有效性。例如，对于英语基础较弱的学生，教学计划可以侧重于基础知识的巩固和基本技能的训练；而对于英语基础较好的学生，则可以增加拓展性的学习内容，提升他们的语言运用能力和思维能力。

在制定个性化教学计划时，教师还应注重学习活动的多样性和趣味性。英语学习活动观强调通过多样化的学习活动来激发学生的学习兴趣和动力。因此，教师可以设计角色扮演、小组讨论、英语角、英语演讲等多种形式的学习活动，让学生在轻松愉快的氛围中学习英语，提高他们的学习积极性和参与度。此外，个性化教学计划的实施还需要教师的持续关注和调整。因为学生的学习情况和需求是不断变化的，所以教师需要定期对学生的英语学习情况进行评估，及时调整教学计划，确保教学内容的适应性和针对性。开展英语基础水平摸底调查，制定个性化教学计划是实施英语学习活动观的重要举措。通过调查了解学生的英语基础水平，为制定个性化教学计划提供依据；通过个性化教学计划的实施，满足学生的不同学习需求，提升他们的英语能力和综合素养。这将有助于推动英语教育的改革与发展，为学生的全面发展创造更加有利的条件。

（二）组织教师参加研修班、工作坊，提升专业素养

研修班和工作坊是教师专业成长的有效途径。通过参加这些活动，教师们可以接触到最新的教学理念和方法，了解到英语教学的前沿动态，从而拓宽视野，更新观念。对于英语学习活动观而言，研修班和工作坊更是教师们深入理解和实践这一理念的重要平台。在研修班中，教师们可以系统地学习英语学习活动观的理论基础、实施策略和评价方法。通过专家的讲解、案例的分析和讨论交流，教师们可以深刻领会英语学习活动观的核心要义，明确其在教学实践中的应用路径。同时，研修班还可以为教师们提供一个相互学习、相互启发的平台，让他们在与同行的交流中不断碰撞出思想的

火花，激发创新的灵感。工作坊则更加注重实践性和操作性。在工作坊中，教师们可以亲身体验和尝试各种英语学习活动的设计和实施。通过小组合作、模拟教学、反思讨论等形式，教师们可以深入探索如何根据学生的实际情况和需求，设计出既符合英语学习活动观理念又具有可操作性的教学活动。这种实践性的学习方式不仅可以让教师们更好地理解和掌握英语学习活动观的实施方法，还可以提高他们的教学技能和课堂驾驭能力。

组织教师参加研修班、工作坊还可以促进教师队伍的整体素质提升。通过这些活动，教师们可以不断更新自己的知识结构和教学技能，保持与时俱进的教学状态。同时，他们还可以将所学到的知识和理念应用到自己的教学实践中，不断提高教学质量和效果。通过这些活动，教师们可以深入理解和实践英语学习活动观理念，提高自己的教学技能和课堂驾驭能力；同时，还可以促进教师队伍的整体素质提升，为英语教育的持续发展注入新的活力。我们应该高度重视并积极推进这一举措的实施，为培养更多具有国际视野和跨文化交流能力的优秀人才贡献力量。

（三）利用信息技术手段，扩大优质教育资源覆盖面

信息技术手段的运用，首先打破了地域和时间的限制，传统的英语教育资源通常受限于地理位置和学校的条件，许多偏远地区或资源匮乏的学校难以接触到优质的英语教学内容。然而，通过互联网、移动设备等信息技术手段，优质的教育资源可以跨越千山万水，瞬间传递到每一个角落。无论是城市还是乡村，学生都能享受到同等质量的教学资源，这对于促进教育公平、缩小城乡教育差距具有重要意义。

在英语学习活动观的指导下，我们可以利用信息技术手段开发丰富多样的在线学习资源。这些资源可以包括视频课程、互动练习、在线测评、虚拟实验室等多种形式，满足学生不同的学习需求

和兴趣。例如，通过在线视频课程，学生可以随时随地观看名师的讲解，学习地道的发音和语法；通过互动练习，学生可以在游戏中巩固所学知识，提高学习兴趣；通过在线测评，学生可以及时了解自己的学习水平，调整学习策略。信息技术手段还为英语教学提供了个性化的学习路径。每个学生的学习能力和兴趣都是不同的，传统的课堂教学难以满足每个学生的个性化需求。而利用大数据、人工智能等技术，我们可以对学生的学习行为进行分析，为他们提供定制化的学习资源和建议。这种个性化的学习方式不仅可以提高学生的学习效率，还能激发他们的学习动力，培养他们的自主学习能力。

信息技术手段还促进了教师之间的交流与合作。教师可以通过在线平台分享教学经验、教学资源，共同探讨教学难题，形成良性互动的教学社区。这种跨地域、跨学校的合作模式，不仅有助于提升教师的教学水平，还能推动英语教育的创新发展。利用信息技术手段扩大优质教育资源覆盖面，是英语学习活动观在实践中的重要举措。这不仅可以打破地域和时间的限制，让更多学生享受到优质的教育资源；还能提供个性化的学习路径，满足学生的不同需求；同时促进教师之间的交流与合作，推动英语教育的持续发展。我们应该充分利用信息技术手段的优势，为英语教育的改革与创新注入新的活力。

第三节　英语学习活动观在智能教育时代的应用前景

　　智能教育时代为英语学习提供了更为个性化、高效化的学习路径，传统英语教学通常受限于时空、资源等因素，难以满足每个学生的独特学习需求。而智能教育技术的运用，则使得英语学习活动能够根据学生的兴趣、能力、学习习惯等个体差异，提供量身定制的学习内容和方式。无论是通过智能推荐系统精准推送学习资源，还是利用语音识别技术进行口语练习与评估，智能教育都让英语学习变得更加贴心、高效。同时，智能教育时代也为英语学习活动带来了更多的互动性与趣味性。虚拟现实、增强现实等技术的融入，使得学生能够身临其境地体验英语国家的文化与生活，让英语学习不再枯燥乏味，而是充满了探索与发现的乐趣。在线协作平台、社交学习社区等新型学习方式的兴起，也让学生能够在与他人的交流与合作中不断提升自己的英语交际能力。展望未来，英语学习活动观在智能教育时代的应用前景可谓一片光明，随着技术的不断进步和教育理念的持续更新，智能教育将为英语学习活动带来更多惊喜与可能，它将不仅改变学生的学习方式，还将深刻影响教师的教学方式和教育管理的模式，推动英语教育向着更加个性化、智能化、高效化的方向发展。

一、智能教育技术的发展为英语学习活动提供新机遇

　　（一）人工智能辅助教学，提高教学效率与质量

　　1. 为英语教学提供了个性化的学习路径

　　传统的课堂教学通常难以满足每个学生的个性化需求，因为每个学生的学习能力、兴趣点和掌握程度都是不同的。而人工智能技术能够通过数据分析和机器学习，精准地了解每个学生的学习状况，为他们提供定制化的学习资源和建议。这种个性化的学习方式不仅能够激发学生的学习兴趣，还能提高他们的学习效率，使他们在英语学习过程中更加主动、积极。

2. 丰富了英语教学的内容形式和效率

通过人工智能技术，我们可以开发出各种互动式、沉浸式的学习活动和游戏，如虚拟对话、在线角色扮演、智能语音互动等。这些活动不仅能够增强学生的语言实践能力，还能培养他们的思维品质和文化素养。同时，人工智能还能为英语教学提供大量的真实语境和语料，帮助学生更好地理解和运用英语。在提高教学效率方面，人工智能也发挥了重要作用。教师可以利用人工智能技术进行自动批改作业、智能测评和即时反馈，大大减轻了工作负担，使他们有更多时间和精力去关注学生的学习过程和个体差异。同时，人工智能还能为教师提供教学数据分析和报告，帮助他们更好地了解教学效果，及时调整教学策略和方法。

3. 促进了英语教育的公平和普及

对于一些偏远地区或资源匮乏的学校来说，传统的英语教学方式通常受到限制。而人工智能技术能够通过在线平台和远程教学系统，将这些地区的学生与优质的教育资源连接起来，使他们也能享受到高质量的英语教学。英语学习活动观与人工智能辅助教学的结合人工智能辅助教学极大地提高了英语教学的效率与质量，应该积极拥抱这一变革，充分利用人工智能技术的优势，为英语教育的创新与发展注入新的活力。

（二）大数据分析学生学情，实现精准教学

大数据分析技术能够全面、客观地反映学生的学习情况。通过收集学生在英语学习过程中的各种数据，如作业完成情况、测试成绩、在线学习时长、互动参与度等，教师可以构建一个全面的学生学习画像。这些数据不仅反映了学生的学习成果，还揭示了他们的学习习惯、兴趣点以及潜在的困难。有了这些数据的支持，教师能够更加准确地了解每个学生的学情，为精准教学提供有力依据。

基于大数据分析，教师可以实现教学内容的个性化定制。传统的教学通常采用"一刀切"的方式，难以满足每个学生的个性化需求。而通过分析学生的学习数据，教师可以发现学生的知识薄弱点和学习兴趣，从而调整教学内容和方法，为每个学生提供量身定制的学习路径。这种个性化的教学方式不仅能够激发学生的学习兴趣，还能提高他们的学习效率，使他们在英语学习过程中更加主动、积极。大数据分析还能帮助教师及时发现学生的学习问题，并采取有效的干预措施。当学生的学习数据出现异常时，如成绩下滑、参与度降低等，教师可以及时收到预警，并对学生进行针对性的辅导和帮助。这种及时的干预不仅能够防止学生问题的积累，还能促进他们的持续进步和发展。

大数据分析还能为教师的教学评估提供客观、准确的依据。通过分析学生的学习数据，教师可以了解教学效果，评估教学方法的有效性，从而及时调整教学策略，优化教学过程。这种数据驱动的教学评估方式更加客观、科学，有助于教师不断提高自己的教学水平和能力。英语学习活动观与大数据分析学生学情的结合通过全面、客观地反映学生学习情况，实现教学内容的个性化定制，及时发现并干预学生学习问题，以及为教师教学评估提供客观依据等方面的优势，大数据分析技术帮助教师实现了精准教学，提高了教学效果，应该充分利用大数据分析技术的优势，为英语教育的创新与发展注入新的活力。

（三）虚拟现实技术创造沉浸式学习环境

在英语教育的不断探索与创新中，虚拟现实（VR）技术以其独特的沉浸式体验，为英语学习活动观提供了全新的实践路径，虚拟现实技术的融入，为英语学习活动观这一教学理念插上了科技的翅膀，让学生在仿真的环境中体验英语学习的乐趣，实现高效学习。

虚拟现实技术能够创造一个近乎真实的英语学习环境。通过头戴设备、手柄等硬件设施，学生可以瞬间"穿越"到英语国家的大街小巷，身临其境地感受当地的文化氛围和语言环境。无论是漫步在伦敦的街头，还是坐在纽约的咖啡馆里，学生都能与虚拟角色进行实时互动，用英语进行交流。这种沉浸式的体验极大地激发了学生的学习兴趣，使他们在轻松愉快的氛围中不知不觉地提高了英语语言能力。在虚拟现实环境中，英语学习活动变得更加生动有趣。传统的课堂教学通常受限于场地、设备等条件，难以提供多样化的学习活动。而虚拟现实技术则打破了这些限制，让学生可以在虚拟环境中进行角色扮演、模拟对话、文化体验等多种学习活动。例如，学生可以在虚拟的商店里练习购物对话，或者在虚拟的旅游景点中介绍风景名胜。这些活动不仅锻炼了学生的口语表达能力，还增强了他们的文化意识和跨文化交际能力。

虚拟现实技术还能为英语学习提供个性化的学习路径。每个学生的学习能力和兴趣点都是不同的，传统的课堂教学难以满足每个学生的个性化需求。而虚拟现实技术通过数据分析，可以根据学生的学习情况和兴趣点，为他们提供定制化的学习内容和活动。这种个性化的学习方式不仅能够提高学生的学习效率，还能激发他们的学习动力，培养他们的自主学习能力。虚拟现实技术的应用还为英语教育带来了更多的可能性。随着技术的不断发展，未来的虚拟现实环境将更加真实、细腻，为学生提供更加丰富的学习体验和互动方式。同时，虚拟现实技术还可以与其他教育技术相结合，如人工智能、大数据等，共同推动英语教育的创新与发展。英语学习活动观与虚拟现实技术的结合，为英语教育创造了沉浸式的学习环境，让学生在仿真的环境中体验英语学习的乐趣，提高了学习效果，应该积极探索和应用虚拟现实技术，为英语教育的创新与发展注入新的活力。

二、英语学习活动在智能教育时代的创新实践

（一）开发智能化学习平台，提供个性化学习资源

在当今数字化时代，英语学习已不再局限于传统的教室和教材，而是向着更加多元化、个性化的方向发展。英语学习活动观强

调通过丰富多样的学习活动来培养学生的语言实践能力、思维品质和文化素养，而智能化学习平台的开发，正是这一教学理念的有力实践，为学习者提供了前所未有的个性化学习资源。

智能化学习平台利用大数据、人工智能等先进技术，能够精准地分析每位学习者的学习行为、兴趣偏好和能力水平。通过这些数据，平台能够构建出每个学习者的独特学习画像，从而为他们量身定制个性化的学习资源和学习路径。这种个性化的学习方式，不仅满足了学习者多样化的需求，还极大地提高了学习的针对性和有效性。在智能化学习平台上，学习者可以根据自己的兴趣和需求，选择适合自己的学习内容和活动。平台提供了丰富的英语学习资源，包括视频课程、音频材料、在线练习、互动对话等，涵盖了听、说、读、写等各个方面。学习者可以根据自己的学习进度和能力，自由选择学习内容，进行自主学习。同时，智能化学习平台还具备智能推荐功能。根据学习者的学习历史和表现，平台能够智能地推荐相关的学习资源和活动，帮助学习者拓展知识面，提高综合能力。这种智能化的推荐机制，不仅节省了学习者寻找资源的时间，还让他们能够更高效地利用学习时间，提高学习效果。此外，智能化学习平台还注重学习者的互动和参与。平台提供了在线讨论区、学习社区等功能，让学习者能够与其他学习者进行交流、分享学习心得，形成良好的学习氛围。这种互动式的学习方式，不仅增强了学习者的学习动力，还培养了他们的合作精神和社交能力。通过精准分析学习者需求、提供丰富多样的学习资源、智能推荐相关内容和注重学习者互动等方式，智能化学习平台极大地提高了英语学习的针对性和有效性。

（二）利用智能语音技术，提升口语训练效果

在英语学习的过程中，口语训练一直是学习者关注的重点。传统的口语训练方法通常受限于时间和场地，且缺乏即时的反馈和个性化的指导。然而，随着智能语音技术的不断发展，这一状况正在

得到改变，智能语音技术融入英语学习活动观，为口语训练提供了全新的可能，极大地提升了训练效果。

　　智能语音技术利用先进的语音识别和合成技术，能够实时捕捉并分析学习者的发音，提供即时的反馈和纠正。在口语训练过程中，学习者可以通过智能语音设备与系统进行互动，模仿标准发音，进行口语练习。系统能够准确识别学习者的发音，指出存在的问题，并提供正确的发音示范和练习建议。这种即时的反馈机制，让学习者能够及时了解自己的发音状况，针对性地进行改进，从而快速提高口语水平。除了即时反馈，智能语音技术还能为学习者提供个性化的口语训练方案。通过分析学习者的发音特点和习惯，系统能够定制符合学习者水平的训练内容，从基础发音到日常对话，再到专业领域的口语表达，逐步提升学习者的口语能力。这种个性化的训练方式，不仅满足了学习者的不同需求，还提高了训练的针对性和有效性。

　　智能语音技术还能为学习者创造更加真实的口语交流环境。通过模拟真实场景的对话，如购物、旅游、商务洽谈等，学习者可以在虚拟环境中进行口语实践，锻炼自己的语言运用能力和交际能力。这种沉浸式的训练方式，让学习者能够更加自然地运用英语进行交流，增强口语表达的流利度和准确性。英语学习活动观与智能语音技术的结合，为口语训练带来了革命性的变化。通过提供即时反馈、个性化训练方案和真实交流环境，智能语音技术极大地提升了口语训练的效果。学习者可以更加高效、便捷地进行口语练习，快速提高自己的口语水平，未来随着智能语音技术的不断发展，口语训练将更加智能化、个性化，为英语学习者提供更加优质的学习体验。

　　（三）实施在线协作学习，培养团队协作能力

　　在线协作学习打破了传统英语课堂的局限，让学习者能够在虚拟空间中与来自世界各地的伙伴进行实时互动。通过在线讨论、小

组合作、共同完成任务等形式，学习者不仅能够在实践中锻炼英语听说读写的能力，还能在协作过程中学会倾听、表达、协商和妥协，这些都是团队协作不可或缺的要素。

在在线协作学习中，每个学习者都有自己的角色和职责。他们需要根据团队的目标和任务，分工合作，共同完成学习项目。这个过程中，学习者需要学会如何有效地沟通，如何协调不同意见，如何整合资源以达成最佳结果。这些经历不仅增强了他们的团队协作能力，还培养了他们的领导力和责任感。在线协作学习还提供了丰富的多元文化体验。学习者在与不同文化背景的伙伴交流过程中，能够增进对不同文化的理解和尊重，拓宽国际视野，增强跨文化交际能力。这对于培养具有全球意识的高素质人才具有重要意义。此外，在线协作学习还具有灵活性和便捷性。学习者可以根据自己的时间和进度安排学习，不受地域和时间的限制。这种自主性和灵活性不仅提高了学习效率，还激发了学习者的学习积极性和创造力。通过在线协作学习，学习者不仅能够在实践中提升英语语言能力，还能在团队协作中锻炼沟通、协调、领导和跨文化交际等多方面的能力。这种学习方式不仅符合现代教育的发展趋势，也为培养具有国际竞争力的高素质人才奠定了坚实的基础。未来，随着在线协作学习技术的不断发展和完善，其在英语教育中的应用将更加广泛和深入。

三、智能教育时代英语学习活动的未来展望

（一）智能化与个性化将成为英语学习活动的主流趋势

随着科技的飞速发展，智能化与个性化正逐渐渗透到我们生活的方方面面，英语学习活动也不例外，在这个信息爆炸的时代，传统的英语学习方式已经难以满足学习者多样化、个性化的需求，而智能化与个性化的英语学习活动正成为新的主流趋势。

智能化英语学习活动借助先进的人工智能技术，为学习者提供了更加高效、便捷的学习体验。通过智能分析学习者的学习行为、

兴趣偏好和能力水平，系统能够定制出符合个人特点的学习计划和资源推荐。无论是语音识别技术辅助的口语训练，还是智能算法生成的个性化练习题，都让英语学习变得更加有针对性、更加高效。个性化则是英语学习活动另一个不可忽视的趋势。每个学习者都有自己独特的学习风格、兴趣点和目标，传统的"一刀切"教学方式显然无法满足这些个性化需求。而智能化学习平台通过大数据分析，能够深入了解每个学习者的特点，为他们提供量身定制的学习内容和活动。这种个性化的学习方式不仅激发了学习者的学习兴趣，还提高了学习的效果和满意度。

智能化与个性化的结合，为英语学习活动带来了前所未有的变革。学习者可以根据自己的时间和进度安排学习，不再受限于传统的课堂时间和地点。他们可以在任何时间、任何地点，通过智能手机、平板电脑等设备进行自主学习。这种灵活性的提升，让英语学习变得更加便捷、随时可行。同时，智能化与个性化也促进了英语学习活动的互动性和社交性。通过在线讨论、小组合作等形式，学习者可以与来自世界各地的伙伴进行交流，分享学习心得，共同进步。这种互动式的学习方式不仅增强了学习者的学习动力，还培养了他们的合作精神和社交能力。智能化与个性化为学习者提供了更加高效、便捷、个性化的学习体验，让英语学习变得更加有趣、有用，随着技术的不断发展，智能化与个性化在英语学习活动中的应用将更加广泛、深入，为培养具有国际视野和跨文化交际能力的高素质人才提供有力支持。

（二）技术融合将推动英语学习活动的不断创新与发展

对于英语学习活动而言，技术的融合是一股强大的推动力，它不断地为英语学习带来新的可能性和创新点，推动着英语学习活动的不断创新与发展。

技术融合为英语学习活动提供了更加丰富多样的学习资源和工具。随着互联网、大数据、人工智能等技术的不断融合，英语学习者可以轻松地获取到海量的学习资源，包括在线课程、互动教材、智能语音助手等。这些资源和工具不仅内容丰富、形式多样，而且能够根据学习者的个性化需求进行定制和推荐，极大地提高了学习的针对性和有效性。技术融合促进了英语学习活动的互动性和参与性。通过虚拟现实、增强现实等技术，学习者可以身临其境地参与到英语学习场景中，与虚拟角色进行实时互动，模拟真实的语言交流环境。这种沉浸式的学习方式不仅增强了学习者的学习兴趣和动力，还提高了他们的语言运用能力和交际能力。

技术融合还为英语学习活动带来了智能化的管理和评估方式，通过智能学习系统，教师可以实时跟踪学习者的学习进度和表现，及时给予反馈和指导。系统还能够根据学习者的学习数据和行为模式，智能地调整学习计划和资源推荐，实现个性化教学。此外，智能化的评估方式也更加客观、准确，能够更全面地反映学习者的学习成果和进步。技术融合的不断推进，还将为英语学习活动带来更多的创新和发展机遇。例如，随着5G、物联网等新技术的应用，英语学习活动可以更加便捷、高效地进行；通过区块链技术，可以确保学习成果的真实性和可追溯性；利用大数据和人工智能技术，可以开发出更加智能、个性化的学习系统和工具。技术融合是推动英语学习活动不断创新与发展的重要力量，它将为英语学习者提供更加丰富、多样、个性化的学习体验和方式，让英语学习变得更加有趣、有用、高效。

（三）智能教育将助力英语学习活动实现更高层次的教育目标

随着科技的飞速发展，智能教育正逐渐成为教育领域的新常态，为英语学习活动带来了前所未有的变革与机遇。智能教育以其独特的数据分析、个性化学习和智能化辅助等功能，为英语学习活动的深化和提升提供了强有力的支持，助力我们实现更高层次的教育目标。

智能教育通过数据分析，能够精准把握学习者的学习状况和需求。在英语学习活动中，智能系统能够实时收集学习者的学习数据，包括学习时间、进度、成绩以及学习行为等，通过对这些数据的深度挖掘和分析，教师可以更加准确地了解每个学习者的学习特点和问题所在，从而制定出更加科学、合理的教学计划和方案。个性化学习是智能教育的核心优势之一。传统的英语教学通常采用"一刀切"的方式，难以满足每个学习者的个性化需求。而智能教育则能够根据学习者的兴趣、能力和学习风格，为他们提供量身定制的学习资源和路径。通过智能推荐系统，学习者可以轻松地获取到符合自己需求的英语学习材料，从而提高学习的针对性和有效性。智能教育还为英语学习活动提供了智能化的辅助工具。例如，语音识别技术可以帮助学习者进行口语训练，及时纠正发音错误；智能写作辅助工具可以检查语法错误，提供写作建议；在线互动平台则可以让学习者与全球各地的英语使用者进行交流，提高语言运用能力。这些智能化辅助工具的使用，不仅提高了学习的效率，还增强了学习的趣味性和互动性。

更重要的是，智能教育有助于实现英语学习活动的更高层次教育目标。通过智能化的教学方式和手段，我们可以更好地培养学习者的英语思维能力、跨文化交际能力和自主学习能力，使他们能够在全球化的时代中更加自信地运用英语进行交流与合作。智能教育为将助力实现更高层次的教育目标，培养出具有国际视野和跨文化交际能力的高素质人才。

参考文献

期刊类:

[1] 曹沈芳. 信息技术与初中英语主题式学习活动的融合 [J].
校园英语，2019（34）：101.

[2] 沙文婷，纪颖. 基于英语学习活动观的初中英语阅读教学
策略研究 [J]. 海外英语，2024（20）：190－192.

[3] 堵琳琳，金雷. 实践性学习活动：学生素养提升的突破口
[J]. 人民教育，2022（11）：46－49.

[4] 廖文丽. 国际交流与合作背景下英语教学中学生交际能力
培养分析 [J]. 福建茶叶，2019，41（12）：269.

[5] 朱玲娟. 基于学生主体地位的初中英语互动教学策略 [J].
甘肃教育研究，2024（13）：74－77.

[6] 马丽. 杜威的"从做中学"对中学英语教学的启示 [J].
凯里学院学报，2014，32（1）：131－135.

[7] 彭迎春. 浅析英语中听说读写相互之间的关系 [J]. 英语
广场，2021（16）：134－136.

[8] 石卉芸. 从学生认知特点和文本教学规律出发 [J]. 中学
语文教学，2012（8）：49.

[9] 孙向梅. 中学英语体验式教学的内涵、原则及活动设计方
法 [J]. 教师教育论坛，2024，37（8）：51－54.

[100] 武俭. 初中英语教学情境创设与运用的五个原则 [J].
河南教育（教师教育），2024（6）：72.

[11] 郭艳，周小青. 过程性评价与结果性评价在高校设计学专业
实践教学中的融合策略 [J]. 美术教育研究，2024（20）：163－165.

[12] 宋永兴. 浅谈情感态度价值观目标的落实策略 [J]. 语文
教学通讯·D刊（学术刊），2022（9）：22－24.

［13］常建莲. 学生成长记录袋的创建与使用研究［J］. 教学与管理，2018（21）：64 - 66.

［14］黄创，孙琼. 基于趣味性原则的对外汉语教学创新［J］. 文学教育（上），2020（7）：136 - 137.

［15］肖丽. 培养初中生英语写作能力的有效策略分析［J］. 华夏教师，2024（27）：25 - 27.

［16］周海明. 基于新课改的高中英语阅读主题式教学模式［J］. 教学与管理，2012（21）：133 - 135.

［17］董爽. 英语情境化语法教学之我见［J］. 长三角（教育），2012（12）：45 - 46.

［18］梁妍. 英语课堂中创设真实语境的策略［J］. 佳木斯教育学院学报，2004（3）：62 - 63.

［19］惠建妮. 探究式学习不可忽视语法教学［J］. 陕西教育（高教版），2008（8）：23.

［20］李长青. 英语学习活动观下的初中英语阅读教学设计［J］. 大学，2023（增刊1）：152 - 154.

［21］高佳丽，丁晓红，张永亮. 以学生为主体的问答式课堂教学法探究［J］. 科教导刊（上旬刊），2017（34）：96 - 97.

［22］张书生. 英语课堂"小组合作学习"模式教学［J］. 英语广场（学术研究），2013（7）：166 - 167.

［23］叶香兰. 初中英语教学中初中生自主学习能力的培养策略研究［J］. 英语广场，2024（33）：122 - 125.

［24］袁湄. 中学生时间管理行为训练的可能性与可为性［J］. 太原师范学院学报（社会科学版），2006（2）：156 - 158.

［25］陈丽华. 基于英语学习活动观发展学生语言能力的策略探究［J］. 教师教育论坛，2024，37（12）：43 - 45.

［26］王学青. 基于学习活动观的初中英语阅读教学［J］. 海外

英语，2024（18）：176 – 178.

[27] 孙潘，周荣. 基于英语学习活动观的高中英语阅读课堂设计：以 The Old Man and the Sea 为例 [J]. 英语广场，2024（25）：133 – 136.

[28] 梅德明. 指向核心素养发展的英语学习与英语学习活动观 [J]. 课程·教材·教法，2024，44（8）：86 – 90.

[29] 高琰，邱金磊. 英语学习活动观视域下阅读教学活动设计路径 [J]. 长春教育学院学报，2024，40（3）：105 – 108.

[30] 高云. 基于英语学习活动观的英语阅读教学策略 [J]. 大连教育学院学报，2024，40（2）：19 – 21.

[31] 杨靓. 基于英语学习活动观的课堂表现性任务设计 [J]. 教学与管理，2024（11）：57 – 60.

[32] 邹梦苏. 基于英语学习活动观的初中英语阅读教学实践研究 [J]. 海外英语，2024（3）：191 – 193.

[33] 冯庆庆，王书一. 基于英语学习活动观的初中英语阅读教学实践 [J]. 海外英语，2021（24）：207 – 208.

[34] 吴琳琳. 英语学习活动观下的初中英语阅读教学设计探析 [J]. 英语广场，2022（1）：134 – 136.

[35] 吴娜. 基于"英语学习活动观"的课堂话语分析研究 [J]. 中国多媒体与网络教学学报（上旬刊），2021（12）：246 – 248.

[36] 沈莘莘. 英语学习活动观在教学中的运用 [J]. 基础教育课程，2021（22）：43 – 50.

[37] 李涛涛，卢英. 英语学习活动观下教学设计的基点与路径 [J]. 基础教育课程，2021（12）：54 – 60.

[38] 林秋萍，郑飞飞，聂灵艳等. 基于英语学习活动观的初中英语语篇阅读设计：以 Fishing with Birds 语篇阅读教学为例 [J]. 海外英语，2021（7）：70 – 72.

［39］孙倩．英语学习活动观下的初中英语阅读教学设计研究［J］．文化创新比较研究，2020，4（28）：88－90．

［40］杨敏．基于英语学习活动观视角下的英语阅读教学设计中的策略选择［J］．英语广场，2020（27）：51－54．

［41］李慧琼．"英语学习活动观"视角下的初中英语课堂活动设计：以上海牛津 6BM3U10 Forest and land 一课为例［J］．海外英语，2020（2）：192－193．

［42］俞静芳．学习活动观引领下初中英语校本阅读教学策略［J］．英语广场，2020（2）：109－110．

［43］冀小婷．基于英语学习活动观的词汇活动设计［J］．天津师范大学学报（基础教育版），2019，20（2）：6－10．

［44］章策文．英语学习活动观的内涵、特点与价值［J］．教学与管理，2019（19）：47－50．

书籍类：

［1］常晨．慕课环境下的英语个性化学习研究［M］．南京：南京大学出版社，2019：289．

［2］顾红霞．英语专业教学评价模式的发展与创新研究［M］．南昌：江西美术出版社，2021：178．

［3］冯华．核心素养视角下初中英语教学研究［M］．北京：文化发展出版社，2023：195．

［4］周志远，邵艳春．英语词汇认知语用研究［M］．北京：光明日报出版社，2015：255．

［5］李庆新，李家霞，迟雯雯，等．英语语法研究［M］．长春：吉林大学出版社，2015：255．

［6］杨伊．基于学习共同体建构的师生互动研究［M］．杭州：浙江大学出版社，2021：339．

［7］王晓丽．项目化学习的理念与操作［M］．北京：新华出版社，2023：195．

［8］黄勇. 自主思维赋能发展研究［M］. 南京：南京东南大学出版社，2021：187.

［9］秦红斌. 思维导图 走向高效的教与学［M］. 北京：电子工业出版社，2019：212.

［10］刘珍芳，昝辉. 多媒体教育课件的设计与成效［M］. 北京：中国水利水电出版社，2009：316.

［11］周一贯. 阅读课堂教学设计论［M］. 宁波：宁波出版社，2000：386.

［12］姜玲. 高校英语教学方法与学生学习方法探索［M］. 北京：新华出版社，2023：186.

［13］赵玉青. 现代教育技术与课程整合研究［M］. 北京：化学工业出版社，2023：263.

［14］王文倩. 文化自信视域下英语教学中文化意识与教师信念培养研究［M］. 北京：新华出版社，2023：257.

［15］张海燕. 核心素养理念下英语教师教育专业培养模式 理论研究与案例库建设［M］. 南京：南京大学出版社，2018：260.

［16］冯华. 核心素养视角下初中英语教学研究［M］. 北京：文化发展出版社，2023：195.

［17］阮全友. 学习共同体视角下英语学习者思辨素养发展研究［M］. 北京：世界图书出版公司，2015：233.

［18］曲琳琳. 跨文化视野下英语教学研究［M］. 天津：天津科学技术出版社，2020：190.